영화로 보는 독일문화

김 창 우 지음

신아사

낡은 영화는 죽었다.
우리는 새로운 영화를 믿는다.

1962년 2월 28일 오버하우젠 선언문

목 차

목 차

머리말

영화는 태어난 지 100년이 조금 넘은 예술 장르이지만, 2000년의 전통을 지닌 문학과 어깨를 나란히 하며, 당시대의 문제들을 올바르게 다룰 수 있는 장르라는 사실을 훌륭하게 증명해 내었다. 문학이 언어 즉 기호와 상형문자를 통해 표현되는 예술이라면, 영화와 음악은 언어를 통한 중개를 필요로 하지 않는 직접적인 예술이다. 문학의 수용은 전적으로 단어가 나타내는 상징과 개념을 통해서 이루어지지만, 영화의 수용은 직접적이며 감정적이다. 이러한 영화의 근본적이며 결정적인 속성이 빠른 성장을 촉진시켰을 것이다. 그러나 영화예술은 아직도 고유한 표현을 찾고 있는 중이며, 오늘날에도 영화언어의 특수성이란 문제는 미해결인 채로 남아있다. 화가가 색으로, 시인과 소설가는 말로 표현한다면, 가장 대중적인 영향력을 행사하는 예술인 영화의 본질적 언어는 무엇인가? 혹자는 영화의 본질적 언어는 "편집"이라고 하고, 혹자는 시간을 떼어내는 것, "봉인된 시간"이라고 주장한다. 디지털 시대에 돌입한 인류는 바야흐로 통신의 혁명적 발전을 토대로 "영상세대"라는 젊은이들을 양산하고 있다. 이렇게 양산되고 있는 21세기의 젊은이들에 의해 영화의 본질적 언어는 규명되어질 것이다.

영화의 미학적 측면과 더불어 영화의 또 다른 본질적 특성은 상품으로서의 영화라는 특성이다. 영화가 기술의 발전으로 대중매체화 되면서 영화사는 대기업이 되었고, 영화의 상품적

가치는 급등하여, 오늘날 영화는 하나의 상품이 되었다. 대형 영화사는 문화산업체로서 경제의 한 축을 구성하는 중요한 산업체가 된 것이다. 따라서 대중영화는 오락상품의 기능을 가져야만 하고, 오락영화는 피로한 정신을 씻어주는 기능 이외에 사회적 불만을 잠시 망각하도록 하는 기능도 갖게 된다. 영화가 상품이 되면서 영화는 상품성을 요구받게 된다. 제품생산에 투자된 자본금을 회수할 수 있어야 할 뿐 아니라, 적절한 이윤도 확보해야만 하는 것이다. 수요와 공급 같은 개념들, 즉 시장경제의 법칙들이 영화의 성공과 실패 그리고 미학적인 가치까지도 좌우하게 된다. 이러한 가치척도는 지금까지 어떤 다른 예술분야에도 적용된 적이 없다. 따라서 상업영화는 수시로 장소를 바꾸고, 항상 새로운 카메라 효과를 시도하며, 이국적인 야외촬영과 인상적인 옥내촬영을 시도하여 상업적 수익성을 높이려 하는 것이다. 이러한 상업영화의 일반적인 작품형태와 우리가 매일 밤 접하는 TV영화들의 화면에 관객들은 익숙해지지 않을 수 없다. 영화감독들은 상품성과 작품성을 적당하게 배분하는 방법을 터득하지 못하면 지속적으로 작업하지 못하고 퇴출된다.

영화의 본질적 두 가지 측면, 영화언어와 상품성이라는 측면은 독일영화와도 밀접한 관련을 갖고 있다. 소위 작가주의 감독들이라는 Young German Cinema 감독들은 영화언어의 본질이 영상언어에 있다고 생각하지 않고, 감독 자신의 생각을 극중인물의 대사를 통해 전달하려고 하였다. 진보적인 의식의 소유자들이었던 이들은 날카로운 사회비판적 의식을 자신의 작품 속에서 드러내 보이려 하였다. 이러한 의욕은 상대적으로 상품성을 떨어트릴 수밖에 없었으며, 상품성이 떨어지는 작품을 만든 감독들은 퇴출되고 소수의 감독들만 살아남게 된다. 새로운 영상언어로 영화를 만드는 본격적 작업들은 통일 이후의 젊은 감독들에 의해 시도되었으며, 독일영화는 최근 New German Cinema의 시대를 맞이하고 있다.

남한과 서독은 분단국가라는 점과 경제발전이라는 점에서 공통분모를 갖고 있었고, 통일이후의 독일은 아직도 분단국가인 우리들에게 타산지석으로 자주 비교되곤 한다. 영화를 통해 독일문화에 대한 이해를 돕는다는 것이 이 책의 집필동기였기에 영화에 대한 전문적 분석보다는 독일문화와 독일사회에 연관된 것들을 해석하려 하였음을 밝혀두고자 한다. 주제별 접근을 하기에 앞서, 2차대전 이후의 독일영화사에 관한 간략한 흐름을 살펴보았다. “한강의 기적”, 박정희식 개발독재가 가져온 눈부신 경제발전의 그늘에서 신음해야만 했던 노동자들과 농민들의 참상을 생각하면, 흔히들 “라인강의 기적”이라고 부르는 서독의 경제발전의 이면과 그늘을 살피는 일은, 반드시 짚고 넘어가야 할 부분이라고 생각한다. “과거청산” 또한 우리의 아직도 청산되지 못하고 있는 과거사와 의문사 등을 생각하면 빼놓을 수 없는 부분임이 분명할 것이다. “58년 개띠”로 상징되는 386세대, 그리고 아직도 우리 사회의 엄연한 현실인 NL과 PD의 갈등 등을 생각하면, 서독 사회가 가졌던 좌파 지식인들과 공권력 강화의 갈등은 해방이후 군사독재가 끝나고 김영삼 정권이 들어서기 전까지의 우리 현실과 너무나 흡사하다.

분단현실과 그 극복과정 그리고 우리에게는 너무나 멀고도 가까운 "사회주의 절반" 동독의 현실을 다루는 영화들 역시 우리에게는 흥미로운 대상이 아닐 수 없다. 그러다보니 최근의 독일영화를 다루는 작업은 다음으로 미루지 않을 수 없었다. 성장한 영상세대들이 이 작업을 훌륭하게 해내리라고 믿어 의심하지 않는다.

2008년 9월

김창우

영화 속의 독일문화, 역사 속의 독일영화

60년대와 70년대의 독일영화

현대 독일영화의 탄생은 1962년 2월28일 중부독일의 작은 도시, 오버하우젠(Oberhausen)에서 이루어졌다. 뮌헨의 단편영화 감독들을 주축으로 하는 일군의 젊은 독일 영화인들이 오버하우젠에서 열리고 있는 제8회 서독 단편영화제에서, 무기력한 당시의 서독영화들을 극복하고, 새로운 독일영화를 창조할 것을 선언하는 선언문을 발표하였다. 이러한 선언문이 나오게 된 배경은 1961년 "독일영화상" 심사위원들이 작품상과 감독상을 수상할 만한 영화를 발견하지 못했다는 사실이 단적으로 말해줄 수 있을 것이다. 1950년대 독일은 "라인강의 기적"이라 불리는 경제발전은 이룩하였지만, 예술분야는 침체되고, 현실도피와 감상주의 그리고 권위주의가 팽배되어 있었다. 예술적 경제적 수준의 최저점에 도달한 독일영화는 위기를 맞이했고, 대형배급사들은 합병당하거나 파산하고 말았다. 그러나 종래의 관습적인 제작관행에 따라 제작된 독일영화의 붕괴는 새로운 영화의 시작이었다. 젊은 영화인들이 거부했던 기존의 영화제작자들은 경제적인 토대를 상실해버렸던 것이다. 따라서 새로운 영화는 활성화될 수 있는 기회를 갖게 된 것이다. 젊은 작가들, 감독들, 제작자들이 만든 독일 단편영화들은 당시의 국제영화제에서 많은 상을 받았으며, 국제적인 비평가들의 긍정적인 평가를 받았다.

이들의 작업과 이들이 거둔 성공은 새로운 영화언어를 구사할 줄 안다는 것을 증명해 낸 이들 젊은 영화인들에게, 독일영화의 미래가 달려 있다는 사실을 말해주는 것이었다. 이들이 선언문에서 요구한 내용을 들어보자:

> "[…] 우리들은 새로운 독일영화를 창조할 우리들의 요구를 선언한다. 이 새로운 영화는 새로운 자유를 필요로 한다. 영화판의 일반적인 관습으로부터의 자유, 상업적 파트너를 통한 영향력으로부터의 자유, 제작에 관여한 투자그룹들을 통한 후견으로부터의 자유가 그것이다. 우리는 새로운 독일영화의 제작에 관하여 구체적이고 정신적인 구상은 물론 형식적, 경제적 구상 또한 갖고 있다. 우리는 경제적인 위험부담을 공동으로 감수할 준비가 되어 있다. 낡은 영화는 죽었다. 우리는 새로운 영화를 믿는다."

선언문에 서명한 26명은 영화제작자, 카메라맨, 영화감독들이었다. 오버하우젠 선언문은 영화판의 세대교체를 암시해주고 있었으며, 그로부터 몇 년 후에 독일영화의 새로운 장이 열린 것이다. 선언문에 서명한 이들 젊은 영화인들은 총 500만 마르크의 예산으로 10편의 극영화를 만들 계획을 갖고 있었다. 제작비는 창설될 예정인 "청년독일영화재단"이 관리하며, 기존의 연방정부의 우수영화 촉진과 더불어, 특히 새로운 작품의 발굴 후원에 애쓰도록 하였다. 이들의 제안은 1965년 2월 "청년독일영화재단"의 창립을 가져왔고, 이 기관은 연방내무부 예산의 후원으로, 3년간 20편의 극영화에 30만 마르크를 지원하였다. 이러한 후원을 받아 제작된 영화들이 알렉산더 클루게

Alexander Kluge의 <어제와의 이별> *Abschied von Gestern*, 에드가 라이쯔 Edgar Reitz의 <식사시간> *Mahlzeiten*, 베르너 헤어쪼크 Werner Herzog의 <삶의 표시> *Lebenszeichen* 등이며, 이 작품들은 1966년, 1967년의 여러 국제영화제에서 상영되었고, 독일영화들은 이제 비로소 다시 국제영화제에서 주목을 받게 되었다. 젊은 영화인들을 위한 이 정부기관은 60년대 중반 독일영화의 전환과 새로운 탄생에 결정적인 역할을 하였던 것이다. 이 기관의 역할과 함께, 독일연방내무부의 우수영화진흥정책(시나리오상, 영화상, 독일영화상)이 또한 순기능을 발휘하였으니, 이 두 가지 후원이 없었다면, 1966년 이후 독일영화의 새로운 예술적 면모를 바꾸는 작업은 가능하지 않았을 것이다.

60년대에는 영화의 질적 수준을 향상시키는 조치 이외에도 경제적 측면을 후원하는 조치도 병행되어졌다. 1963년부터 영화관 입장권에 영화진흥기금을 부과하여 이를 영화제작자들에게 배분하였고, 1968년에는 영화진흥청을 창설하여 좋은 오락영화 제작을 후원하였다. 그러나 이러한 기관의 활동이 영화의 품질향상에 기여하지는 못했고, 1973/ 74년에 영화진흥법의 개정과 더불어 중요한 변화가 시작되었다. 법 개정에 따라, 실질적으로 도움이 되는 액수의 제작비 지원이 이루어지면서 비로소 젊은 감독들의 야심적인 작품들이 제작될 수 있었던 것이다. 폴커 슐뢴도르프 Volker Schlöndorff 감독의 하인리히 뵐 원작인 <카타리나 블룸의 잃어버린 명예> *Die verlorene Ehre der Katharina Blum*가 좋은 예에 해당될 것이다. 이러한 제도적 후원과 정책적 배려에 힘입어, 1975년 베르너 헤어쪼크의 <누구나 자기 편, 신은 남의 편> *Jeder für sich und Gott gegen alle*

이 심사위원 특별상을 수상하였고, 그해 런던영화제에는 10편의 독일영화들이 상영되는 성과를 거두었다. 헤어쪼크, 파스빈더 Rainer Werner Fassbinder, 빔 벤더스 Wim Wenders의 작품들은 런던과 파리에서도 장기 상영되었고, 슐렌도르프, 징켈 Sinkel, 브루스텔린 Brustellin 등의 작품들은 독일 국내 흥행에도 성공적이었으며, 서독영화의 국제적 이미지는 향상되었다. 60년대 들어 기존의 기성세대 감독들은 점차 쇠퇴하고, 신예감독들인 헤어쪼크, 슐렌도르프, 클루게, 파스빈더, 벤더스 같은 감독들이 활기찬 작품활동을 하였다. 베를린에서는 비판적 리얼리즘 영화 학파가 형성되었으며 서독의 영화계는 급변하였다. 지역행정 단위의 영화상영관이 생기고, 특수영화관이 생기면서 다양한 영화들이 관객들과 만날 수 있게 되었다. 텔레비전 방송국들은 제작에 참여하거나, 젊은 감독들에게 감독을 위임시킴으로써, 영화판의 개혁에 큰 몫을 담당하였다.

그러나 이와 같은 영화들의 흥행이 제작비에 준하는 비용을 조달할 수는 없었으며, 따라서 영화시장에서 독일영화가 자립할 수는 없었다. 프랑스의 경우, 입장수입이 제작비의 50%를 상회했으나, 독일의 경우, 겨우 10%에 불과했고, 또 다른 회의적 통계에 의하면, 1977년에 4%에 지나지 않았다. 따라서 독일영화는 제작지원에 크게 의존할 수밖에 없었으며, 지원기구의 위원들의 성향에 좌우될 수밖에 없었다. 지원기구는 점차 타협의 양상을 보이기 시작했는데 1977년의 경우, 많은 제작비용이 들어가는 문학작품의 영화화를 선호하는 경향을 보였다. 이 같은 경향은 지원 대상에서 그만큼 군소지원 작품들이 탈락했던 것을 의미하는 것이다. 즉 훌륭한 프로젝트의 탈락가능성을 의

미했다는 말이다. 이에 분노하여 1978년 파스빈더와 지버베르그 Syberberg는 독일이 아닌 해외에서만의 제작을 선언하기까지 하였다. 그러나 지원기구에 대한 불만과 영화미학의 이해부족에 대한 불만에도 불구하고, 영화제작에 대한 정부의 지원이 독일보다 좋은 국가는 유럽은 물론이고,, 비유럽 국가에서도 찾아볼 수 없다는 것 또한 움직일 수 없는 사실이었다.

60년대 독일의 젊은 영화감독들의 주관심사는 크게 과거사의 극복과 당대의 독일을 영화 속에서 어떻게 묘사 하는가 라는 두 가지 문제였다. 독일의 과거 역사를 극복하는 것은 앞으로의 지속적 작업을 위한 전제로서 역사적, 사회적 정체성을 확립하는 것이었다.

클루게, 슐렌도르프, 스트라우브 Straub, 포올란트 Pohland 등의 영화주제들이 모두 파시즘 이전과 이후 그리고 종전이후의 독일의 모습들을 담아내면서 독일의 과거사와 씨름하는 작품들이었다. 이와 같은 현상은 별로 놀랄만한 일이 아닌데, 왜냐하면 종전이후의 독일영화들이 과거역사를 전혀 반추하지 않았기 때문이었다. 당대 독일의 모습은 주로 주관적인 시각, 때로는 자전적인 시각으로 비추어졌다. 이러한 특징은 프랑스 "누벨바그 Nouvelle vague" 작품들과 "젊은 독일영화 Young German Cinema"의 공통점이었다. 감독들은 자신들이 직접 관찰했던 것, 경험했던 것들에 관해 이야기하고자 했던 것이다.

그러나 새로운 프랑스 영화와 새로운 독일영화의 차이점도 분명히 존재하였다.

오버하우젠 선언에 참여한 독일감독들은 프랑스의 새로운 영화운동인 "누벨바그"에 영향 받고, cinema des auteurs를 모범으로 Autorenfilm을 만들고자 했지만, 즉 작가주의 작품을 만들고자 했지만, 작가(Autor)라는 개념을 제대로 받아들이지 못하고, 감독 마음대로 영화를 만드는 것으로 변용시켜 수용하였다. 프랑스 감독들은 모든 사건의 시각적인 스타일, 세상을 바라보는 자신의 시각, 자신의 내면적인 마음가짐 등등을 표현하려 애쓴 반면, 독일 감독들은 자신들의 이름이 작품의 소재나 스타배우들의 이름보다 더 상품성 있게 관객들에게 영향을 끼쳐야만 한다고 생각했다. 독일감독들은 영화보다 문학을 더 잘 이해하고 있었다. 알렉산더 클루게의 고백이 이를 입증한다. "우리는 영화가 갖고 있는 모든 모범들 보다 훨씬 더 많은 것을 문학의 모범들에서 발견한다." 이러한 영향 속에서 독일영화는 시각적으로 산만하고 경직된 작품이 되어버리고 말았다. 가능한 한 최고로 환상적인 미장센을 만들려고 노력하지 않고, 가능한 한 가장 현실 참여적인 입장을 세우기에만 급급한 작품이 되어버린 것이다. 따라서 독일의 작가주의 영화들은 보편적으로 문학적인 편향을 갖게 되었으며, 독일영화는 감성적이고 시각적인 체험들을 관객들에게 전달하려는 기회로 영화를 이해하지 않고, 이성적인 설득작업을 하기 위한 토론의 장으로 영화를 이해했던 것이다. 독일영화인들은 작가주의 영화를 감독이 자신의 사회비판적인 입장을 관객에게 전달하기 위하여 자신의 작업동료들을 지휘하는, 감독을 위한 놀이터쯤으로 이해한 것이다. 이들의 입장은 "예술에 대해서는 나중에 이야기하자"는 것이었다. 이들의 주 관심사는 흥미로운 소재에 있었지, 내용과 형식의 통일, 스토리와 스타일의 통일과 같은 미학적 표현에 있지 않았다. 독일 작가주의 감독들은 자신들의 역할을 비판적인 아방가르드라고 생각했다. 그들은 정치적인 문제에 관여하려 했으며, 자신들의 개인적이고 주관적인 의무가 영화제작과정 속에서 이루어지기를 원했다. 영화작가에 대한 이러한 이해가 보편적으로 확산될 수 있었던 것은 오버하우젠 선언 이후 세대들 덕분이었다. 베르너 슈뢰터 Werner Schröter, 루돌프 토옴 Rudolf Thome, 페터 릴리엔탈 Peter Lilienthal, 페터 플라이쉬만 Peter Fleischmann, 라이너 베르너 파스빈더 Rainer Werner Fassbinder, 베르너 헤어쪼크 Werner Herzog, 빔 벤더스 Wim Wenders가 그들이다.

70년대 서독의 청년문화

70년대 서독의 청년문화를 엿볼 수 있는 현상들은, 붉게 염색한 장발의 헤어스타일, 어깨끈이 달린 바지(Latzhose), 팔레스타인 두건, 흰 양복, 통나무식 긴 굽이 달린 구두, 페미니스트를 나타내는 표식으로서의 보라색 염색 등을 들 수 있다. 그 밖에도 시골에서의 공동체생활(Landkommunen), 공동거주(Whongemeinschaft), 테러리스트 동정론자들(Sypathisantengruppen), 근본주의자들(Basisgruppen), 시민운동단체들(Bürgerinitiativen), 주택점령자들(Hausbesetzer) 등도 이에 속한다. 70년대 전반의 학생운동은 마르크스 레닌주의자들과 수정주의자들 간의 갈등이 심각했다. 베트남 전쟁을 반대하는 학생데모가 있는가 하면, 이론적으로는 노동자계급의 혁명적 주체로 규정된 노동자들은 데모현장이 아닌 각자의 가정에 머물러 있었던 것이다. 학생운동의 결실로 쟁취한 커리큘럼 작성에 대한 참여권도 유명무실해지고 말았는데, 그 원인은 학생운동의 두 파벌 간의 언쟁이 극심했기 때문이었다. 1973년에 노조의 도움이 없이 일련의 파업 끝에 쟁취한 성과급 인상 또한 기층민중의 강렬한 지지를 얻어내지 못했다. "혁명"이란 개념은 퇴색해 버렸고, 좌파 지식인들이란 이제, 사회에 적응하기를 주저하는 사람들을 지칭하거나, 최소한 사회에 적응하는데 진지하지 않고 장난스러운 사람들을 지칭하기에 이른다.

70년대의 좌파들은 관광객처럼 포르투갈의 혁명에서, 팔레스타인의 무력해방전사 훈련소에서 혁명을 탐색하였지, 결코 자기 자신들에게서 혁명을 추구하지는 않았다. 탈권위주의적, 비타협적, 반제국주의적 좌파들은 점차 동성애자그룹, 페미니스트그룹, 녹색시민운동그룹 등으로 바뀌었으며, 유토피아라는 개념과 유토피아를 향한 운동 속에서 사고하는 대신, 남녀가 따로따로 눈앞의 한시적인 프로젝트에 함몰되고 말았다. 그럼으로써 사회비판적인 장외자라는 오랜 좌파 행동양식은 예의 전위적인 후광(Aura)을 상실하고, 자기도취적인 자명성에 함몰되고 만다. 이 시절의 유인물들은 개인적인 감정들과 추상적인 사고의 양극에 해당하는 내용들을 다루었는데, 정치적인 것과 사적인 것 사이의 관계, 물질적인 것과 정신적인 것의 관계를 주로 다루었었다. 항상 새로운 그룹들이 자신들의 관심사들이 공적으로 의미가 있고, 지원할 만한 사안들이며, 자신들만이 효과적인 해결책을 갖고 있다고 선언하였다.

컬러 TV의 등장과 더불어 70년대에는 영상과 색깔의 의미가 원색적인 충격이 더 이상 되지 못하고 일상적인 관습이 되어 버렸다. 컬러 화면으로 전달되는 일상의 뉴스들, 즉 현실의 영상들은 점점 더 비현실적인 영상으로 받아 들여졌다. 국제적인 분쟁들은 액션영화의 장면들을 연상시키는 화면형식으로 시청되었다. 스펙타클한 여객기 납치와 암살, 유괴 그리고 진압경찰특공대의 투입 등등은 전쟁수행의 한 부분이었으며, 이러한 테러와의 전쟁은 미국의 베트남 전쟁에 전 세계가 항의하던 시절과 같은 단호한 반대 입장을 더 이상 허락하지 않았다. 70년대에는 영상으로 현실을 접하는 것이 더 이상 현실을 비판적으로 바라보는 것 이라고 할 수는 없게끔 되어 버렸다. 무엇에 관한 영상을 어떻게 보여주는 가를 알아내기는 점점 더 어려워졌고, 그 영상들을 올바르게 평가하고, 그 영상의 조작적인 기능을 들춰내기가 힘들게 되었다. 제멋대로 만든 매일 매일의 영상들이 홍수를 이루었고, 기술적으로는 인위적이었던 반면, 현실을 보여주는 힘과 선입된 세계관을 근본적으로 바꿔버리는 힘은 그만큼 더 강력해졌다. 따라서 사람들은 예컨대, 동남아시아에서 미국이 저지른 참혹함에 뒤이어 캄보디아의 폴폿 좌파정권이 캄보디아의 지성인 전체를 학살하는 참혹함에 대해 더 이상 모르는 척 할 수가 없었다.

감각의 해방

루츠키 Rutschky에 의하면 영화관은 관객들이 스스로 체험을 하는 장소, 영화관은 관객들 스스로의 퇴행적 욕구와, 이루지 못한 꿈에 대한 공개적 대결의 장소이다. 영화의 탄생부터 영화 속에 내재된 이 기능은 70년대에 빠르게 대안을 갖게 된다. 영화의 단순한 이념적 기능에 대한 믿음은 이미 오래전에 깨어졌으며, 예술이 사회적인 쓸모가 있도록 영상매체의 새롭고, 개별적인 직접성을 추구하게 되었다. 영화 속의 현실을 영화관 밖의 현실로 엮어내고, 영화관 밖의 현실을 인지하기 위한 의식 대신에, 즐거운 아마츄어리즘, 모든 영화와 모든 책, 모든 영상에서 자신을 재발견할 수 있는 유연성이 팽배하게 되었다. 문화란 자기도취적인 거울로 간주되었다. 정체성을 느낄 대상이 직접적이면 직접적일수록, 수용자들이 그만큼 더 받아들일 준비가 되어 있었다. 1979년 영화평론가 프리다 그라페 Frieda Grafe는「카메라로 보기」라는 수필에서, "시각적인 예술에 대해서는 원칙적으로 다른 가치평가가 이루어져야한다"고 주장하였다. 그리고 언어의 그늘에서 벗어난 영상문화를 주장하면서, 전형적인 표현수단으로 기능하는 언어의 그늘을 영화는 벗어나야 한다고 쓰고 있다. 감각과 사고를 해방시킬 잠재력에 관해 언급하면서, 이 잠재력은 주어진 자료와, 상투적인 것들, 스테레오 타입과의 부딪침 속에서 효과를 발휘할 수 있다고 하였다. 그라페는 영상을 단지 어떤 메시지의 전달수단, 어떤 내용의 전달자로 취급하는 영화비평가들의 영상의 기능화를 날카롭게 비판하였다. 그녀의 시도는 시각예술의 자기반추성을 추구했고, 시각예술을 현실을 연구하기 위한 단순한 일련의 스타일과 방법이라고 보지 않고, 오히려 현실을 각인하는 한 부분으로 보는 것이다. 리얼리즘은 따라서 하나의 열린 카테고리가 되며, 그 카테고리 속에서 현대의 통속적 영상, 현실참여적 영상, 실험적 영상들이 새롭게, 함께 생각되어질 수 있는 것이다.

이러한 프리다 그라페의 영상옹호 발언이 나온 시점은 영상의 제작과 상연이 급속하고, 돌이킬 수 없이 증가했던 시대였으나, 영상문화의 질적 수준에 대한 논의는 이루어지지 못했던 시대였었다. 70년대 중반, 일본의 가전제품 제작사들은 비디오 녹화기를 발명했고, 전자기억장치를 사용하는 비디오카메라의 개인적 사용은 영상제작의 민주화를 가능케 해주었다. 가장 실용적이고 성공적인 시스템을 향한 제작사들 간의 치열한 경쟁은 수년간 지속되었으며, 영상의 화질과 편집용량은 만족할만한 수준이 못되었지만, 전자산업의 발전은 교육기관에도 혁신의 바람을 일으키게 되었다. 다음 세대에서 비디오기기가 모든 가정의 상비품목이 되기 이전에, 교육기관에는 집단적인 영상제작의 기회를 제공하는 차원에서 비디오카메라와 녹화기가 설치되었다. 비디오 영화는 사회복지작업의 필수품이 되었고, 공동체 내부의 여론을 위한 표현수단이 되었으며, 학교에서는 교과목으로 선정되었다. 그러나 이러한 집단적인 창조성은 민감한 영상의식을 촉진시키는 대신, 텔레비전의 촬영관습을 모방하는 수준에 머무르는 경우가 많았다.

정치를 통한 해방

교육적인 비디오 문화의 활성화는 70년대 집권당이었던 사민당(SPD) 정권하에서 모든 분야에 걸쳐 이루어진 교육개혁의 한 부분이었다. 70년대에 사민당은 연정파트너였던 자민당(FDP)과 함께 지속적이며 별다른 저항이 없이, 고도의 테크닉

발전을 지향하는 독일의 현대화 작업을 추진하였다. 영화는 이 시기 독일이 자유롭고 관대하며 역사의식이 뚜렷한 국가라는 간판의 기능을 수행하고 있었다. 그리고 자신들의 예술가적인 자주성을 고집하던 작가주의 영화감독들은 이러한 현상을 자명한 일로 받아들이며 독일의 이미지를 강화시켜 나갔다. 문화상품이 되어버린 "새로운 독일영화"(New german cinema)와 이들이 독일현실을 담아내리라는 기대감 사이의 긴장은 고조되었으며, 이 문제는 당시의 영화감독들과 영화평론가 사이에 벌어진 논쟁의 핵심이었다. 70년대 독일의 소위 "새로운 독일영화"(New german cinema)들은 이상적인 수출 품목이었지만, 독일의 국내정치는 그다지 자유롭지는 않았다. 국가는 이제까지 유래가 없는 최고의 강도로 독일 테러리스트 그룹들의 실제동조자들과 동조자로 추정되는 자들의 검거에 열중하고 있었다. 그리고 좌파적 행동에 연관된 자들의 공무원 취업을 금지시키는 취업금지 조치, 시민들에 대한 도청, 정보수집, 여행가기 운동에 대한 조사, 길거리의 대규모 수색작전, 시위자들에 대한 비디오촬영 그리고 경찰과 연방국경경비대에 대한 거액의 장비지원 예산편성 등이 당시의 정부조치들이었다. "새로운 독일영화"는 70년대에 일어난 다양한 변혁과정을 직접적으로 반영하기 위한 작은 한 부분에 해당될 뿐이었다.

독일영화사에서 70년대는—오버하우젠 선언부터 개혁세력의 몰락 그리고 80년대 말의 국제적인 명성을 얻게 되는 시기까지—가장 생산적이고 가장 창조적이었던 시기였다.

이미 60년대에 단편영화, 텔레비전 영화 혹은 첫 장편 극영화를 만들었던 감독들은 70년대 전반에 한편으로는 정부의 공공제작지원금 제도의 활용, 다른 한편으로는 사회혁명적인 로맨티즘과 대중적 쾌락주의 사이의 긴장감을 통해 조성된 틈새공간을 활용하여 영화를 만들 수 있었다.

폴커 슐렌도르프, 베르너 헤어쪼크, 라이너 베르너 파스빈더, 빔 벤더스 등등은 중견작가로 성장하였으며, 심지어 국제적인 제작자본이 투자된 작품을 감독하기도 하였다. 70년대 후반에는 더욱 더 극심한 경쟁과 스타감독의 조성이 이루어졌다. 그러나 개혁적이고 개인적인 작품이지만, 영화관에서 상영되지 못한 영화들 그리고 보편적인 스토리 전개 위주의 영화, 특히 영화지원위원회 위원들의 문학작품 선호에 따른 문학작품의 영화화가 많이 이루어졌다. 70년대 "새로운 독일영화"의 특성으로는, 집중적이고 서로 매우 다르며 개성적 성격이 강한 감독들의 작업방식을 들 수 있는데, 실험적인 서사형식, 이야기 서술구조의 연속성의 해체, 중단, 길게 늘임 그리고 음악의 기능과 배우의 목소리와 신체언어의 기능에 대한 실험, 기록영화적인 자료와 꾸며낸 자료의 특수한 제스츄어 등을 들 수 있을 것이다.

80년대 독일영화

다양한 주제와 이야기 전개방식의 왕성한 실험정신으로 70년대에 국제적인 주목을 받았던 독일영화(서독)는 80년대에는 심각하고 무거운 영화의 대명사였다. 소위 "New German Cinema"라는 품질인증은 더 이상 통용되지 못했다. 단지 몇몇 작품만이 새로운 스타일 혹은 독일적 면모를 지녔을 뿐이었다. 대부분은 영화관 상영도 하지 못했다.

그러나 이러한 현상은 독일만의 것은 아니었고, 영화라는 상품의 기능이 달라졌기 때문이었으며, 영화관의 기능 또한 달라졌기 때문이었다. 영화는 영화관이라는 특정한 장소에서 두 시간 남짓 앉아서 보는 상품이 더 이상 아니었다. 영화는 이제 비디오 카셋트와 레이저디스크라는 형식으로 각자의 개인적 공간에서 보는 상품으로 바뀌었고, 영화관은 골동품적인 오락장소로 전락하고 말았던 것이다.

60년대와 70년대의 서독영화는 독일의 지난 과거역사의 현대적 맥락을 반복적으로 다룸으로써 독일국민들의 과거역사에 대한 집단적 망각을 극복하려 했으며, 아무런 생각도 없이 현실에서 도피하려는 현실도피주의와 상업영화를 배격하였다. 그리고 영화란 오락수단일 뿐만 아니라 시간을 기록하는, 시대를 기록하는 기계라는 효능을 지닌다는 점을 주장하였다. 영화는 인간의 기억력과 많은 공통점을 지니고 있는데, 장면과 사건이 과거로 파묻히지 않고 보관되게 하는 가능성, 과거와 현재를 서로 파고드는 방식으로 섞어버리는 가능성을 갖고 있다는 것이다. "뉴 저먼 시네마"는 독일의 역사에 시선을 두고, 독일의 역사와 독일의 영화사 속에서 자신들이 차지하고 있는 위치를 반영해 주었던 이야기와 영상들을 의식적으로 자신들의 영화 속으로 옮겨 놓은 것이다. 이런 관점에서 보면, 영화는 단지 사건의 줄거리를 이야기할 뿐만 아니라, 표상들을 살아 움직이게 만들고, 회상을 하게 만들고, 지성을 촉진시키고, 정신을 고양시키는 것이다. 파스빈더는 "영화는 반드시 어느 순간 한번 이야기임을 멈추고 살아 움직여야 한다. 그래서 나 자신과 나의 삶은 어떠하지?라는 질문을 해야 하는 것이다."라고 말한 바 있는데, 80년대 독일영화중 그런 영화는 매우 드물었다.

"뉴 저먼 시네마"의 종말

"뉴 저먼 시네마"의 심장이었던 파스빈더의 죽음과, 기민당(CDU)/ 자민당(FDP) 연합정권의 내무장관으로 찜머만 Zimmermann이 취임하면서 "새로운 독일영화"의 시대는 막을 내리게 된다. 사민당(SPD)/ 자민당(FDP) 연합정권하의 독일 정부가 활발한 지원을 하면서 독일영화는 70년대 말, 80년대 초, 국제영화제에서 괄목할만한 성장을 이룩하였다. 깐느, 베니스, 베를린영화제에서 대상을 받았으며, 1980년 <양철북>, 1982년 <메피스토> *Mephisto*가 각각 미국의 아카데미상 최우수 외국영화상을 수상하였고, 파스빈더 감독의 <베로니카 포스의 동경> *Die Sehnsucht der Veronika Voss*은 1982년 베를린영화제에서 금곰상을 수상하였다. 베르너 헤어쪼크 감독은 1982년 깐느 영화제에서 <피츠카랄도> *Fitzcarraldo*로 감독상을, 알렉산더 클루게 감독은 베니스 영화제에서 그의 전 작품에 대해 황금사자상을 받았다. 빔 벤더스 감독은 <사물의 상태> *Der Stand der Dinge*로 1982년 베니스 영화제 경쟁부문에 선정되었으며, 마르가레테 폰 트로타 Margarethe von Trotta 감독은 <납빛의 시대> *Die bleierne Zeit*로 1982년 독일 연방정부 영화상을 수상하였다. 그러나 1982년 6월 10일, 37세로 파스빈더 감독이 사망하고, 찜머만이 내무장관으로 취임하면서 "뉴 저먼 시네마"는 막을 내리게 된다.

찜머만 장관은 작가주의 영화를 배격하면서 국민들의 오락영화 볼 권리를 주장하였다. 그는 1982년에 독일 연방정부의 영화상을 수상한 헤르베르트 아흐턴부쉬 Herbert Achternbusch의 영화 <유령> *Das Gespenst*을 비방하며 상금 30만 마르크의 잔금지불을 거절하였다. 이는 독일영화정책의 전환과 일종의 검열행위로 간주되었다. 그러나 "새로운 독일영화"의 종말은 단지 독일 우파 정권의 영화정책 때문만은 아니었고, 당시의 독일영화사들의 과잉제작, 지원금을 타기 위한 기회주의, 그리고 철저한 장인정신이 결여된 미숙함 등등이 종합적으로 빚어낸 결과라고 보아야 할 것이다. 오랫동안 "새로운 독일영화"의 옹호자였던 영화평론가 페터 부흐카 Peter Buchka는 1983년 급기야 "독일영화는 죽었다"라고 선언하면서, 개인들이 모여 집단을 이루어 "뉴 저먼 시네마"의 발전을 이룩했다면 이제는 개인으로 작업해야할 상황에 직면했다라고 표현하였다. 그리고 기술의 발전 또한 새로운 상황을 조성하였다. 독일 전국의 공중파 텔레비전이 케이블 방송으로 유선화하면서 수십 개로 늘어난 채널을 통해 새로운 매스미디어 산업이 번창하였다. 미디어 재벌들이 생산하는 상품영화들이 가정의 TV 화면을 지배하게 되었고, 전세계적인 영화의 홍수시대를 맞아 시청자들의 의식 또한 이들이 제작한 상업영화들의 융단폭격을 받아 흐릿해졌으며, 영화를 인지하는 감성도 쇠퇴하고 말았다. 오버하우젠 선언 이후 "새로운 독일영화"가 이룩한 과거망각에 대한 경종과 정치사회적 억압에 대한 저항, 그리고 영상미학에 관한 다양한 실험들은 20년 만에 종말을 고하고 말았다. 이후 90년대 중반까지 독일의 젊은 영화감독들은 헐리우드 식의 장르영화 쪽으로 관심을 돌리게 된다.

TV와 비디오 제작까지 포함한 영상물 제작의 증가는 엄청나게 늘어나면서 작가주의 영화는 점점 설 자리를 잃게 되었다. 감정보다는 이성을, 오락보다는 계몽을 선호하는 독일 작가주의 영화는, 영화를 대중적인 매체로 만들어주는 요소들인, 매력적인 포장, 흥미로운 줄거리, 인기 있는 스타 영화배우 등등을 갖고 있지 않았다. 그 결과, 80년대 독일영화는 몇 편의 희극영화들만이 겨우 흥행에 성공하고 있었다. 작가주의를 더 이상 추종하지 않는 80년대 젊은 독일영화인들은 헐리우드와 미국의 독립영화 그리고 마르틴 스코르세지, 존 카사비츠 감독의 작품들을 선호하였다. 즉 감독의 주관적인 세계관을 담아내기 보다는 기술적으로 프로의 수준을 강조했고, 이야기를 전개시키는 속도감을 중요시 하였다. 80년대에 비평가들에게도 인정받고, 흥행에도 성공했던 도리스 되리 Doris Dörrie는 한 인터뷰에서 다음과 같이 자신의 영화에 대한 인식을 드러내고 있다.

> "저는 대중음악(pop music)음악회를 다니며 성장했지, 정치적인 토론을 하며 성장하지 않았습니다. 그래서 저는 제 영화에서 거대담론적인 정치적 내용을 전달하지 않습니다. 단지 저는 제가 마치 아도르노에게 배우고 공부한 사람처럼 행동할 수는 없습니다."(1986)

그녀 역시 이론과 분석이 뒷전으로 물러나 버린 것은 안타깝게 생각하고 있지만, 그녀의 발언은 "새로운 독일영화"가 나온 지 20년이 지난 80년대 독일영화인들의 의식을 분명하게 말해 주고 있다.

그러나 독일 작가주의 영화의 선두주자인 쟝 마리 스트라웁 Jean-Marie Straub과 다니엘 윌레 Daniele Huillet는 영화에 관한 자신들의 견해를 결코 바꾸지 않는다.

> "정신없이 빠른 템포의 영화 그리고 스필버그감독의 컴퓨터 그래픽을 이용한 특수효과는 진짜 포르노그라피이다."

독일 작가주의 감독의 대표라 할 수 있는 알렉산더 클루게 역시 영화의 매체적 측면에 대한 배려에는 매우 인색하다.

> "영화를 오직 대량 소비를 위한 생산물로 생각하는 것은 오류이다."

독일 작가주의 감독들의 이러한 유토피아적인 생각과 정상적인 영화관객의 기대 사이의 거리감은 영화작가들의 꿈과 관객들의 요구 사이의 근본적인 불일치를 나타내주고 있다.

1980년 서독 TV는 1,294편의 극영화를 방영했었는데, 10년 후인 1990년에는 7,000편으로 증가했고, TV영화와 비디오 제작물까지 포함하면 12,000편의 극영화를 시청자들은 자신들의 기호에 따라 선택할 수 있게 되었다.

영화 매니아들이나 찾는 영화관의 쇄락과는 반대로, 1990년 독일에도 쾰른에 멀티플렉스 Multiplex 영화관들이 등장하여 최신 영사기와 최신 음향시설 그리고 젊은이들을 위한 복합적 오락시설을 갖추고 관객들을 끌어 모으기 시작했다. 1991년 쾰른에는 6개의 멀티플렉스 영화관이 80개의 스크린과 21,525석의 좌석을 갖추고 400만 명의 관객을 동원하였다. (주말의 입장료는 14마르크로 비쌌음에도 불구하고) 1991년 12월, 독일에는 3,686개의 영화관(서독: 3,258개, 동독: 428개)이 있었으며, 1991년 9월의 어느 주말에는 2,000개 이상의 영화관에서 8편의 같은 영화를 상영하고 있었다. 그중 7편은 미국영화였고, 단지 1편만이 독일영화였다. 1991년 총 334편의 극영화가 독일에서 초연되었으며, 그중 162편이 미국영화였고, 72편이 독일영화였다. <늑대와 함께 춤을>은 650만 명, <나 홀로 집에>는 640만 명, <로빈 후드>는 470만 명, <터미네이터2>는 460만 명의 관객을 동원하였다. 독일영화는 10만~15만 명의 관객이 들면 흥행성공작으로 평가 받았다. 독일영화의 시장점유율은 1991년 13.6%(미국영화: 80.2%)에 불과했다.

90년대 이후 독일영화

80년대 중 후반의 당시 새로운 영화세대는 이전의 작가주의 영화세대가 영화를 "정치적 여론형성의 일부"(Kino als Teil der politischen Öffentlichkeitsbildung)로 이해했던 것과는 반대로 영화의 가장 중요한 임무로 "오락"(Die Unterhaltung als vorrangigste Aufgabe des Kinos)을 앞세웠다. 70년대의 작가주의 영화의 중심에 있던 사고인 "정치와 역사의식"은 거부되었으며, 그 대신에 "미국 장르영화의 상업적인 형식들"이 의식적으로 받아 들여졌다. 이러한 결과로 스타를 내세우는 헐리우드식의 제작이 독일영화계를 지배하게 되었다. 1985~1997년의 시기는 이러한 장르영화들이 차지했으며, 그 중에서도 코미디가 독일영화시장을 지배하며, 잘 알려진 배우들을 내세워 관객을 영화관으로 끌어 들였다. 당시의 독일영화의 목표는 흥행이었고, 이렇게 제작된 영화들이 시장에서 성공을 거두었다. 이러한 영화들의 소재는 매우 제한적이었고, 당대 현실이나 당대 인간의 모습을 진지하게 다루지도 않았다. 이러한 독일영화의 발전양상은 50년대로의 후퇴라고까지 불렸으며, 1993년 독일영화상 시상식에서, 61년에 이어 두 번째로 대상 수상작을 내지 못했다는 사실이 이를 증명해 주고 있다.

90년대 후반부터 새로운 감독들이 예술적인 열정을 바탕으로 개성적인 영상미를 담아내는 작품들을 연출하기 시작했고, 일상현실과 인간에게 애정이 어린 시선을 주면서, 자신들의 소재를 진지하게 다루기 시작하였다. 새로운 영상미학적 혁신성으로 독일영화의 새로운 패러다임을 제시한 감독들과 작품들은 다음과 같다:

카롤리네 링크 Caroline Link

<비욘드 사일런스> *Jenseits der Stille*, 1996

<러브 인 아프리카> *Nirgendwo in Afrika*, 2002

한스 크리스티안 슈미트 Hans Christian Schmid

<다섯 시 이후 원시림 > *Nach Fünf im Urwald*, 1995

<이십삼> *23*, 1998

볼프강 베커 Wolfgang Becker

<인생은 공사장> *Das Leben ist eine Baustelle*, 1997

<굿바이 레닌> *Good Bye Lenin*, 2003

오스카 룀러 Oskar Roehler

<실베스터 카운트다운> *Silvester Countdown*, 1997

<갈 곳 없는 삶> *Unberührbare*, 2000

톰 티크베어 Tom Tykwer

<겨울잠 자는 사람들> *Winterschläfer*, 1996

<롤라 런> *Lola rennt*, 1998

안드레아스 드레젠 Andreas Dresen

<밤에 생긴 일> *Nachtgestalten*, 1998

파티 아킨 Fatih Akin

<짧고 날카로운 충격> *Kurz und Schmerzlos*, 1998

<미치고 싶을 때> *Gegen die Wand*, 2003

크리스티안 페촐드 Christian Petzold

<내가 속한 나라> *Die innere Sicherheit*, 2000

이들 감독들의 작품들은 소위 메이저 영화사들이 만들어내는 상업영화도 아니었고, 또 영화진흥 정책에 의해 만들어진 관객과 유리되는 예술영화도 아니었다. 이들의 작품들은 감독 자신의 영상스타일 속에서 자신들의 경험을 이야기하는 영화이면서도 관객과 함께 호흡하는데 성공한 영화들이었다. 이들은 영화를 “매체”로서 그리고 하나의 “예술”로서 다시 인식하고 있다. 이들은 독일에서도 작가주의 영화세대와는 달리 일반관객의 호응을 얻는다는 점이 70년대 작가주의 감독들과 다른 점 이었다. 이들에게 영화는 매체일 뿐만 아니라 동시에 오락 내지는 대중산업인 것이다. 이들은 대부분 영화학교에서 전문적인 교육을 받았으며, 자신들의 첫 영화를 영화진흥 보조금과

방송사의 보조금으로 만들면서, 영화를 정치적 수단으로 이해하던 시대와는 달리, 영화를 예술이면서도 하나의 산업으로 이해하는 프로정신을 갖고 있었다. 따라서 이들은 "수준이 있는 대중영화", "관객이 찾는 예술영화"를 목표로 삼고, 70년대 작가주의 영화와 다르고, 80년대, 90년대 중반까지의 미국 장르영화를 모범으로 하는 영화와도 다른, 제3의 길을 가면서 독일영화의 새로운 장을 열어가고 있다. 최근 10년간 수준 높은 작품을 만들면서도 관객과 유리되지 않는 영화들을 제작하고 있는 두 개의 독립영화사, "X-Filme Creative Pool", "Claussen & Wöbke"의 작품들은 영화가 산업시대에 탄생한 예술이라는 면모를 잘 보여주고 있다. "X-Filme Creative Pool"에서는 <롤라 런>, <굿바이 레닌>, <추커씨에게 올인>, <베를린에서의 여름>과 같은 작품들이 제작되었고, "Claussen & Wöbke"에서는 한스 크리스티안 슈미트 감독과 카롤리네 링크 감독의 영화가 제작되어 흥행에서도 성공한 바 있다. "뉴 저먼 시네마"와는 달리 새로운 젊은 감독들은 스타일, 내용, 주제 면에서 그리고 정치적 지향점에서 어떤 공통점도 갖고 있지 않다. 이들은 오직 젊은 영화세대라는 점과, 90년대 초 중반 장르영화가 범람하던 시기에 자신들의 스타일로 자신들의 이야기를 하는 극장용 장편영화를 만든 감독들이라는 공통점을 갖고 있을 뿐이다. 이들은 대개 플롯보다는 캐릭터 중심으로 서사를 전개하는 경우가 많고, 주제 면에서는 작가주의 감독들이 정치와 역사의식에 집중하였다면, 이들은 인간자체에 초점을 맞추어 첫 사랑, 첫 경험 등을 다루는 "어른 되기 이야기"(Erwachsenwerden), 성장기 청소년들의 우정, 가족과의 갈등 같은 가족문제와 젊은이의 자아찾기를 중심주제로 다루고 있다.

카롤리네 링크의 성공적인 데뷔작 <비욘드 사일런스>는 한 소녀의 성장과 가족 간의 갈등을 농아부모를 등장시킴으로써 극대화하여 보여주고 있으며, 볼프강 베커의 <인생은 공사장>은 통일 후의 젊은 세대들의 방황과 상실감 그리고 불확실한 미래를 보여주고 있다. 정치적 소재를 다룰 경우에도 젊은이들의 세계를 이전의 작가주의 감독들과는 다르게 다루고 있다. 적군파 테러, 독일통일, 통일이전의 동독과 서독의 갈등, 나치스시대의 과거청산 문제 등도 계속 다루어지고는 있지만, 정치적 이데올로기적 시각이 아니라, 일상사 속에서 인간개체의 운명이나 가족 간의 관계를 정치적 배경에서 조명하고 있는 것이다. 볼프강 베커의 <굿바이 레닌>은 베를린 장벽 붕괴와 독일통일이라는 정치적 소재를 다루고 있지만, 소재에서 다루어지는 정치적 격변기는 이데올로기적인 성격을 보이지 않고, 정치적 격변기를 배경으로 그 속에서 살아가야 하는 인간의 모습을 다룸으로써 격변하는 사회 속에서의 인간의 모습을 보여주고 있다. 이 영화의 시나리오 작가는 이 영화가 통일에 대한 이야기가 아니라, 다른 많은 가족이야기들처럼 거짓과 비밀을 지닌 한 가족에 대한 이야기라고 말하고 있다. 정치적 격변기는 인간의 내적 갈등을 첨예화시키는데 일조하는 역할을 하고 있다.

크리스티안 페촐트의 <내가 속한 나라>도 이러한 경향의 대표적인 사례에 해당한다. 이 영화는 정치적 소재인 적군파의 문제를 다루지만, 그 묘사는 정치적이지 않다. 이 영화는 수배 중인 테러리스트로서 정처 없이 유럽을 떠도는 부모를 따라 자신의 의지와 무관한 삶을 살아야 하는 주인공 소녀 쟌의 삶을 다루고 있다. 이러한 주제 속에서 영화는 부모의 과거를 이데올로기적으로 다룰 어떠한 공간도 갖기 않으며, 그 대신 고향도 없이 떠도는 소녀가 사춘기에 누려야 할 평범한 삶을 동경하는 모습이 영화의 전면에 그려진다. 이처럼 상실한 고향이나 귀향을 동경하는 주제가 다루어지는 영화로는 이외에도 카롤리네 링크의 <러브 인 아프리카>, 슈미트의 <희미한 불빛>, 드레젠의 <밤에 생긴 일>, <그릴 포인트>, 보르트만의 <베른의 기적>, 다니 레비의 <추커씨에게 올인> 등이 있다.

이 영화들은 소재는 달라도 개체로서의 인간에 대한 관심을 보여주며, 그 인간이 사회와 갖는 갈등을 일상적 삶을 다루면서 일반적으로 그 일상사의 의미에 천착하고 있다. 일상 속에서의 인간에 대한 묘사는 통일 이후의 구동독 지역과 그 지역의 삶을 다루는 영화들에서도 분명하게 드러난다. 베를린 장벽이 붕괴되는 소위 전환기(Wende) 전후에는 정치, 사회적 격변이 장르영화－특히 코미디－의 배경으로 상투적으로 다루어지던데 반해, 90년대 후반과 21세기에는 장벽붕괴 이후의 시기에 대해 어느 정도 거리를 두고 독일 내부 사회의 모습을 진지한 시각으로 다루고 있다. <태양의 거리> *Sonnenallee*, <우리 같은 영웅들> *Helden wie wir*, <레전드 어브 리타> *Die Stille nach dem Schuss*, <장벽을 넘은 사랑> *Wie Feuer und Flamme*, <밤에 생긴 일>, <희미한 불빛>, <굿바이 레닌>, <타인의 삶> 등등이 급변하는 정치적 사건 속에서 방황하고 고민하며 살아가는 인간들을 다루는 영화들이다. 장르영화의 경우에도 그 상투성에 기대지 않고 개성적인 영상을 통해－특히 코미디 영화들－한 사회의 인간의 모습을 잘 묘사해주고 있으며, 범죄물과

로드무비의 경향을 보이는 아킨 감독 또한 인간에 대한 진지한 접근을 통해 장르영화의 상투성을 극복하고 있다. 아킨 감독은 터키 이민자 가정 출신으로 두 나라 문화의 틈새에서 자신의 정체성을 모색하는 작업으로 새로운 독일영화의 패러다임에 일조하고 있다. <솔리노> *Solino*에서는 이태리 이민 형제간의 우애와 갈등을 일상의 묘사를 통해 하나의 성장물 속에서 그려내고 있으며, 베를린 영화제 대상 수상작인 <미치고 싶을 때> *Gegen die Wand*에서는 터키 이민자 가정 출신 여인의 자유로운 성애에 대한 갈망을 사회적 배경 속에서 조명하면서, 인간과 일상에 대한 성찰을 보여 주고 있다.

2000년 이후의 독일영화는 90년대의 장르영화와는 다르게, 인간과 일상에 대한 진지한 접근이 이루어지고 있으며, 독일의 현실이 사회정치적인 배경으로 자주 묘사되고 있다. 사회와 인간에 대한 사실적이고 섬세한 묘사가 독일영화를 새로운 시대로 이끌어 가고 있다. 삶에 대한 진지한 묘사는 사회비판적인 소재를 다룬 영화에서만 보이는 것은 아니다. 톰 티크베어의 작품처럼(<롤라 런>, <겨울잠 자는 사람들>) 환상적인 세계 속에서 인간의 소망을 묘사하는 영화들도 이러한 범주 속에 포함되는 것은 물론이다.

지금까지 전후 독일영화의 큰 흐름을 간략하게 살펴보았으며 다음 장에서는 주제별로 독일영화에 나타난 시대상과 독일인의 삶을 구체적으로 분석함으로써 독일문화에 대한 이해를 돕고자 한다.

라인강의 기적과 그 어두운 그림자

<어제와의 이별> • <사계절의 상인> • <R씨의 광폭한 살인행각> • <카첼마커> • <마리아 브라운의 결혼>

알레산더 클루게 Alexandra Kluge

<어제와의 이별> *Abschied von gestern,* 1966

라이너 베르너 파스빈더 Rainer Werner Fassbinder

<사계절의 상인> *Der Händler der vier Jahrezeiten*, 1971

<R씨의 광폭한 살인행각> *Warum läuft Herr R Amok?,* 1969

<카첼마커> *Katzelmacher,* 1969

<마리아 브라운의 결혼> *Die Ehe der Maria Braun*, 1978

전후의 잿더미에서 다시 독일경제를 자본주의 최고의 수준으로 끌어올린 서독인들의 굳은 의지와 성실한 땀의 결실을 우리는 흔히 "라인강의 기적"[1]이라고 부른다. "라인강의 기적"이 일어날 수 있었던 것은 물론 독일국민들의 근면함이 제일 큰 원인이겠지만, 새롭게 시작되는 동서냉전의 틈바구니에서, 소련을 맹주로 하는 동구라파 사회주의 국가들에 대한 방어벽을 구축하기 위하여 미국이 제공한 경제원조였던 마샬플랜, 그리고 전후의 서독사회를 안정적으로 이끌었던 기독민주당 정권의 콘라드 아데나우어 수상, 적절한 시기에 독일경제 부흥에 커다란 활력소 구실을 했던 "한국전쟁"등의 도움을 받아 "라인강의 기적"은 일어날 수 있었다. "경제기적"은 1940년대 말과 1950년대의 서독경제를 가리키는 말이다. 전후 독일인에게 가장 시급했던 문제는 경제적 곤궁과 매일 매일의 식량조달이었다. 생활필수품은 부족했고, 암시장의 거래는 활발했다. 이때는 담배가 대체화폐로서 중요한 역할을 하였고, 특히 "미제담배"만 있으면 빵이나 버터 등을 얼마든지 살 수 있었다. 1949/ 50년 겨울동안만 해도 바이마르 시절 최악의 해를 연상시킬 만큼 실업이 만연하였고, 1939년 이래 지속되었던 생필품 배급제 역시 50년 3월에 가서야 끝이 났다. 그런데 한국전쟁(1950.6.25~1953.7.27)이 터지면서 상황은 급반전 되었다. 하겐 슐체는 "경제기적"에 대해 다음과 같이 서술하고 있다.

1) "라인강의 기적"이라는 말은 독일에서는 쓰지 않으며, 독일에서는 "경제기적(Wirtschaftswunder)"이라는 말을 사용한다.

> "한국전쟁의 결과로 전 세계적인 경제 붐이 일어났고, 이 덕분에 서독 경제도 상당한 성장을 하게 되었다. 전쟁 중 못다한 소비재에 대한 욕구가 폭발적으로 증가하였고, 전쟁의 파괴와 전후 산업시설 해체로 인해 위축되었던 산업계도 최신 생산설비에 상당한 자본을 투자하였으며, 마샬플랜은 이에 필요한 자금을 공급하였다. 그리고 한국 전쟁 기간 동안 서독의 가장 중요한 무역경쟁국 이었던 미국과 서유럽 국가들이 군수물자 생산에 산업설비를 총가동하는 동안 서독 수출품은 세계시장에 침투할 수가 있었다. 그밖에도 노동조합이 정부수립 초기에 임금 인상 요구를 자제한 것도 큰 효력을 발휘했다. 이 시기의 임금상승률은 국민총생산 성장률보다 약간 낮았지만, 그럼에도 노동자의 임금은 해마다 평균 5%씩 증가하였다. 그들 역사상 최대의 패배를 겪고 나서 독일인들은 경제적으로 최대의 번영을 구가하였다."[2)]

독일경제는 한국전쟁 덕분에 거의 8%에 이르는 연간 성장률을 기록하며 급속히 발전했다. 그와 같은 높은 성장률은 1950년대 내내 계속 유지되었다. 1957년에는 연금이 평균 65% 올라 독일의 놀라운 경제성장을 반영했다. 1958년부터 미국 달러화와 1대1 교환이 가능해짐으로써 마르크화는 세계적으로 중요한 통화 수단 가운데 하나가 되었다. 서독은 1952년에 이미 무역수지가 균형을 이루었으며, 1960년부터는 미국에 이어 세계 두 번째 경제대국으로 성장했다. 클루게와 파스빈더는 경제 우선주의의 시각을 벗어나 이 시기 경제부흥 이라는 큰 흐름에 휩쓸려버린 서독사회의 어두운 이면으로 눈을 돌려 그 시

2) 하겐 슐체, 『새로 쓴 독일 역사』 S.325

대를 살아간 인간들의 이야기를 애정이 어린 시각으로 보여주고 있다. 60년대 젊은 독일영화 감독들에게 과거사 극복 못지않게 중요한 것은, 당대의 독일을 영화 속에서 어떻게 묘사하는가 하는 것이었다. 당대 독일의 모습은 주로 주관적인 시각, 때로는 자전적인 시각으로 비쳐졌다. 이러한 특징은 프랑스 "누벨바그"(Nouvelle vague) 작품들과 "Young German Cinema"의 공통점이었다. 감독들은 자신들이 직접 관찰했던 것, 경험했던 것들에 관해 이야기하고자 했다. 실제로 <어제와의 이별>의 주인공 역할로 출연한 여배우 알렉산드라 클루게 Alexandra Kluge는 감독 알렉산더 클루게의 여동생으로 그녀는 극중인물을 연기한 것이 아니라 동독에서 서독으로 넘어와 서독사회에서 겪었던 자신의 체험을 연기한 것이었다. 클루게는 "라인강의 기적"이라는 양지의 어두운 구석구석을 이 영화 속에서 우리들에게 보여주고 있다.

알레산더 클루게-<어제와의 이별>

유태인의 딸로 라이프찌히에서 태어난 아니타 G는 2차대전이 끝난 후 서독으로 넘어온다. 서독사회에 적응하여 정상적인 삶을 살려고 노력하지만 그녀의 모든 노력은 실패한다. 동료의 옷을 훔친 죄로 연행된 아니타는 보호관찰 대상이 된다. 보호관인 트라이버 부인의 헌신적인 도움과 기도에도 불구하고 안정을 찾지 못한다. 직장 상사의 계좌에서 빼돌린 돈으로 모피코트를 사고, 그 상사와의 불륜을 그의 부인에게 들키자 그녀는 도망친다. 한 동안 하녀생활을 하다가 대학진학을 꾀하지만 그녀에게 대학에서의 수업들은 지루하고 어렵기만 하다. 대학을 뛰쳐나온 그녀는 유부남인 정부 참사관 피코타 Pichota의 정부가 된다. 그는 그녀를 교육시키려 한다. 그는 학문서적을 강독하는 법을 그녀에게 설명하고, 베르디의 오페라 "돈 카를로스"를 해설하고, 브레히트의 단편소설을 설명한다. 그러나 아니타가 임신한 사실을 알게 되자, 그녀가 그의 출세에 걸림돌이 될 것 이라고 생각한 피코타는 그녀에게 100마르크를 주면서 노르트라인 베스트팔렌주로 갈 것을 권한다. 아기를 분만하기 전에, 이미 경찰에 수배가 된 사실을 알게 된 아니타는 라인강을 하염없이 떠돌아다닌 후, 경찰에 자수한다.

감독은 기록영화의 수법을 사용하는 등, 수많은 세부사항과 관찰들을 통해, 아데나우어 시대를 살아 간 한 인간의 모습과 그 인간이 살았던 사회의 초상화까지도 보여주고 있다. 나치스 시절 부유한 유태인 가정에서 태어난 아니타의 유년시절 회상은 몇 장의 사진으로 암시되고 있다. 대가족이 함께 찍은 가족사진, 가족음악회 사진, 나치스 장교의 군복을 입은 남자들의 모습, 고급가구들과 대저택들이 아니타의 회상에 등장하는 사진들이다. 이 보다 앞선 판사의 심문 장면에서 관객들은 아니타의 신상에 관한 정보를 이미 얻은 바 있다. 동독 라이프찌히에서 1957년 좀 더 좋은 삶의 기회를 얻기 위하여 서독으로 넘어 온 22세의 유태계 독일인 처녀. 그러나 새로운 삶을 시작하려는 아니타의 시도는 끝내 좌절되고 만다. 아니타의 상대자들이 하나같이 그녀를 단지 하나의 대상으로 취급함으로써 아니타의 노력은 수포로 돌아간다. 동료의 옷을 훔친 대가로 보호관찰의 대상이 되지만, 그녀의 교화를 담당한 부인과 목사의 언행은 공허할 뿐이다. 아니타를 외판원으로 고용한 회사의 사장에게 아니타는 착취와 정욕의 대상일 뿐이다. 아니타를 정부로 삼는 정부 참사관 피코타에게 아니타는 사랑의 대상이며 동시에 가르침과 교육의 대상일 뿐이다. 감독은 특히 관직에 있으며, 덕망을 갖추었다는 자들의 행동 속에서 드러나는 무관심과 가부장적인 자세를 보여주고 있다. 사법기관에 대한 실망 또한 분명하게 보여주고 있는데, 이는 옷을 훔친 아니타에게 전과자의 낙인을 찍어주기 위해, 직책상 법조문과 논평을 중얼거리는 판사의 모습에서 분명하게 드러나고 있다. 이에 반해 감독은 긍정적인 법조인으로, 사법부의 인간화를 지지하는 헤센주의 바우어 검사장을 인터뷰한 장면도 삽입하였는데, 바우어검사장은 권위적인 재판정의 좌석배치를 평등한 원형책상으로 바꿀 것을 제안하고 있다.

관객들의 감정이입을 의도적으로 회피하고 있는 이 영화는 마치 경찰조서처럼 장면과 장면 사이에 소제목을 넣고, 논평과

자기성찰, 그리고 질책 등등을 골고루 사용하고 있다.

감정을 자제함으로써 감독은 이 영화를 통해 관객들이 독일 사회의 현재 상황에 대한 인식을 획득할 것을 원하고 있다. 이 여인의 운명이라는 한 사례에서 당시 독일의 현실에 대한 인식을 새롭게 할 것을 요구하고 있는 것이다. 클루게는 아니타를 지진계의 탐침에 비유하고 있다. "아니타는 탐침처럼, 우리 사회를 재는 지진계에 해당됩니다. 나는 그 지진계가 가리키는 진동을 기록해보려고 하였습니다."[3)]

파스빈더-<사계절의 상인>

50년대 서독, 아데나우어 수상 시대, "라인강의 기적"을 일군 시절의 어두운 이면을 다루는 영화이며, 평론가들의 극찬을 받았던 영화는 파스빈더 감독의 <사계절의 상인>이다. 쥐트도이체 짜이퉁의 귄터 플라움은 "전쟁 이후 최고의 독일영화"(1972.3.10)라고 평했으며, 프랑크푸르터 알게마이너 짜이퉁의 빌프리드 비간트는 "지난 수년 간 제작된 영화중 가장 중요한 영화중 하나"(1972.5.31)라고 극찬하였다. 파스빈더는 이 영화에서 50년대 서독의 평범하면서도 신산했던 삶의 모습을 리얼하게 보여주고 있다.

---

3) Ulrich Gregor: *Geschichte des Films Bd.3,* S.127

주인공 한스 엡은 어머니의 사랑이 결핍된 가정에서 도망치듯 외인부대에 입대한다. 남편이 없이 가장노릇을 하는 그의 어머니는 하나뿐인 아들을 강하게 키우려 했었으며, 외인부대에서 돌아온 아들을 반갑게 맞이하지 않는다. 그녀의 비아냥은 모자간의 관계를 추측하기에 충분하다: "잘 하는 사람들은 부대에 계속 남아 있고, 너 같은 사람들은 돌아오는구나." 한스는 경찰관이 되었지만 곧 해고되고 만다. 근무 중에 한 창녀의 유혹에 넘어가고 말았기 때문이다. 그는 과일장수가 되어 트럭을 몰고 주택가를 전전하며 과일을 판다. 한스는 지금의 부인과 결혼하기 전에 사귀던 애인이 있었으나, 애인은 한스와 결혼하지 않았다. 왜냐하면 한스의 사회적 신분이 자기보다 낮았기 때문이었다. 한스의 부부관계는 원만하지 않다. 한스의 부인은 한스를 사랑하지 않고 그를 괴롭히기만 한다. 한스는 잦은 술집방문으로 그녀에게서 벗어나고자 한다. 쌓이는 스트레스에 못 이겨 한스는 어느 날 분노에 휩싸이며 아내를 구타한다. 아내가 이혼을 하려하자 한스에게 심장마비 증세가 나타난다. 한스는 다시 회복을 하고 부부는 이혼을 면한다. 한스가 건강상의 이유로 더 이상 힘든 일을 해서는 안 되기 때문에 한스는 판매보조원을 고용한다. 한스의 부인은 한스가 병원에 있는 동안 판매보조원과 한번 바람을 피운다. 한스의 부인은 자신의 외도를 알고 있는 판매보조원을 떨쳐내기 위하여 음모를 꾸민다. 그녀는 판매보조원으로 하여금 남편과 약속했던 값보다 더 비싸게 과일값을 받도록 한다. 그녀의 예측대로, 한스는 판매보조원의 뒤를 밟아, 이 사실을 알고 난 후 판매보조원을 해고해 버린다. 그러나 한스는 아내가 자기와 판매보조원을 함정으로

유인했다는 것을 눈치 챈다. 술집에서 한스는 외인부대에서 같이 근무했던 해리 Harry를 만난다. 해리는 한스의 과일장사에 끼어들고, 한스의 딸의 숙제를 도와주면서 한스 부인의 신뢰를 얻는다. 한스는 점점 더 말수가 적어지고, 자신이 더 이상 집안에서 필요한 존재가 아니라는 사실을 알게 된다. 한스는 가족들에게 마지막으로 작별을 위한 방문을 하고 나서 단골술집으로 가, 해리와 아내와 다른 사람들이 보는 앞에서 일부러 자살행위에 해당하는 폭음을 한 후 세상을 하직한다. 장례식이 끝나고, 미망인과 해리는 같이 어울린다.

무엇이 평론가들로 하여금 이 영화를 극찬하게 한 것인가?, 그리고 오늘의 관객들에게도 이 영화가 설득력을 갖고 있는 이유는 무엇인가? 그것은 아마도 파스빈더가 이야기를 전개하는 간결함과, 멜로드라마에 주어진 공간들을 그가 진술한 인간들의 삶으로 채워주고 있기 때문일 것이다. 파스빈더는 “진부한 이야기들이 빚어내는 감정들을 진실하게 만듦으로써 이 진부함에 대하여 승리하고”[4]있는 것이다. 한스의 부인은 남편을 사랑하지 않는다. 그러나 그녀 또한 그녀의 남편으로부터 어떤 사랑도 받지 못한다. 그녀의 남편 한스는 그들이 결혼했을 때 이미 상처받은 인간이었기 때문이다. 그러나 파스빈더의 모든

4) Urs Jenny, *Filmkritik,* 1972/ 5

동정은 한스에게 향한다. 이 영화는 한스의 시각으로 진행되고 있기 때문이다. 한스가 나오지 않는 몇 안 되는 장면에서도(한스의 부인이 도움을 요청하며 시어머니에게로 달려가는 장면, 부인이 판매보조원과 침대에 누워있는 장면, 부인이 장례식이 끝난 후 해리와 만날 약속을 하는 장면) 이들은 한스가 상상하는 대로, 한스가 두려워하는 대로, 한스가 알고 있거나 예견하는 대로 행동하고 있다. 이들의 행동은 한스의 반응에 대한 반응으로, 당연히 기대했던 행동이며, 한스의 반응은 다시금 이들의 반응에 대한 대답이었던 것이다. 이러한 치료불능의 순환고리에 대하여, 처음에 한스는 벗어나고자 한다. 그러나 실망한 채로 다시 돌아온 후에는 전혀 저항하지 않는다. 한스의 말문은 점차 막혀 가지만, 강렬한 저항의 소리를 관객들은 그의 눈빛 속에서 듣는 것이다. 한스에게 연민의 정을 느끼는 관객에게 이 영화는 비상한 감정적 힘을 부여해주는 것이다. 파스빈더는 그러나 이 가정비극을 개인적인 사사로운 드라마로 파악하는 것은 아니다. 파스빈더는 이 가정비극 속에서 또한 50년대의 서독사회의 모습들을 함께 보여주고 있는 것이다. 의상과 헤어스타일, 주택의 가구와 설비 그리고 부엌시설 등등은 그 시절의 옹색함을 잘 보여주고 있다. 그러나 파스빈더는 50년대와 부합하지 않는 것, 즉 나치스 시절을 암시해 주는 것들도 의도적으로 보여주고 있다. 한스의 가족 중의 한 명이 입고 있는 하얀 옷과 그녀의 높이 치솟는 헤어스타일, 그리고 극중 인물들의 이름들이 나치스 시절을 암시해 주고 있다. 한스의 성인 Epp은 바이에른 지역에서는 잘 알려진 나치스 집안이었고, 한스 가족의 변호사의 성씨도 von Schirach로 역시 나치스와 연관된 이름인 것이다. 이러한 일부 소도구의 시대와의 불일치는 파스빈더의 다른 작품에서는 시간의 차원을 혼란케 하는 기능을 갖지만, 이 작품에서는 특수한 극적기능을 수행하고 있다. 즉 영화 속의 이야기는 전쟁 이후에 벌어졌지만, 이런 일이 벌어지는 것이 가능하게 만들었던 과거의 흔적들과 의식의 파편들은 아직도 극복되지 못하고 있음을 보여주는 극적기능을 수행하고 있다고 하겠다.

<사계절의 상인>이 보여주는 50년대 "라인강의 기적"을 일군 서독사회의 암울한 이면을, 이 작품에 앞서 제작된 두 작품, <R씨의 광폭한 살인행각>과 <카첼마커>는 지극히 평범한 일상 속에 도사리고 있는 서독사회의 억압적 매카니즘과 외국인 이주노동자를 대하는 독일인의 뒤틀린 의식을 통해서 보여주고 있다.

파스빈더-<R씨의 광폭한 살인행각>

이 영화는 보편적인 가정의 일상을 보여준다. 라브 Raab의 직업은 기계설계사, 그의 부인은 가정주부이고, 아들 하나를 돌보고 있다. 이들 부부는 주중에는 TV를 보며 저녁을 보내고, 주말에는 산보를 나가거나, 시부모와 함께 잡담을 하며 보낸다. 그러나 삶은 평탄하지만은 않다. 기대했던 직장에서의 승진은 힘들게

되었고, 아들은 학교에서 어려움에 처하게 되고, 의사는 사소하지만 R의 건강에 이상이 있음을 발견한다. R는, 두통이 있긴 하지만, 가끔씩 정신이 나간 사람처럼 행동하곤 한다. 오직 학창시절의 친구가 집으로 찾아올 때만 R는 쾌활해진다. 어릴 때에 같이 나쁜 짓을 하곤 했던 학창시절의 친구와 함께 찬송가를 부르며 즐거워한다. 그러나 종국에 R는 자신의 부인과, 방문 중인 이웃 집 여자와 자신의 아들을 무거운 촛대로 살해한 후, 자신도 다음 날 직장의 변소에서 목을 매어 자살하고 만다.

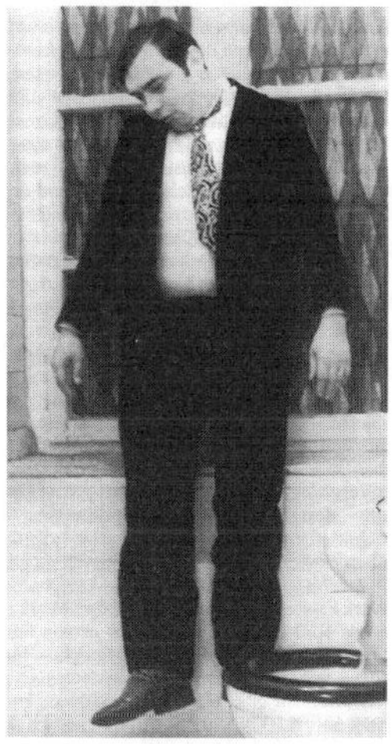

이 영화는 우리가 소위 정상적이라고 생각하는 부르주아적 삶이, 항상 반복되는 똑같이 천편일률적인 일상 속에서 얼마나 비정상적인가 하는 것을 관객들에게 적나라하게 보여주고 있다. 감독은 이 재앙에 대한 책임을 아무에게도 지우지 않는다. 사회도 아니고 개인에게도 책임을 묻지 않는다. 그러나 특정한 억압의 매카니즘은 분명히 드러내주고 있다. (R의 소시민적인 출신성분, 기숙사가 딸린 고등학교 출신, 직장에서 인정을 덜 받음) 우리가 이상적이라고 부를 수 있는 소위 인간적인 삶의 모습을 이 영화는 전혀 보여주지 않는다. 이렇게 삭

막하기 그지없는 내용을 담아내는 형식으로 감독은 일체의 미학적 수단을 동원하지 않는다. 파스빈더의 다른 영화와는 달리, 일체의 양식화, 언어의 인위성, 제스츄어의 제의화(Ritualisierung) 등등이 이 영화에서는 쓰이지 않았다. 배우들의 연기 또한 즉흥연기를 통해 현실을 영화 속에서 중복시켜주고 있다. 모든 장면들은 현실 속에서 벌어지는 시간 그대로 영화 속에서도 벌어진다. 감독은 의도적으로 극도로 일상적이며, 기분 나쁜 영화를 만든 것이다. 배우들이 즉흥적으로 내뱉는 대사들은 진부하기 짝이 없으며, 마지막의 살인 장면이 없어도 배우들의 진부한 일상의 대사를 듣는 것은 이미 참을 수 없는 수준에 도달해 있다. 컬러가 아닌 흑백의 화면이 이러한 효과를 배가시켜주는 것은 물론이다.

파스빈더-<카첼마커>

<카첼마커>는 원래 파스빈더가 1968년 뮌헨에서 연출했던 20분짜리 드라마였으며, 이 드라마는 전적으로 그리스인 이주노동자에 관한 드라마였다. ("카첼마커"는 바이에른 사람들이 남쪽나라에서 온 이주노동자들을 경멸하여 부르는 호칭이다) 영화는 네 쌍의 남녀를 보여준다. 마리와 에리히, 파울과 헬가, 페터와 엘리자베트, 로지와 프란쯔가 그들이다. 이들 네 쌍의 남녀관계는 어느 날 그리스 외

국인 노동자 조르고스가 엘리자베트의 집에 방을 한 칸 세들어 오면서 삐걱거리기 시작한다. 외국인에 대한 본능적인 혐오감과 독일인보다 더 정력이 좋다는 남쪽 나라 남자에 대한 성적 질투감이 이들을 뭉치게 만든다. 그러나 마리는 조르고스와 사귄다. 이들 네 명의 남자들은 어느 날 조르고스를 집단폭행하고, 자신들에게 집단폭행 당한 조르고스가 자신들의 시야에서 사라질 것을 기대한다. 그러나 엘리자베트는 자신이 방값을 착취하고 있는 조르고스를 세입자로 그대로 두고 싶어 한다. 파울은 헬가와 결혼하려 한다. 헬가가 임신했기 때문이다. 그러나 유산이 되고 말았고, 그래도 파울은 결혼하고자 한다. 에리히는 군에 입대한다. 군 입대가 직장에서 일하는 것 보다 나을 거라고 계산했기 때문이다. 조르고스와 마리의 미래는 어찌 될 것인가?

이 영화에서 파스빈더는 50년대 서독사회의 모습을 인간관계의 조명을 통해 보여주려는 시도를 하고 있다. 페터와 엘리자베트의 관계는 여자가 남자를 먹여 살리는 관계이고, 로지와 프란쯔의 경우는 여자가 남자의 돈을 보고 사귀는 관계이다. 이 영화 속의 인간들은 상호의존적이면서도, 이 종속성을 이용해 먹고, 상대방에 대한 사랑은 냉정한 계산속에서 착취로 뒤바뀐다. 모든 것은 돈으로 해결할 수 있고, 돈이 있는 자는 모든 것을(거의 모든 것을) 할 수 있으며, 한 사람의 이방인에게 함께 나쁜 짓을 하지만, 결국 그를 이용해 먹을 수 있을 때에는 그대로 내버려두는(이는 나중에 <불안은 영혼을 잠식한다>의 주모티브가 된다) 인간들이다. 파스빈더가 보여주는 50년대 서독의 인간관계는 이처럼 삭막하기 그지없다. 독일인의 내면을 이토록 신랄하게 공격적으로 파헤친 영화는 파스빈더의 영화가 처음이었다. 그러나 이 영화가 취하고 있는 형식은 이 영화의 효과에 대한 의심을 불러일으킨다. 이 영화는 동작들이 별로 없고, 사건이 벌어지는 장소도 몇 안 되고, 언제나 같은 시각에서 촬영된 장면들로 구성되어 있다. 대사와 같은 비중으로 극중인물들의 배치와 안무가 중요한 의미를 갖는다. 사건이 벌어지는 장소는 도시 변두리에 있는 어느 집 앞의 난간이고, 그 위에 극중인물들이 뒤바뀌며 앉아 있다. 그리고 어느 술집의 테이블, 어떤 집의 뒷마당, 몇 개의 방, 이 방들은 모두 가구가 거의 없을 정도로 썰렁하다. 극중인물들의 대사는 만화의 대사처럼 짧고, 인용구에 해당된다. 이와 같은 형식에 담겨진 이 영화의 이야기는 관객들에게 체험되기 보다는 하나의 모델로 제시 된다는 표현이 더 어울릴 것이다. 그리고 이주 노동자의 모티브를 본격적으로 다룬 훗날의 작품, <불안은 영혼을 잠식한다>에서 파스빈더는 주인공 에미 Emmi와 알리 Ali의 인간적인 사연들을 통해, <카첼마커>에서의 형식상의 미숙함을 벗어나고 있다.

파스빈더-<마리아 브라운의 결혼>

2차대전 당시 호적사무소에서 결혼신고를 하는 헤르만

Hermann과 마리아 브라운 Maria Braun, 바로 그 때 건물에 포탄이 떨어진다. 전쟁이 끝난 후, 마리아는 미군들이 드나드는 술집에서 일하며, 남편의 귀환을 기다린다. 한 친구가 그녀의 남편이 죽었다는 소식을 전해 준다. 마리아는 빌 Bill이라는 친절한 흑인병사와 사귄다. 헤르만이 어느 날 불쑥 포로수용소에서 돌아오고, 마리아는 술병으로 빌을 살해하게 된다. 헤르만은 법정에서 자신이 죄를 뒤집어쓰고, 감옥으로 간다. 마리아는 공장주인 오스발드 Oswald를 알게 되고, 그의 섬유회사에서 곧 없어서는 안 될 존재가 된다. 이는 그녀의 훌륭한 영어 실력 때문만은 아니고, 혼란스런 시대에 새로운 시작을 할 수 있는 기회를 포착해내는 그녀의 감각 때문이었다. 오스발드는 마리아를 사랑하게 되고, 마리아는 그의 사랑에 응답하지만, 그에게 종속되는 것은 회피한다. 마리아는 헤르만이 석방되는 날에 대한 사전배려를 철저히 한다. 그러나 석방이 된 헤르만은 흔적도 없이 사라져 버린다. 오스발드가 죽은 다음에야 비로소 그는 나타난다. 유언장을 개봉하면서 마리아는 헤르만이 오스발드와 계약을 맺었음을 알게 된다. 이미 자신이 병든 몸이라고 느꼈던 오스발드는 자신이 살아 있는 한 헤르만은 마리아를 포기한다는 계약을 맺었던 것이다. 오스발드는 자신의 재산을 마리아와 헤르만에게 각각 절반씩 물려주었다. 두 사람은 서로서로 자신의 몫을 선물한 것이다. 라디

오에서 1954년 7월 4일 스위스 베른에서 열렸던 축구 월드컵 결승전인 독일과 헝가리 경기의 마지막 순간들을 중계하고 있을 때 집이 폭발한다. 유언장을 열어 보기 조금 전에 마리아는 가스밸브를 제대로 잠그지 않았기 때문이었다. 고의였을까? 아니면 고의가 아니었을까?

이 진한 멜로드라마적인 이야기를 파스빈더는 양식화와 인위적 꾸밈이 없이 보여주고 있다. 자의식이 뚜렷하고, 사업과 사랑 모두 수미일관하는 마리아 브라운의 이야기는 개인적 차원의 이야기에 그치는 것이 아니고, 그 시대의 전형적인 모습들을 간직하고 있다. 세상이 뒤바뀌는 시기에, 여자들은 왕왕 남자보다 더 많은 환상과 실천력을 발휘하곤 한다. 마리아는 자기 자신에게서 "미래를 위한 전문가"를 발견하는 것이다. 남자들과의 관계에서 그녀는 오스발드에게 말한다. "당신이 나와 무엇인가 할 일이 있는 것이 아니고, 진실은 내가 당신과 무언가 할 일이 있다는 거죠." 이러한 현상을 우리는 왕왕 전쟁과 전쟁 직후의 시기에 목격하곤 한다. 파스빈더가 마리아 브라운의 이야기를 전후 독일이 월드컵 우승을 한 바로 그 날 끝내도록 했다는 것은 감독으로서 드라마투르기에 빼어난 재주를 지녔음을 증명해 주는 것이다. 그가 시나리오에 이 장면을 덧붙였다고 한다. 이 날로 패전국 독일의 시대는 끝이 난 것이다. 독일인들은 전후 처음으로 다시 승리자의 감정을 느꼈던 것이다. 전후시대가 지나감과 동시에 또한 여인들의 지배 또한 끝장이 났다. 폭발의 혼란이 지나고 나서 아나운서 헤르베르트 찜머만 Herbert Zimmermann의 목소리가 분위기를 띄운다. "독일이 월드컵 챔피언입니다." 곧바로 파스빈더는 4명의 정치가들의 사진을 보여준다. 아데나우어 Adenauer, 에르하르트 Erhard, 키징어 Kiesinger, 종전 이후 서독의 역대 수상들이다. 위의 세 명의 수상들의 모습은 필름 네거티브의 모습으로 보여주고, 슈미트 Schmidt 수상의 사진은 네가티브에서 포지티브로 바뀌며 나타난다.―브란트 Brandt수상만 빠져 있다―여인 지배의 시대가 끝나고 다시 남자들의 시대가 온 것이다. 이 영화에는 시나리오와 다른 중요한 부분이 두 가지 있는데, 그 하나는 아데나우어 수상의 라디오 연설 이다. 파스빈더는 축구 중계방송처럼 당대의 시대사적인 배경을 분명하게 드러내준다. 관객들은 두 빈이나 라디오에서 나오는 아데나우어 수상의 목소리를 듣게 된다. 한 번은 독일의 재무장은 결코 없을 것을 보장하는 방송이었고, 또 한 번은 독일의 재무장을 선전하는 내용이었다. 정치가들이 자신이 한 말에 책임을 지지 않는다는 것, 독일은 믿을 수 없는 나라라는 것을 파스빈더는 이미 50년대 독일역사 속에서 확인시켜 주고 있다. 다른 한 가지는 영화의 끝을 달리 마무리한 것이다. 시나리오에서는 마리아와 헤르만이 자동차에 타고 낭떠러지로 굴러 떨어진다. 마리아가 자신과 남편을 의식적으로 죽이는 것이다. 왜냐하면, 자신이 유일하게 사랑했던 남편 헤르만이 자신을 속였기 때문이다. 그러나 영화에서는 그렇게 해석할 수 있는 근거가 부족하다. 사고인지 자살인지 분명하지 않게 끝내는 것이다.

파스빈더는 역사에 관심이 많으며, 그 역사가 계속해서 어떤 영향을 미치는 가에 흥미를 갖는다. 그는 역사의 단절 보다는 소시민 계층의 지속성, 신민근성의 지속성을 이 역사 속에서 보는 것이다. 파스빈더 작품들 중에서 "마리아 브라운의 결혼"이 갖는 특색은 이 영화가 처음으로 소시민 계급으로부터의 신분상승을 보여준다는 것, 이 영화가 종국에 성공하지는 않을지라도 한 해방의 이야기를 하고 있다는 것이다. 그리고 매우 특이한 것은 마리아가 무엇보다도 남자의 음모에 걸려 파멸한다는 것, 수상들의 초상화들 속에 이민자 출신인 빌리 브란트 수상은 빠져 있다는 것이다. 그는 독일 역사에서 전형적인 독일인이 아니기 때문일 것이다. 파스빈더의 영화가 지나간 역사를 다루더라도 그의 영화는 근본적으로 항상 오늘을 다루는 것이다. 독일시민들, 독일의 약점, 독일의 비열한 위선자적 측면, 사랑하는 능력의 결핍, 복지에 관한 이기주의적인 생각, 이러한 것들에 대한 파스빈더의 비판은 그의 모든 영화 속에서 항상 발견된다. 1930년, 1955년 혹은 1975년의 독일 소시민들은 서로 교환이 가능한 것이다. 그에게 독일은 아무것도 변하지 않는 나라이며, 1945년의 기회는 무산된 것이다.

제3제국의 잔재와 50년대 독일

<베로니카 포스의 갈망> • <롤라> •
<불안은 영혼을 잠식한다>

라이너 베르너 파스빈더 Rainer Werner Fassbinder

<베로니카 포스의 갈망> *Die Sehnsucht der Veronika Voss*, 1982

<롤라> *Lola*, 1981

<불안은 영혼을 잠식한다> *Angst essen Seele auf*, 1973

파스빈더는 서독의 역사를 3부작으로 다루었는데, 1부는 전후 복구중인 서독을 다룬 <마리아 브라운의 결혼>, 2부는 제3제국 시대에 관한 회상을 다루는 <베로니카 포스의 갈망>, 3부는 새로운 질서와 사회에의 적응을 다룬 <롤라>였다.

파스빈더-<베로니카 포스의 갈망>

스포츠 기자 로베르트 크론 Robert Krohn은 전차 정거장에서 잔뜩 겁에 질린 어떤 부인을 만난다. 그는 그녀를 시내까지 데려다 준다. 다음날 고급 카페에서 그는 그녀를 다시 만난다. 그곳에서 그녀는 그에게 300마르크를 빌린다. 그녀는 Ufa(Universum Film AG의 약칭, 1945년까지 독일 최대의 영화사)의 스타 여배우였다. 나이가 좀 든 여자 팬들은 그녀를 알아보았다. 그녀는 스타 여배우 베로니카 포스였던 것이다. 그녀와 기자 사이에는 특이한 관계가 형성되는데 반은 인간적인 연민, 반은 기자의 호기심 때문이었다. 기자의 여자 친구인 헨리에트 Henriett의 베로니카를 사랑하느냐는 질문에 그는 진심으로 잘 모르겠다고 대답한다. 크론은 베로니카가 아편을 맞는다는 사실을 점차 알게 되고, 여의사 카츠 Katz에게 종속되어 있으며, 심지어 베로니카가 여의사의 병원에서 살고 있고, 여의사가 베로니카뿐만 아니라 다른 환자들도 착취하고 있으며, 값비싼 아편을 주는 대신 환자들의

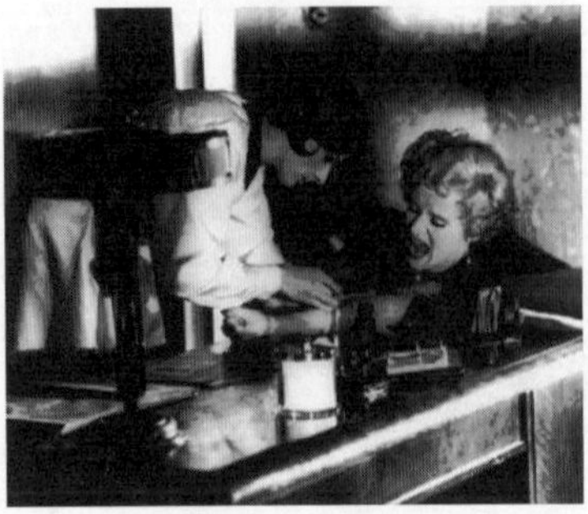

재산을 자기에게로 명의변경을 하고 있고, 이런 일을 하면서 보건소의 한 공무원의 비호를 받고 있다는 사실도 알게 된다. 크론과 함께 뒷조사를 열심히 해 온 헨리에트는 살해당한다. 병원으로 경찰을 부른 크론은 아무런 증거도 제시할 수 없었다. 작은 조연역할로 다시 영화판에 발을 들여 놓으려는 베로니카의 시도는 비참하게 좌절당한다. 크론과 아는 사이인 베로니카는 여의사에게는 점점 성가신 존재가 된다. 그녀가 헐리우드로 가게 된다는 핑계로 그녀를 위한 환송파티가 꾸며진다. 그리고 그녀는 아편도 없이 그녀의 방에 갇힌 채 병원에 홀로 남겨진다. 부활절 일요일에 그녀는 수면제를 과용하고 자살한다. 크론은 자살의 내막을 추측하지만, 누가 그의 말을 믿어준단 말인가? 그는 자신의 기자로서의 원래 직업을 다시 수행하면서, "1860 뮌헨" 경기장으로 향한다.

이 영화는 실제로 Ufa의 스타 여배우였던 지빌레 슈미츠 Sybille Schmitz의 실화에 근거하고 있다. 베로니카 포스는 제3제국이라는 과거에 파묻혀 살고 있다. 그녀에게 제3제국 시절이라는 과거는 화려한 시대였다. 베로니카처럼 과거의 회상에 파묻힌 채 이를 극복하지 못하는 경우를, 파스빈더는 늙은 골동품가게 주인에게서도 보여주는데, 수용소에 있었던 그는 베로니카처럼 아편중독자이다. 여의사가 더 이상 아편을 주지 않자, 그는 부인을 죽이고 자신도 자살하고 만다. 파스빈더는 바이마르 공화국 이후 제3제국까지 독일의 헐리우드 구실을 하며 독일인들에게 멜로드라마들을 제공하여 "꿈의 공장" 기능을 하였던 Ufa, 그리고 유태인 집단수용소가 있었던 동구라파의 도시로 유태인 집단수용소의 대명사가 된 트레블링카 Treblinka를 이 영화의 핵심개념으로 설정하고 있다. 새로운 시대에 적응하지 못하는, 과거의 시스템 속에서 우대받았던 베로니카 같은 사람들과, 더 이상 살아갈 능력이 없을 정도로 파멸된 희생자들에게 파스빈더는 기념비를 세워주는 것이다. 파스빈더는 사회가 필요로 하는 마약을 그 사회에 제공해주는, 전후 서독 사회에 새로이 형성된 권력집단에게 분노를 터트리고 있는 것이다. 이 영화 속의 탐정에 해당하는 신문기자는 민주적인 원칙을 보여주기 위한 극중인물이지만, 이들의 음모에 대항하기에는 역부족이다. 파스빈더는 관객들이 극중인물이 자기라고 느끼는 정체성에 모든 관심을 갖고 있는 것처럼 보이지만, 특히 베로니카가 아니라 크론에게 동화하는 것을 바라는 듯이 보이지만, 실은 그렇지 않다. 파스빈더가 스토리를 전개할 때뿐만 아니라 해부할 때도 항상 보여주는 예의 그 차가움과 냉정함은, 관객들이 빠져들지 않고 반추하기 위한 공간을 어김없이 만들어 주고 있다. 파스빈더는 사건이 제대로 시작도 하기 전인 첫 장면에서 이미 이러한 동화를 위한 극적 환상을 여지없이 파괴하여 버린다. 베로니카 포스는 영화관에서 자신이 출연한 옛 영화를 몰래 보고 있다. 스크린 속의 모습들은 아직도 그대로이지만, 관객들은 예전의 관객들이 아닌 새로운 관객들인 것이다. 이들은 스크린 속의 여배우로부터 강렬한 인상을 받는 예전의 관객은 더 이상 아닌 것이다. 베로니카가 느끼는 무상함, 허무함, 덧없음은 스크린 속의 관객인 베로니카뿐만 아니라 실제의 관객들에게도 그대로 전달됨은 물론이다. Ufa의 멜로드라마들이 관객들을 끌고 들어갔던 극적환상의 세계를 파스빈더는 일단 파괴해 놓은 뒤에 영화를 시작하지만, 베로니카의 성공을 이루어낸 예의 Ufa 멜로드라마를 단순한 표절을 넘어서 웅장하게 모방함으로써 멜로드라마가 관객에게 주는 즐거움 또한 놓치지 않고 있다. 스크린 속의 객석에는 베로니카의 뒤에 비스듬하게 파스빈더가 앉아 있다. 그가 자기 영화에 출연한 것은 이것이 마지막이었다.

파스빈더-<롤라>

파스빈더의 BRD (Bundesrepublik Deutschland) 3부작의 마지막 작품이 <롤라>이다.

파스빈더가 50년대에 흥미를 가지는 것은 이 50년대가 그 후 독일의 현대사에 어떠한 영향을 끼치는 지에 대한 관심 때문이다. "라인강의 기적"이라는 경제발전의 대가로 서독사회가 지불했던 것들이 무엇이었는지 감독은 한 지방도시의 축소된 모델 속에서 날카롭게 지적하고 있다. 파스빈더는 아데나우어 시대에 오늘날의 정경유착이 생성되었으며, 영리추구가 행동의 유일한 잣대가 되었고, 자유적이고 비판적인 지식인들은 퇴역을 당했다고 보고 있다. 현실과 타협하는 보편적인 적응이 시작된 것도 아데나우어 시대이며, 그와 같은 삶의 자세는 오늘날의 독일 정치 풍토를 조성하는데 밑거름이 되었다고 그는 보고 있다.

바이에른 북쪽의 소도시 코부르그 Coburg로 1957년 건축 전담 공무원 폰 보옴 von Bohm이 새로 부임해 온다. 그는 처음에는 반대했지만 지역의 건설회사 사장 슈커르트 Schuckert의 건설계획을 더 이상 반대하지 않게 된다, 그는 소도시의 창녀 롤라와 결혼하지만, 처음에는 그녀를 마리 루이제라는 이름으로 알게 되었고, 그녀의 이중생활은 전혀 모른 채 결혼한 것이었다. 폰 보옴이 코부르그에 도착했을 때, 그는 이방인, 게임의 방해요소에 불과했다. 그는 동료가 아니었다. 그는 일은 정확하게 했다. 건설위원회에서는 자신의 생각을 피력하고, 빌라 핑크라는 유곽에 대해서는 아무 것도 몰랐다. 위원회의 실제 결정은 그 곳에서 내려지며, 최소한 그 곳에서 준비되어 진다는 사실에 대해서도 몰랐다. 마리 루이제에 대한 사랑은 순수하다. 그녀도 그를 사랑하는데, 그는 그 도시의 다른 남자들과는 달리, 그녀의 손에 키스하고 그녀와 함께 등산노래를 부르기 때문이었다. 폰 보옴은 곧 이 소도시에서 벌어지고 있는 게임을 꿰뚫어 본다. 같은 직장의 동료로 지역의 사정을 잘 알고 있고, 바쿠닌을 애독하는 에쓸린 Esslin이 사람들이 그에게 무엇을 기

대하는지 분명하게 말해준다. 폰 보옴이 업무수행을 통해 정경유착 행위를 할 것을, 특정인의 영리를 보장해줄 것을 기대하고 있음을 알려준다. 그럼에도 불구하고 그는 처음에는 투기꾼들에게 위험한 인물이 되지 않았다. 폰 보옴은 에쓸린이 빌라 핑크로 그를 데려 갔을 때, 마리 루이제가 그를 다시 보기를 원하지 않을 때에야 비로소 살인광란자가 되는 것이다. 그러나 연적 슈커르트와의 싸움은 불발로 끝난다. 폰 보옴은 아직도 롤라를 사랑하고, 그녀에게 복종한다. 투기대상인 집단거주지 린덴호프 Lindenhof는 만들어지고, 폰 보옴과 롤라의 결혼도 이루어진다. 이제 그는 더 이상 이방인이 아니고 롤라는 이제 공식적인 그의 부인이 된 것이다. 방송에서는 또 다시 월드컵 축구 중계가 나온다. 1958년 스웨덴, 그러나 이제는 더 이상 1954년 베른에서와 같이 찬란한 승리가 아니고(이는 <마리아 브라운의 결혼>의 수법을 인용한 것이었다) 거친 반칙투성이 게임이었다. 유고슬라비아가 우승했다.

이 간단한 이야기는 매우 세련되게 펼쳐진다. 파스빈더는 이 영화에서 색깔들을 통해 멜로드라마의 뉘앙스를 의식적으로 강조해주고 있다. 폰 보옴과 롤라의 장면에서는 두 사람의 얼굴은 대부분 유치한 색, 남자는 파란색, 여자는 장미색으로 처리된다. 롤라의 침실은 노란색부터 보라색까지의 색으로 바뀐다. 이와 같은 강렬한 색의 조화는 나치스 시절의 소위 "고향

영화"(Heimatfilm)와 멜로드라마의 색을 연상시킨다. 음악의 뉘앙스 역시 비슷하게, 감상적인 유행가부터 교향악적이고 극적인 폭발까지의 음악들을 들려주면서 크고 빈정거리듯이 밑에 깔린다. 이러한 의식적인 기교가 이 영화의 모든 무거움을 앗아가 버린다. 그럼에도 불구하고 50년대 독일의 비참함은 조용히 나타난다. 폰 보옴의 실제적인 패배는 나오지 않는다. 관객들은 마지막에 다만 목가적인 풍경의 증인이 되지만, 그것이 가짜라는 것을 모두 알고 있기 때문이다. "라인강의 기적"을 일군 50년대의 선거구호에는 정치적, 사회적 "실험 반대"라는 구호가 있었다. 파스빈더는 이 작품에서 정상적인 사고를 하던 주인공이 어떻게 현실과 타협하는 인간으로 바뀌어 가는가를 보여주면서, 아데나우어 정권의 어두운 그림자를 관객들에게 제시하는 것이다. 그는 이 작품을 통해서 50년대의 이러한 유산으로 그 이후의 독일인의 삶이 아직도 신산하다는 것을 말하고자 하는 것이다.

파스빈더-<불안은 영혼을 잠식한다>

나치스의 인종주의가 남긴 흔적은 전후 독일인들의 의식 속에서 쉽게 지워지지 않는다. 외국인 이주노동자 모티브는 파스빈더의 초기 작품들에서 이미 여러 번 다루어진 바 있지만, <불안은 영혼을 잠식한다>에 이르러 파스빈더는 정확하고 감상에 치우침 없이 소외된 인간들의 묘사에 성공하고 있다. 초기 작품인 <미국인 병사>*Der amerikanische Soldat,* 1970에서 파스빈더는 비슷한 이야기를 에피소드로 다루었는데, 결말은

달랐다. 에피소드의 내용은 다음과 같다: 어느 날 에미 Emmi가 살해된다. 그녀의 목에 반지도장의 자국이 찍혀 있었다. 경찰은 그녀의 남편을 체포했다. 그의 이름은 알리 Ali였고, 그의 반지에는 A라는 글씨가 새겨져 있었다. 그러나 그녀의 남편은 많은 자신의 친구들도 알리라는 이름을 가졌고, 이들은 모두 반지도장을 갖고 있다고 말한다. 경찰은 함부르크에 있는 알리라는 이름을 가진 모든 터키인들을 심문한다. 그러나 이들 중 많은 사람들은 터키로 돌아갔고, 다른 사람들은 독일어를 할 줄 몰랐다. 파스빈더의 <불안은 영혼을 잠식한다>는 파스빈더가 흠모했던 미국인 감독 더글라스 서크 Douglas Sirk의 영화, <*All that heaven allows*>(1955)의 변형이기도 하다. 파스빈더는 그가 <미국인 병사>를 구상했을 때는 이 영화를 아직 모르고 있었으나, 촬영 당시에는 알고 있었다. 서크의 영화에서는, 한 부자 미망인이 무척 젊고 사회적으로 그녀보다 훨씬 낮은 계층인 정원사를 사랑하게 된다. 파스빈더의 작품에서처럼 그녀는 주위 사람들, 그녀의 자식들에게서 경멸을 당한다. 그리고 마지막에 작은 희망은 남겨 둔다. 완벽한 해피엔딩이 아니고, 두 영화 모두 멜로드라마의 이상적인 전제조건인 이루어질 수 없는 사랑의 이야기라는 점은 똑 같다. 서크가 보편적으로 미국의 소도시 사람들의 속물근성을 보여주는데 비해(헐리우드 영화에서 가능한 범위 속에서 아이젠하워 시대의 삶의 경직성을 보여줌) 파스빈더는 에미와 알리가 부딪치는 경멸의 사회적 원인을 좀 더 구체적으로 보여주고 있다. 서크의 작품에는 없는 영화의 전반 이후의 사연들, 즉 경멸의 감정이 계산된 친절로 바뀌는 이야기는 파스빈더의 날카로움을 잘 말해주고 있다.

60대의 미망인으로 청소부로 일하고 있는 에미 쿠로프스키 Emmi Kurowski는 어느 날 비를 피해 들어간 외국인들이 드나드는 술집에서, 적어도 20살이나 아래인 모로코 외국인 노동자 알리 Ali를 알게 된다. 알리는 에미와 춤을 추고, 같이 대화하고, 집까지 간다. 알리는 에미의 집으로 이사를 하고 결국에는 결혼하고 만다. 주변사람들에게 그러나 이 결혼은 납득할 수 없는 일이다. 에미의 결혼한 세 자식들은 어머니에 대해서 창피해하고, 이웃들은 쑥덕거리고, 식료품가게 주인은 에미를 가게에서 내쫓는다. 에미의 동료 청소부들도 그녀를 경멸한다. 알리와 에미가 휴가에서 돌아오자, 이들은 자식들과 이웃들 그리고 동료들의 갑작스런 친절에 깜짝 놀란다. 이와 같은 변화는 무엇보다도 사업적인 계산 때문이었다. 모두들 이제는 에미를 이용해 먹으려 든다. 겉으로 드러나는 억압이 느슨해지자, 이 부부의 내적인 문제들이 점점 더 분명해지기 시작한다. 비록 양심의 가책은 있지만, 알리는 다시 술집주인 여자를 찾아간다. 알리를 데려오기 위하여 술집으로 온 에미가 다시 알리와 춤을 출 때 알리는 쓰러진

다. 병원에서 알리는 외국인 노동자들에게 흔한, 스트레스로 인한 위궤양 진단을 받는다. 곧 낫는다고 해도 반년 후에는 다시 병원신세를 지게 된다고 의사는 말한다. 에미는 재발을 방지하고자 한다.

파스빈더는 이미 사회적으로 격리되고 고립된 자들에 관해 자주 이야기해 왔지만, 이 작품에서는 풍성한 일상적인 체험들이 가미되면서 주인공 알리와 에미의 모습이 이들이 가진 모순들과 함께 지극히 섬세하고 다양하게 묘사되었다. 알리와 에미는 우선 작지만, 결정적인 변화를 향한 용기를 갖지 않으면 안 되었다. 이 두 사람에게도 이 사랑과 이 결혼은 자명한 일이 물론 아니었다. 에미가 알리와 처음 같이 자고 난 후, 침대에서 잠이 깨자 에미는 자신이 한 일에 대해 무서워한다. 선입관이 그 선입관 때문에 고통을 받는 사람에게 얼마나 깊이 뿌리박혀 있는 지를 이 장면은 너무나도 분명하게 드러내 주고 있다. 외국인 이주노동자 문제를 파스빈더는 앞서 언급한 <카첼마커>에서도 다룬 바 있다. <카첼마커>에서는 삶의 구체적 사연들이 없이 이야기가 전개됨으로써 관객들의 공감의 폭을 좁힐 수 없었던 한계가 있었다면, 이 작품에서는 이제까지의 파스빈더의 작품들 보다 훨씬 더 리얼하게, 궁지에 몰리고 속수무책의 상태에 빠진 극중인물들을 묘사해주고 있다. 자식들과 이웃들 그리고 에미의 동료들이 모두, 제3제국이 주입시킨 인종주의적 우월감에 사로잡힌 자들이라면, 에미는 자신의 가계가 순수 아리안족이 아니면서도 반유태주의에 장단을 맞추었던 에미의 아버지에 비하면 용기있는 여인인 셈이다.(쿠로프스키라는 이름이 슬라브계임을 말해주고 있다) 에미의 청소부 동료들이 새로 온 동구라파 출신 청소부에게 보여주는 이중적 태도를 나무라는 에미를 통해, 파스빈더는 50년대 독일사회에 아직도 잔존하고 있는 인종주의적 편견을 통렬하게 비판하고 있다.

독일인의 과거청산 : 제3제국

<기념일> • <양철북> • <백장미> •
<소피 숄의 마지막 나날들> • <로젠슈트라쎄>

마르가레테 폰 트로타 Margarethe von Trotta

<기념일> *Jahrestage*, 2000

폴커 슐렌도르프 Volker Schlöndorff

<양철북> *Die Blechtrommel*, 1978/ 1979

미카엘 베르호벤 슈미트 Michael Verhoven Schmidt

<백장미> *Die weisse Rose*, 1982

마르크 로테문트 Marc Rothemund

<소피 숄의 마지막 나날들> *Sophie Scholl Die letzten Tage*. 2004

마르가레테 폰 트로타 Margarethe von Trotta

<로젠슈트라쎄> *Rosenstrasse*, 2003

마르가레테 폰 트로타-<기념일>

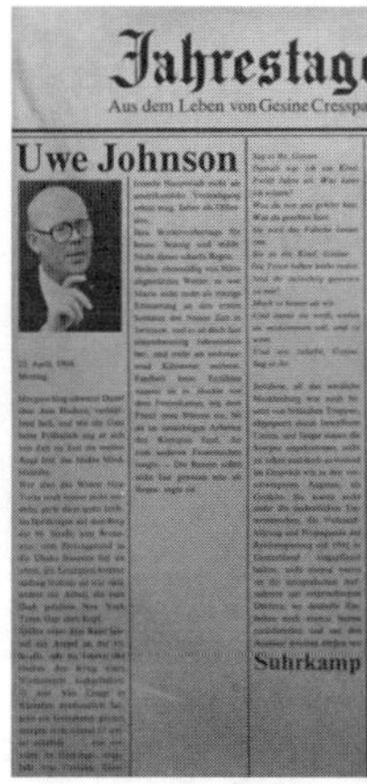

작가 우베 욘손 Uwe Jonson (1934~1984)의 4부작 장편소설 <기념일>은 독일의 분단을 주제로 다룬 작품으로 영화화하기는 힘든 작품으로 간주되어 왔다. 그러나 폰 트로타 감독은 자신이 이 소설을 영화화한 것을 아마도 숙명인 것 같다고 말하고 있다. 순수한 우연은 아니었던 것이다. 그녀의 한 친구가 1996년에 4권, 1,900쪽에 달하는 이 책을 선물했고 그녀는 욘손의 우주 속으로 빠져들기 시작했던 것이다. 이 거대한 작품을 영화화한다는 기획 아이디어는, 독일의 유명출판사인 주어캄프 Suhrkamp 출판사 사장인 지그프리드 운젤드 Siegfried Unseld에게서 나왔다. 그가 베를린 장벽이 무너지고 나서 얼마 되지 않아 독일 TV방송에 이 작품을 영화화할 것을 제안했던 것이었다. 욘손의 작품을 출판했고 또 그의 친구인 운젤드는 분단작가이고 양독작가(욘손은 동독과 서독을 모두 체험한 작가이다)인 욘손의 작품소재 속에서 높은 시사성을 지닌 제재를 보았던 것이다. 그러나 수년간 이러한 소원은 환상에 머물러야만 했다. 서부독일방송국(WDR) 이외에는 아무도 관심을 보이지 않았기 때문이다. 결국 독일제1방송국(ARD)이 영화화를 결정하고 시나리오를 각색하기 시작했으며, 감독으로는 프랑크 바이어 Frank Beyer(<니콜라이 교회>를 만든 감독)가 내정되어 있었다. 일 년 후 바이어 감독이 준비 중인 이 프로젝트에서 도

중하차 했고 폰 트로타 감독이 후임으로 선정되었다. 1970년과 1983년 사이에 출판되었던 방대한 원작은 어쩔 수 없이 상당부분을 생략하고, 뺄 수밖에 없었으며, 욘손의 또 다른 작품들인 <야곱에 관한 추측> 등에서 차용한 모티브들도 각색에 활용되었다. 핵심모티브에 근거하지만 영화화에 필요한 각색이 이루어져야만 했다. 이 프로젝트는 그 방대한 규모와 파격적인 숫자의 유명배우들을 캐스팅함에 있어서 당시로서는 타의 추종을 불허할 정도였다. 1,600만 마르크의 제작비가 투자되었으며, 촬영기간은 100일을 상회했고, 100개가 넘는 배역에 유명배우들이 캐스팅되었으며, 1931년과 1968년 사이의 서로 다른 7개의 시대가 다루어졌고, 20개의 현장에서 촬영되었다. 우세돔Usedom과 메클렌부르그Mecklenburg의 소도시 귀스트로프Güstrow에서 시작하여 니더작센Niedersachsen의 마을 에커르데Eckerde와 노르트라인 베스트팔렌Nordrhein-Westfalen의 카스터Kaster를 지나 쾰른Köln의 스튜디오의 옥내촬영, 그리고 뉴욕New York에서의 현지촬영 등이 이루어졌다. 실로 커다란 프로젝트였다. 1998년 가을부터 2000년 가을까지 2년간 감독은 이 작업에 매달려야 했었다. 독일의 현대사를 자신의 작품에서 지속적으로 다루어 왔던 폰 트로타 감독은 이 작품에서도 역사적인 의미가 함축된 사건들을 밝히고자 했음을 분명하게 말하고 있다. "저는 이 작품에서 역사적인 요소들을 강조하려 합니다. 뉴욕에서의 일 년간의 이야기하는 차원에서는 물론이고, 과거로 돌아가는 부분에서도 역사적인 의미가 함축된 사건들이 밝혀질 것입니다. <납빛의 시대> *Die bleierne Zeit*에서 저는 50년대에서 70년대 후반까지의 역사를 묘사했습니다. <로자 룩셈부르그> *Rosa Luxemburg*에서는 20세기 말을, <약속> *Das Versprechen*에서는 장벽붕괴 이전의 시대를 다루었기에, 20세기를 섭렵하기에는 "제3제국" 시기가 빠져 있었습니다. 그럭저럭 이 작품은 나의 역사와 나의 작업에 속하는 셈입니다."[5] 그러나 욘손의 소설은 바이마르 공화국부터 프라하의 봄 시대까지, 특히 동독의 건국 초기, 스탈린주의 시대와 장벽건설 이전의 독일 사회가 어떻게 전개되었었던가에 대한 문학적 기억이라고 말 할 수 있다. 1부는 나치스 시절의 예리코우에 관한 회상이고, 2부 또한 예리코우 시절에 대한 회상이기는 하지만, 게지네의 어머니 리스벳에 관한 부분에 집중되어 있고, 3부는 전후 동독에서의 게지네의 남편 야콥 압스에 관한 회상이며, 4부는 현 시점에서 오늘의 이야기를 펼쳐 나간다. 현 시점이란 1968년의 시점을 말하며, 베트남 전쟁에 대한 전 세계적인 시위와 미국의 인종차별 반대 시위가 맹위를 떨치고, 로버트 케네디와 마르틴 루터 킹 목사가 암살된 시점이기도 하다.

기념일: 1부

이 작품은 오늘의 시점에서 과거를 회상하는 방식으로 서술되고 있는데, 오늘 여기란 35세의 게지네 크레스파알 Gesine

---

5) Thilo Wydra: *Margarethe von Trotta-Filmen, um zu überleben Berlin* 2000 S.243f.

Cresspahl이 그녀의 11살짜리 딸 마리 Marie에게 자신의 가족사에 대해 이야기해주는 시공을 말한다. 메클렌부르크 Mecklenburg의 가상의 소도시 예리코우 Jerikow 태생인 게지네는 1953년 동독에서 서독으로 넘어와, 처음에는 나토 Nato에서, 그 후에는 한 은행에서 일한다. 그녀는 뒤셀도르프에 거주하며, 그곳에서 딸 마리를 낳는다. 동독으로 돌아간 그녀의 남편 야콥 압스 Jakob Abs는 그 사이에 죽음을 맞이한다. 1961년 게지네는 독일에서 뉴욕으로 거처를 옮기고 리버사이드 드라이브 Riverside Drive에 있는 집에서 딸 마리와 함께 살고 있다.

• 1967년 8월, 뉴욕 맨해튼.

게지네는 한 은행에서 외국인 담당 직원으로 일하고 있다. 보수는 좋지 않은 편이다. 그녀는 매일 아침 출근하면서 그녀가 애독하는 뉴욕 타임스 신문을 항상 산다. 이를 유심히 바라본 은행의 부사장 드 로스니 De Rosny는 게지네에게 말을 걸며 접근해 오지만 게지네는 남자들에게 마음의 문을 열지 않는다. 그녀를 사모하는 메클렌부르그 출신이며 Nato에서 로켓전문가로 일하면서 자주 외국출장을 다니는, 부유한 독일인 디트리히 에릭손 Dietrich Erichson, 약칭으로 D.E로 불리는 또 다른 남자에게도 게지네는 쉽게 애정을 주지 못한다. 마리의 아버지이며 게지네 자신의 위대한 사랑이었던 야콥 압스가 10년 전에 기차에 치여 죽은 이후, 아직도 그를 잊지 못하고 사랑의 추억에 잠겨있기 때문이다. 야콥과의 작별의 슬픔이 너무나도 컸기 때문에 그와 같은 슬픔을 남겨줄지도 모를 새로운 사랑을 시작하기가 두려운 것이다. 그녀는 마치 야콥이 살아 있는 것처럼 야콥의 환영과 끊임없이 상상의 대화를 나눈다.

마리는 유태인 친구 레베카 페어발터 Rebecca Ferwalter와 함께 수도원에 속한 학교에 다니는데, 그녀의 담임선생인 막달레나 Magdalena 수녀는 매우 엄격한 선생이다. 특히 월남전에 관한 사진이 실린 신문기사들을 보여주면서, 미군의 월남에서의 만행을 비판하고, 동료여학생들을 선동하는 마리의 언행이 그녀에게는 마음에 들지 않는다. 막달레나 수녀는 아버지가 없고 홀어머니 슬하에서 자라는 마리의 가정환경에 대하여 진지한 걱정을 하고 있다. 게지네가 담임선생과 학부형면담을 마치고 집으로 돌아오자, 마리는 앨범에 있던 옛날 가족사진들을 마루 위에 늘어놓고, 아버지에 대해 게지네에게 집요하게 묻는다. 아버지에 대한 마리의 집요한 질문을 게지네는 더 이상 회피하지 않는다. 자의식이 강한 딸 마리는, "내 아버지는 죽었다. 그것이 내가 아버지에 대해 아는 전부이다."라고 말하면서 어머니에게 아버지 이야기를 마침내 털어 놓으라고 조른다. "아름다운 이야기는 아니다." 게지네의 대답이다. 그녀의 대답은 또한, 아름다운 독일 역사가 아니라는 뜻이기도 하다. 게지네는 자신의 가족사를 이야기하기 시작한다. 자신의 가족사를 이야기하는 것은 그녀에게 몹시 힘든 일이었다. 이야기를 하면서 다시 떠오르는 고통스러운 기억들 때문에 그녀는 기운이 빠지고 고열에 시달리며 침대에 누워야만 했다.

• 메클렌부르그

게지네의 어린 시절은 최소한 지리적으로 구체적인 어느 한 곳을 정 할 수는 있다. 메클렌부르그의 가상의 소도시 예리코우가 그곳인데, 그곳에서 그녀는 부모의 집에서 성장했다. 아버지 하인리히 크레스파알 Heinrich Cresspahl과 어머니 리스벳 Lisbeth(어머니의 처녀 때 이름은 파펜브록 Papenbrock), 아버지는 목수였고 어머니는 가정주부였다. 1931년 43세의 목수 하인리히 크레스파알은 이민 갔던 영국에서 고향인 메클렌부르그에 다니러 왔다가, 해변가에 있는 란데 Rande식당 앞에서 25세의 리스벳 파펜브록과 운명적으로 만난다. 리스벳의 눈빛은 하인리히의 영혼을 붙잡았고, 하인리히는 마술에 걸린 듯이 리스벳을 따라 예리코우로 와 청혼을 한 후, 리스벳의 부모에게 리스벳과 함께 영국으로 돌아가겠다고 말한다.

• 1933년 3월 예리코우

나치스가 정권을 잡고 거리엔 나치스 깃발이 나부낀다. 리스벳과 하인리히는 딸의 분만을 앞두고 영국에서 리스벳의 고향으로 일시귀국 하였다. 3월 3일 게지네는 세상에 태어난다. 하인리히는 나치스의 공산주의자들에 대한 박해가 심상치 않게 되자 다시 영국으로 가자고 하지만, 리스벳은 독일에 남기를 원한다. 두렵기는 하지만, 향수에 시달리는 아내를 위하여 하인리히는 독일에서 계속 살기로 결정한다. 리스벳의 남동생 호르스트 Horst는 나치스 당원이다. 평소 아들이 히틀러 패거리들과 어울려 다니는 것을 싫어하던 리스벳의 아버지는, 가족들이 게지네의 세례를 축하하려 모인 자리에서 아들 호르스트를 용서

하려 한다고 화해의 제스추어를 먼저 보이지만, 호르스트가 양복 밑에 나치스 장화를 신고 있는 것을 보자 분노가 폭발하고 만다. 그는 호르스트가 계속 히틀러 패거리를 따라 다닌다면 더 이상 아들로 생각하지 않겠으며, 유산상속과 SA[6], 둘 중 하나를 선택하라고 선언한다. 호르스트는 히틀러를 선택한다.

마을 사람들은 여유 있는 하인리히의 집안 살림살이를 질시하는 대화들을 이발소에서 주고받는다. 마을 사람들은 하인리히의 영국 양복과 고급 냉장고 그리고 하인리히가 갖고 있는 돈을 부러워하면서도 미워한다.

6) 나치스 돌격대 Sturm Abteilung의 약자. SA는 훗날 나치스 친위대 SS(Schutzstaffel)와의 권력투쟁에서 패배하여 숙청된다.

마리는 TV에서 월남전 뉴스를 보고 있다. 미군의 폭격에 죽은 시체들이 화면을 가득 채운다.

하인리히는 생활을 위해 리스벳의 반대에도 불구하고, 집 근처에 건설 중인 나치스의 비행장 건설현장의 작은 목수일감을 거절하지 않는다. 리스벳은 비행장은 전쟁을 위한 것이라고 반대하는 입장이다. 비행장 일의 보수는 매일 매일의 빵 값에도 부족하다. 예리코우의 유태인 저주는 점점 더 심해진다. 시장 얀센 Jansen은 앞장서서, 독일인의 피를 빨아먹는 유태인을 독일에서 쫓아내라고 시민들을 선동하면서 유태인 오스카 탄네바움 Oskar Tannebaum의 옷가게로 사람들과 함께 몰려간다. 호르스트는 유태인의 상점 뿐 아니라, 수의사, 의사, 지식인들 그리고 가족구성원까지 모든 유태인들을 쫓아내야한다고 일장 연설을 한다. 그러나 신앙심이 돈독한 리스벳은 나치스의 유태인 박해를 안쓰러워하며 이들을 위해 기도하고, 속죄의 심정으로 딸과 함께 식음을 전폐한다. 어린 딸 게지네는 배고픔에 시달려 고양이에게 준 우유를 뺏어 마신다. 뒤늦게 이를 알게 된 하인리히가 급히 딸에게 먹을 것을 준다. 파벤부룩 가족들 간에도 의견이 갈린다. 똑같은 세금을 내고 있는 탄네바움을 내쫓으면 안 된다는 견해에 대해 리스벳의 아버지는 탄네바움이 메클렌부르그에 온 지 10년 밖에 안되었음으로 그를 진정한 메클렌부르그 사람으로 볼 수 없다는 보수적인 입장을 취한다. 나치스는 게지네의 대부인 수의사 아르투어 제미히 Arthur Semig에게 오는 사람들도 방해한다. 시민들의 반유태인 감정은 급기야 수의사 제미히의 부인 도라 Dora에게 "유태인 창녀!"라는

욕과 함께 침을 뱉는 지경에까지 이른다. 수의사 부부는 박해를 피해 예리코우를 떠난다.

어린 게지네가 빗물을 받는 커다란 물통에 빠지는 사고가 발생한다. 유태인 박해와 동생에 대한 기도와 속죄 등으로 어려운 생각에 골몰한 리스벳은 물통에 빠진 게지네를 바라만 보고 있고, 때마침 이 광경을 목격한 하인리히가 게지네의 목숨을 구한다. 이 물통에 빠져 허우적거리던 고통의 기억을 게지네는 평생 잊을 수 없게 된다. 훗날 게지네는 어머니의 이런 행동을 기독교적인 속죄와 연관하여 "신의 손에 맡기려" 하셨던 것으로 이해하고 있다.

부사장 드 로즈니는 체코의 프라하의 봄을 맞이하여 두브체크 정권이 소련으로부터 자유로워질 수 있도록 달러화로 차관을 제공하려고 하고 이를 위해 게지네를 프라하로 보내려 한다. 게지네는 야콥과 함께 오랫동안 꿈꾸어 왔던 "인간적인 사회주의"의 실현을 위해 프라하행을 진지하게 고려하기 시작한다.

• 1939년

나치스의 유태인 박해는 행동으로 옮겨지기 시작한다. 얀센 시장 지휘 하에 횃불을 든 나치스 시위대가 유태인 상인 오스카 탄네바움의 가게를 불태워 버린다. 탄네바움의 부인인 프리다 Frieda는 8살짜리 딸과 함께 불길을 피해 집 밖으로 나온다.

예리코우 시의 시장 얀센 Jansen은 정지하라는 자신의 명령을 따르지 않는 프리다 모녀에게 권총을 발사하여 프리다의 딸을 사살한 후 정당방위였다는 궤변을 늘어놓는다. 이 광경을 목격한 리스벳은 시장에게 다가가 따귀를 때려버린다. 이 사건은 리스벳의 삶의 의지를 완전히 꺾어 버리게 된다. 하인리히가 게지네와 함께 여행을 간 사이에, 리스벳은 하인리히의 작업장으로 들어가 문을 잠그고 석유를 부은 다음 자신의 손과 발을 묶고 등잔을 발로 차고 화염에 둘러 싸여 자살하고 만다.

게지네는 예리코우의 브뤼스하버 Brüshaver목사에 대해서도 이야기한다. 브뤼스하버 목사는 자살을 금지한 기독교의 교리에도 불구하고 리스벳의 장례식을 기독교식으로 치룰 준비가 되어있다. 리스벳의 장례식에서 브뤼스하버 목사는 리스벳은 스스로의 수난을 감내한 것이라면서 구약성서 시편 39장을 언급한다. 그는 장례식에 온 조문객들에게 "더 이상 침묵하지 말라, 침묵은 죽음이기 때문이다"고 설교한다. 그는 기독교가 금지한 자살이야기 보다는 나치스의 불의와 폭행에 침묵하는 사람들을 나무라는 설교를 한 후 장례식 현장에서 비밀경찰에게 연행된다.

기념일 2부:

• 1967년 10월 뉴욕.

회상이 주는 고통으로 게지네는 고열에 시달리며 누워 있고, 에릭손과 마리는 정성껏 간호한다. 몸이 어느 정도 회복된 후 세 사람은 에릭손의 어머니가 사는 시골집으로 바람을 쏘이러

간다. 메클렌부르그 출신인 에릭손의 어머니는 게지네를 며느리로 맞이하고 싶어 한다. 드 로즈니 부사장도 게지네와 마리를 자신의 시골집으로 초대한다. 그는 프라하의 두브체크 정권이 재정적으로 소련의 영향권에서 벗어나는 것을 돕기 위하여 달러차관을 제공하려 하는데 이 작업을 위하여 체코말도 알고 동구의 사정에 밝은 게지네를 프라하로 보내고 싶어 한다. 게지네는 고민에 잠긴다. 인간적인 사회주의의 꿈을 아직 간직하고 있는 그녀는 프라하로 가고 싶은 마음이 있지만, 마리와 에릭손의 반응이 문제인 것이다. 뉴욕을 사랑하고 에릭손을 좋아하는 마리는 프라하로 가려하지 않고, 인간적인 사회주의 건설이라는 꿈을 갖고 있지 않는 에릭손은 게지네와의 이별이 될지도 모르는 프라하행을 반대하기 때문이다.

• 예리코우, 1943년 가을.

하인리히는 나찌의 비행장 건설현장에서 목수로 일한다. 11살이 된 게지네는 학교에서 수업이 끝나면 매일 아버지가 일하는 곳으로 와서 학교숙제를 한다. 하인리히는 영국군을 위하여 비행장에 관한 정보를 게지네에게 불러주고, 게지네는 공책에 이를 받아 적는다. 이러한 스파이 작업은 물론 매우 위험한 일이 아닐 수 없다. 전쟁이 끝나고 예리코우에 영국군이 진주한다. 피난민들이 몰려온다. 17세의 야콥 압스 Jakob Abs와 그의 어머니도 피난민 무리 속에 섞여 있다. 새로운 권력자인 영국군 장교에게 얀센 시장은 기다렸다는 듯이 시청의 열쇠를 건네주며 예리코우 시를 영국군에게 넘긴다. 영국군은 하인리히에게 시장직을 맡기려 하지만 하인리히는 처음엔 사양한다. 그러나 피난민들은 각 가정에 배분되어야만하고, 시민들은 서로 안 맡으려하는 분위기가 감지되자, 하인리히는 시장직을 수락하고 피난민들을 각 가정에 즉석에서 배분한다. 야콥과 그의 어머니를 하인리히는 자기 집에 배분한다. 영국군이 물러가고 소련군이 진주한다. 언어소통에 문제가 있지만, 야콥의 통역으로 시민들과 소련군은 그런대로 별 문제 없이 지낸다. 폰티지 Pontij 소령은 마을 광장에 소련군을 위한 기념비를 세워 줄 것을 요구하고, 하인리히는 전범으로 몰린 호르스트와 연관되어 위기에 처한 장인과 장모를 풀어준다는 조건하에 이를 수락한다. 그러나 소련군 병사가 피난민 부인을 강간한 사건이 일어나자, 하인리히는 처벌을 강력히 주장하면서, 폰티지 소령과 부딪치고, 결국 연행되어 수감된다. 한편 게지네는 야콥이 자신이 아닌 피난민 처녀 안네 되르테 Anne Dörte를 좋아하는 바람에 속이 상한다. 그러나 수감된 하인리히의 석방소식은 감감하고, 새로운 시장 쉥크 Schenk는 가택 수색 영장을 집행하며 크리스마스 분위기를 완전히 망쳐놓는다. 불안감에 휩싸여 안네 되르테는 어선을 타고 오스트제 Ostsee를 통해 서독으로 가버리고, "새로운 시대"(neue Zeit)에 대한 기대가 있는 야콥은 남는다. 게지네의 사랑의 장애물은 사라진 것이다.

인간적인 사회주의에 대한 꿈을 아직 간직하고 있는 게지네는 프라하로 가고 싶은 마음도 있지만, 마리와 에릭손이 마음에 걸린다. 게지네와 달리 에릭손은 오직 게지네를 아내로 맞이하고 싶은 꿈을 갖고 있을 뿐이며, 마리는 프라하보다는 뉴욕과 에릭손을 더 선호한다. 동독시절의 절친한 친구 아니타가 뉴욕으로 게지네를 방문한다. 그녀의 권고에 따라, 게지네는 마리와 함께 프라하로 가고, 에릭손과도 결혼하기로 결정을 한다.

기념일 3부:

• 뉴욕 1967년 크리스마스.

오랜 망설임 끝에 게지네는 에릭손과 결혼하기로 결정한다. 그리고 게지네는 두브체크 정권이 소련에 의지하지 않고 자립하는 것을 도와주기 위해 그리고 "인간적 사회주의"의 실현이라는 자신과 야콥의 꿈을 실현하기 위해, 프라하로 갈 것을 결심한다. 그러나 최고급 냉장고를 크리스마스 선물로 가져온 에릭손은 부사장의 영리추구의 전략에 이용될 뿐이라며 강력하게 반대한다. 그는 프라하와 자기 둘 중의 하나를 선택하라는 최후통첩을 내놓고 가버린다. 그에게는 게지네가 품었던 사회주의의 꿈이 없기 때문이다.

게지네는 자신의 야콥 압스(Jakob Abs)와의 위대한 사랑에 관하여, 마리의 아버지에 관한 이야기를 시작한다. 하인리히가 야콥과 그의 어머니를 자신의 집으로 배정하면서 이들 모자와 게지네는 한 집에 살면서 자연스럽게 소녀 게지네는 청년 야콥을 사랑하게 된다. 야콥은 기관사 교육을 받으러 드레스덴으로 가고 압스 부인과 게지네는 이별을 슬퍼하며 손수 구웠으나 야콥에게 주는 것을 잊었던 과자들을 모두 먹어버린다.

에릭손을 아버지처럼 좋아하고 뉴욕을 떠나기 싫어하는 마리 때문에 게지네는 부사장에게 딸의 반대로 프라하로 가지 않겠다고 말한다. 마리는 학교에서 월남전 사진 때문에 계속 수녀에게 야단을 맞는다.

• 예리코우, 1951년 여름.

FDJ(Freie Deutsche Jugend 자유 독일 청년단)[7]의 푸른 제복을 입은 게지네와 그녀의 학교친구들. 게지네는 가장 절친한 친구 아니타와 학창시절 어떻게 사귀게 되었는지 이야기한다. 바닷가 식당에서의 사교댄스 시간에 브뤼스하버 목사가 수용소에서 나온 아버지 하인리히의 소식을 전해준다. 술집 마당에는 수년간의 수용소 생활로 늙고 머리카락이 잿빛이 된 하인리히가 욕조에 앉아 있다. 그리고 게지네는 아버지에게서 선물로 받은 나무박스 이야기를 한다.

마리의 학교에 뉴욕의 빈민가 할렘에 사는 흑인소녀 프랜친 Frencine이 들어오고, 막달레나 수녀는 이 흑인소녀를 마리의 짝으로 정해준다. 마리의 짝이었던 유태인 레베카와 떨어지는 것이 싫고, 흑인에 대한 나쁜 선입관 때문에 마리는 불만에 가득 차게 된다. 마리는 코니 아일랜드로 놀러가면서 어머니와 에릭손의 재회를 성공적으로 연출한다.

게지네의 동독 시절 학교에서의 수업시간. 김나지움 12학년인 게지네, 그녀의 급우들은 다양한 모습들을 보여준다. 모두

7) FDJ는 자본주의 국가의 보이 스카우트와 유사한, 14세 미만의 청소년들의 심신을 단련하기 위한 동독의 청년단체. 나치스의 히틀러 청년단(Hitlerjugend)이 나치스의 이념에 투철한 청소년들의 단체였다면, FDJ는 사회주의 이념에 투철한 청소년 단체라고 할 수 있다.

푸른 제복의 FDJ 단원들이지만 성실한 당원인가 하면, 단순가담자이기도 하고, 은밀한 폭도들이기도 하였다. 서베를린에서 방송하는 "미국의 소리" 방송을 듣는 학생들이 많았고, 서구 자본주의의 우수한 상품들을 갖고 싶어 한다. 또 리제 볼렌베버 Liese Wollenweber처럼 동독의 사회주의를 흑백논리로 일방적으로 찬양하는 학생도 있었다. 그러나 동독의 경직되고 흑백논리적인 자본주의 비판과 사회주의 찬양을 비판하는 게지네를, 사회주의 정권의 충복인 여교사 리펜슐레거(Riepenschläger)는 교실 밖으로 내쫓고 만다. 감자밭에서의 정치성 발언 때문에 교장실로 불려간 게지네의 남자친구 록켄비쯔 Lockenvitz에게 교장은, 십자가를 목에 걸고 있으며 신앙심이 돈독한 여학생 레기네 Regine를 비난하면서, 게지네와 파겐코프 Pagenkopf와 함께 하고 있는 수학동아리에서 나올 것을 요구한다. 록켄비쯔는 공개토론회에서 자신의 입장을 밝힌다. 리벳청바지가 서방에서 온 것이고, 학교에서 입기에는 부적절하다는 이유로 학생들에게 입지 못하게 하는 교장의 방침을 비판하고, 레기네도 십자가를 목에 걸어도 무방하다는 견해를 표명한다. 토론 후에 실시된 투표에서 록켄비쯔와 레기네에게 퇴학이 결정되었다고 게지네는 울먹이며 투표결과를 압스 부인에게 말한다.

왕따 당하는 흑인여학생 프랜친.

게지네와 록켄비쯔 그리고 파겐코프, 3명은 학교의 벽에 퇴학처사를 비난하는 문구 "우리 학교는 감옥이다"를 쓰다가 발각되어 국가 안기부에 연행된다. 록켄비쯔는 15년 징역에 처해진다. 게지네는 안기부에 협력할 자세가 되어 있다는 각서에 서명하고 풀려난다.

마르틴 루터 킹이 암살된다. 마리는 자신의 흑인에 대한 선입관을 고치기 시작 한다

기념일 4부

• 예리코우, 1951년 김나지움 졸업 댄스파티.

아니타는 게지네에게 서베를린으로 갈 것을 권유한다. 안기부원 롤프스 Rohlfs는 영어를 잘하는 게지네에게, 안기부를 위해 협력한다면 대학에 가서 영어를 계속 공부하는 것이 가능하다고 회유한다. 기관사 교육을 마치고 야콥이 돌아온다. 야콥은 게지네에게 같이 할레 Halle로 가서 자기는 기관사로 근무하고 게지네는 대학공부를 할 것을 제안한다. 그러나 게지네는 다음 날 아니타와 함께 동베를린으로 가서 다시 전차를 타고 서베를린으로 넘어가 뒤셀도르프로 간다.

• 뒤셀도르프, 1956년.

게지네는 Nato에서 일한다. 안기부원 롤프스는 게지네를 포섭하려고 이곳까지 와서 예전의 각서를 들먹이며, 협력하지 않으면 동독에 있는 게지네의 아버지 하인리히, 압스 부인, 야콥에게 안 좋은 일이 생길 수 있다고 게지

네를 압박한다.

프랜친의 어머니는 칼부림에 휘말리어 병원에 입원하고, 프랜친은 마리의 집에서 기거하게 된다. 마리의 선입관에 변화가 온다.

롤프스는 압스 부인을 겁준다. 아버지와 시외통화를 하다가 끊어진 후 게지네는 불안한 나머지 위험을 무릅쓰고 동독으로 간다. 야콥에 대한 그리움도 동독으로 간 이유 중의 하나였음은 물론이다. 한편 야콥은 마그데부르그 Magdeburg 역에서 일하고 있는데 동독의 사회주의에 점점 실망한다. 안기부원 롤프스는 야콥을 찾아와 사회주의를 위하여 게지네를 설득하여 줄 것을 요구한다. 6년 만에 게지네와 야콥은 예리코우의 술집에서 재회한다. 그러나 6년 만의 재회는 반가운 재회는 아니었다. 그렇지만 이제까지 제대로 타오르지도 못했던 두 사람의 사랑은 비로소 불붙기 시작한다. 롤프스는 게지네가 협력만 한다면 야콥이 뒤셀도르프로 가서 얼마간 살다가 천천히 게지네와 함께 동독으로 귀국하기만 한다면 아무 문제가 없다고 다소 관대한 자세를 취한다.

• 서베를린, 1956년.

압스 부인은 동독으로 돌아가기를 거부하고 서독에서 살다가 하노버 근처에서 죽음을 맞이한다.

마리와 프랜친은 교실에서 베트콩의 어린이들을 위한 모금을 한다.

뒤셀도르프로 게지네를 찾아온 야콥은 게지네가 같이 예리코우로 가기를 원하고, 게지네는 야콥이 서독에 남기를 원한다. 동독으로 돌아간 야콥은 근무를 끝내고 철로를 건너가다 기관차에 치어 죽는다.

로버트 케네디 암살당하다. 에릭손은 핀란드에서 비행기 추락사고로 사망한다.

프라하로 가는 비행기 속에서 기내방송을 통해 게지네는 코펜하겐에서 내리라는 연락을 받는다. 아니타는 체코에 소련군이 진주했으므로 게지네가 프라하로 가는 것은 무의미함을 알린다.

에릭손의 죽음을 마리에게 알리지 않은 게지네는 마리가 시키는 대로 주문을 외우고 백사장에는 보고 싶은 사람들이 하나 둘 모두 나타나면서 영화는 끝난다.

히틀러 파시즘과 일상

영화 <기념일>은 히틀러 파시즘 치하의 보편적 일상 속에, 그리고 당대를 살았던 평범한 시민들의 의식 속에 파시즘이 얼마나 뿌리 깊게 자리 잡았었는지를 잘 보여주고 있다.

리스벳의 오빠 호르스트는 유산상속을 포기하고 SA를 선택하는데, 이는 히틀러 국가사회주의가 당시의 청년들에게 상당한 이념적 차원을 획득하고 있었으며, 젊은이들의 의식을 지배하고 있었음을 보여주는 것이다.

나치스가 유태인 박해를 정치적으로 어떻게 활용하는지를 <기념일>은 잘 보여주고 있다. 예리코우 시의 중산층에 속하는 수의사(게지네의 대부) 제미히 박사의 부인 도라 Dora에게 재봉사인 프리다 Frieda부인은 “유태인 창녀”라고 욕하며 침을 뱉는다. 도라는 침이 묻은 고급 외투를 프리다에게 주어 버린다. 가난한 재봉사 부인이 부유한 자들에게 품을 수 있는 보편적 적대감정을 공식적으로 표출할 수 있도록, 도덕적 면책감을 나치스의 반유태주의는 제공하고 있는 것이다. 이는 “단도-찌르기-전설”(Dolch-Stoß-Legende)[8]과 국가사회주의[9]라는 그럴싸한 이념과 함께 독일 국민들을 현혹시킬 수 있었던 요인 중의 하나였다. 기회주의자인 예리코우 시의 시장 얀센은 유태인들이 독일인들의 고혈을 빨아 부를 축적했다고 선동한다. 시장이 선동하여 유태인 탄네바움의 옷가게 앞으로 이끌고 온 시위대의 팻말에는 “저항하라 독일인이여! 유태인에게서 물건을 사지 말라!”는 문구가 적혀 있고, 유태인 수의사 제미히 박사의 병원

---

8) 나치스가 독일국민들에게 유포시킨 개념. 1차 대전 패배의 원인은 독일군이 전선에서 용맹하지 못했던 때문이 아니고, 후방인 독일 국내에서 공산주의자들이 전쟁의 제국주의적 측면을 비판하는 등 전방의 독일군을 전폭적으로 지원하지 않았기 때문인데, 이는 등 뒤에서 단도를 찌르는 행위에 다름 아니었다는 궤변. 1차 대전은 전투가 독일국내에서 벌어지기 전에 종전이 되었기 때문에 일반 국민들은 독일이 패전국임을 피부로 느낄 수 없었다. 이런 사정들이 나치스의 궤변을 설득력 있게 확산시킬 수 있었던 요인이었다.

9) 나치스 정당의 정식명칭은 “국가 사회주의적 독일 노동자 정당”(**Na**tional So**zi**alistiche Deutsche Arbeiter Partei)인데 약칭으로 NSDAP 혹은 Nazi라고 부른다. 명칭 속에는 민족주의, 사회주의 노동자들의 정당 등의 요소가 들어가 있기 때문에 초기에는 많은 사람들이 동조하기도 하였다.

앞으로 몰려온 시위대들은 "메클렌부르그의 그 어떤 돼지도 유태인 제미히 병원으로 들어가려 하지 않는다."라는 팻말을 들고 있다. 저항이란 유태인의 고혈을 짜는 행위에 저항하라는 의미이다.

완장과 장화

완장과 장화 또한 평범한 시민들의 심리를 교묘히 이용하는 나치스의 뛰어난 전략이었다. 완장이란 그것을 차는 사람에게 남들과는 다르다는, 선별된 사람이라는 심리적 우월감을 심어준다. 그리고 봉건시대부터 높은 계급의 사람들만 신을 수 있었던 장화를 나치스 당원들에게 신게 함으로써, 역시 심리적 우월감, "나도 이제 주인이다. 더 이상 장화를 신기고 벗기는 하인이 아니다."라는 우월적 심리를 은연중 느끼게 하는 것이다. 완장을 차고 설치는 얀센 시장의 모습과, 조카 게지네의 세례 후의 가족들과의 식사 때, 제복이 아닌 사복 차림임에도 장화를 착용하여 결국 아버지 알버트의 분노를 폭발시키는 호르스트의 모습에서 완장과 장화의 사회적 의미는 잘 부각되고 있다.

소시민들의 기회주의적 속성

소도시 예리코우의 시장이 나치스 당원이라는 사실과, 그가 선두에서 시민들을 선동하는 모습은 히틀러 파시즘의 일상화가 어느 정도까지 이루어졌는지를 짐작할 수 있게 한다. 그러나 얀센 시장은 영국군이 진주하자 영국군 장교에게 시청의 열쇠를 자진해서 넘기고, 그럼으로써 예리코우 시를 영국군에게 넘겨주는 기회주의적 행동을 통하여, 그의 나치스 참여는 투철한 이념적 행위가 아니라, 권력자에게 빌붙은 행위였음을 보여주는 것이다. 이와는 대조적으로, 하인리히 크레스파알은 자신의 소신대로 소련군 장교에게 항의하고, 결국 수용소로 끌려가고 마는 것이다.

게지네와 야콥의 위대한 사랑은 야콥의 석연치 않은 죽음으로 돌발적인 끝을 보게 된다. 그러나 게지네의 마음 속에 이 사랑은 계속해서 살아 있다. 그녀의 백일몽 속에서 그녀는 그와 단둘이 속삭이고, 뉴욕의 길거리에서 그와 마주치고, 중요한 결정을 할 땐 그에게 묻고, 이렇게 아직도 그를 그리워하고 있는 것이다. 실제의 삶에서는 게지네는 독일인 물리학자인, DE로 불리는 디트리히 에릭손 Dietrich Erichson과 사귀고 있다. "프라하의 봄"이 끝나면서 그녀의 프라하행은 무산되고 그녀의 오랜 남자친구인 D.E.의 죽음으로, 게지네의 삶은 새로운 진로를 모색하게 된다. 이 날짜로 동시에 <기념일>의 메모도 끝난다. 여기서 게지네의 이야기는 끝나게 되는데, 그녀는 물론 1961년과 1966년부터 1968년까지 뉴욕에서 살았던 저자 욘손의 늙은 자아인 셈이다.

게지네와 마리 사이의 모자관계는 이 4부작에서 일종의 드라마투르기적인 괄호로 작동하고 있으며, 게지네의 이야기 속에 나오는 여러 시공들을 언제나 현재로 가져오게 하는 기능을 갖고 있다. 마리가 어머니에게 아버지에 관한 이야기를 하라고 요구하는 것은 당연한 권리이며, 어머니는 머뭇거리며 이야기를 시작한다. 자신에게는 고통스러운 한 과거의 사건부터 이야기하기 시작한다. 이를테면 자신이 마당의 빗물을 받는 통 속으로 머리를 처박고 떨어져 거의 익사할 뻔 했으나, 어머니 리스벳은 쳐다만 보고 돌덩이처럼 굳어 있었던 이야기. 그녀를 구해 준 것은 아버지였다. 아버지는 집 건물에서 밖으로 나오며, 처음에는 아내 리스벳을 쳐다보고, 그녀의 시선을 따라서 딸에게 닥친 불행을 알아차리고 물속에 머리가 처박힌 채 허공으로 두 다리를 허우적거리는 그녀를 구해 주는 것이다. 이어지는 쇼트들은 가슴을 짓누르는 답답한 장면들인데, 불행을 잉태하고 있는 죽음에 이르는 영상들이다. 게지네의 남자들과의 대인관계는 원만하지 않다. 딸 마리의 아버지인 야콥 압스에 대한 지극한 사랑이 가로 놓여 있기 때문이며, 야콥의 죽음 이후, 그녀는 새로운 고통을 만들고자 하지 않는다. 오히려 그녀에게 가끔 나타나는 죽은 야콥과 교제한다. 그녀는 그 때문에 스스로를 미쳤다고 여기지 않고, 단지 과거와의 관계에 민감한 것으로 치부한다.

폴커 슐렌도르프-<양철북>

권터 그라스의 동명소설을 폴커 슐렌도르프 Volker Schlöndorff가 영화화한 이 작품은 2차대전 직전과 나치스 시절의 독일을 다룬다. 1959년 32세의 젊은 작가 권터 그라스는 이 작품을 출판하고 나서 세계적인 명성을 얻게 된다. 나치스 시대의 독일을 보여주는 이 작품은 성장을 멈춘 소년 오스카의 시선으로 시대를 반추하고 있다. 오스카는 그의 작은 양철북으로 20세기 인류 역사의 가장 불행했던 시대를 경고하고 논평한다.

헌병에게 쫓기던 방화범 요제프 콜야첵 Joseph Koljaiczek은 카슈베이(동유럽 지역명칭)의 감자밭에서 안나 브론스키 Anna Bronski의 치마 밑에 숨어 위기를 넘긴다. 그로부터 9달 후에 안나는 딸 아그네스를 낳는다. 성장한 아그네스는 사촌인 얀 브론스키 Jan Bronski와 사랑에 빠진다. 그러나 결혼상대로는 라인란드 출신인 순박한 알프레드 마쩨라트 Alfred Matzerath를 택한다. 아그네스는 결혼 이후에도 얀과의 관계를 끊지 않는다.

1927년 9월 오스카는 자신의 세 번째 생일날 양철북을 생일 선물로 받는다. 오스카는 얀과 어머니의 부도덕한 애정행각을 목격한다. 그리고 더 이상 성장하지 않기로 결심한다. 어른들처럼 추한 인간이 되고 싶지 않았기 때문이다. 오스카는 몰래 지하실로 내려가는 계단으로 가, 새로 선물 받은 양철북을 조심스럽게 바닥에 놓고, 다시 계단을 올라가 높이를 측정한 후 머리를 처박으며 밑으로 뛰어내린다. 4주 동안 오스카는 병원에 입원해야만 했다. 조잡한 장난감 북인 양철북은 오래 가지 못한다. 장난으로 치거나 저항의 표시로 오스카가 북을 쳐대니 양철북은 구멍이 나고 만다. 날카로운 양철 모서리 때문에 알프레드는 아들에게서 북을 빼앗으려고 하자, 오스카는 벽시계의 유리가 깨어질 때까지 날카로운 고성을 질러댄다. 그리고 성장을 멈춘 아들 때문에 아그네스가 정기적으로 상담하기 위하여 방문하는 주치의 홀라츠 Hollatz가 양철북을 손으로 잡으려 할 때에도 오스카는 어김없이 고성을 질러댄다. 이번에는 주치의가 생물표본을 담아 놓은 커다란 유리 용기가 깨지면서 안에 들어 있던 뱀, 거북이 등등이 쏟아진다. 6살이 되어 학교에 입학한 오스카는 북을 치지 못하게 하는 여선생의 지시에 불복하고 여선생은 이를 회초리로 다스리려 하자 오스카는 고성을 질러 여선생의 안경유리를 깨어버린다. 오스카의 북치는 행위는 어른들의 세계에 대한 저항의 표시인 것이다. 오스카는 소시민들의 추한 짓거리에 항의하는 북을 치는 것이다.

동네의 다른 아이들과도 오스카는 가까이 하지 않는다. 한 번은 3살 쯤 더 먹은 소년과 수지 카터 Susi Kater가 국을 끓이는 놀이를 하였다. 한 명이 냄비에 침을 뱉고, 다음 애는 끓는 물에 두 마리 살아있는 개구리를 집어넣고 나서는 다 같이 냄비에다 오줌을 누었다. 오스카는 옆에 서서 쳐다보고 있는데, 아이들이 오스카에게 덤벼들어 강제로 그 국을 몇 숟가락 입에다 처먹인다.

수요일에 아그네스는 오스카와 함께 주치의 홀라츠 박사를 찾아간다. 목요일에는 시내에 장을 보러 간다. 장을 보면서 아그네스는 늘 얀 브론스키와 정사를 즐기는데, 그 동안에 오스카를 유태인 장난감가게에 맡기는 것이다. 그러면서 그녀는 매주 이 가게에서 어린이용 작은 북을 사 주곤 하였다. 한 번은 오스카가 친절한 가게주인 지기스문트 마르쿠스 Sigismund Markus에게서 슬쩍 빠져나와 어머니를 미행하여 어머니가 싸

구려 여인숙 속으로 얀을 만나러 사라지자, 주변에 있는 종탑으로 올라가 아래를 보고 고성을 지르는 바람에 시립극장의 현관 유리창들이 깨지는 사고가 난다.

1934년 봄, 나이는 10살이고 키는 94cm인 오스카는 서커스 구경을 갔다가, 자신과 비슷한 키의 53살 난쟁이인 서커스광대 베브라 Bebra를 알게 된다.

알프레드 마쩨라트는 나치스에 입당한다.

단찌히에서 열린 나치스 군중대회에서 오스카는 연사석 밑에 숨어서, 자신의 양철북으로 월츠 박자를 치자, 브라스밴드 역시 이 박자로 연주를 바꾸고, 사람들은 마침내 춤추기 시작한다. 엄숙하던 대회장 분위기는 댄스파티의 분위기로 바뀌어 버리고 때마침 내리는 소나기에 군중대회는 자진 해산되어 버린다.

1934년 聖 금요일(부활절 전 금요일)에 마쩨라트의 식품점 가게는 문을 닫고, 알프레드와 아그네스, 얀 브론스키 그리고 오스카까지 네 사람은 전차를 타고 해수욕장 브뢰젠 Brösen으로 가서 방파제 위로 산보를 나간다. 알프레드는 한 인부가 끈에 묶인 썩은 말대가리를 바다에서 건져내는 작업을 쳐다보고 있다. 그 말대가리 속에는 바다장어들이 잔뜩 꿈틀거리고 있었다. 그 인부는 말대가리 속에 있는 장어들을 끄집어내어 왕소

금이 반쯤 들어있는 감자포대 속으로 집어넣었다. 끈끈한 장어의 점액을 제거하기 위함이다. 아그네스는 구토를 하고, 얀이 그녀의 머리를 받쳐준다. 알프레드는 그러나 웃으며 인부에게서 장어 한 묶음을 산다. 집에 돌아와 알프레드는 부엌으로 사라져, 장어를 잡는다. 이어지는 아그네스의 대사. "내가 그 장어를 먹을 거라는 생각일랑 하지 말아요, 앞으로 난 생선은 더 이상 안 먹을 거예요, 장어는 절대로 안 먹겠어." 한편 아그네스와 얀은 거실에서 손을 잡고 있다. 알프레드는 소금 넣은 감자가 들어간 장어스프를 질그릇에 준비하고 있다. 알프레드가 스프를 들고 부엌에서 나오자 아그네스는 비명을 지르며 침실로 달려가 흐느끼며 침대에 몸을 던진다. 얀이 그녀를 따라 들어오며 그녀를 달랜다. 그녀를 달래는 얀의 손이 아그네스의 치마 속으로 들어가는 것을 오스카는 바라보고 있다.

부활절이 지나고 2주일 후, 아그네스는 생선을 다시 먹기 시작한다. 아침부터 저녁까지, 깡통을 직접 따고 먹을 정도로 왕성한 식욕이었다. 아그네스는 생선독이 올라 병원으로 실려 가고, 나흘 후 사망한다. 알프레드는 의사에게서 아그네스가 임신 3개월이었음을 알게 된다. (영화에서는 얀이 달랜 후에 아그네스가 다시 부엌으로 나와 식어버린 장어 스프를 먹기 시작한다. 그리고 그녀의 임신사실은 의사가 아니라 아그네스의 어머니, 안나 브론스키가 말해주며, 얀의 아이를 낳지 않으려는 아그네스에게 알프레드는 누구의 아이이든 상관없다고 말해준다.) 아그네스의 장례에 참석하려는 유태인 장난감가게 주인 마르쿠스는 알프레드 주변의 독일인들에게 저지당한다. 나치스의 반유태주의는 이미 평범한 소시민들에게도 보편적인 정서가 되어버린 것이다.

1938년 11월 오스카는 SA 단원들이 지기스문트 마르쿠스의 장난감가게의 큰 유리창에 쥐털린 글씨체[10)]로 "유태인 돼지새끼"(Judensau)라고 쓰고 나서, 장화발로 유리를 부셔버리는 것을 쳐다보고 있다. 이들은 가게를 어지럽히고 사무실 문을 부셔버린다. 사무실에는 지기스문트 마르쿠스가 죽은 채 책상에 앉아 있다.

1939년 9월1일 오전 5시 45분 독일의 폴란드 침공이 시작된다.

이제 오스카의 양철북이 구멍나 버리면 새 북을 살 수 있는 가게도 사람도 없어져버렸다. 그래서 오스카는 1939년 8월 31일 얀 브론스키에게 구멍 난 북을 수리해 줄 것을 요구한다. 그는 헤벨리우스 광장 Heveliusplatz에 있는 폴란드 우체국의 관리인인 상이군인 코비엘라 Kobyella가 북을 수리할 수 있음을 알고 있다. 얀은 오스카와 함께 그 곳으로 간다.

우체국을 사수하려는 폴란드인들과 독일인들 사이에 총격전

10) 독일 그래픽 디자이너 L. Sütterlin(1865~1917)의 이름을 따라 1935년부터 1941년까지 독일 학교에서 사용된 둥글게 굴린 서체

이 벌어진다. 얀이 동료들과 함께 모래주머니 뒤의 참호 속에 웅크리고 있는 동안, 오스카는 우체국의 선반 위에서 하얗고 빨갛게 락카 칠을 한 작은 북을 발견한다. 북은 꼭대기 선반에 놓여 있어서 작은 오스카에게는 접근이 어려웠다. 그럼에도 불구하고 오스카는 선반 위로 올라가려고 하였지만, 코비엘라가 독일군의 총탄에 맞을 위험 때문에 이를 말리고 대신 북을 꺼내려고 하는 순간, 코비엘라는 총탄에 맞고, 포탄의 폭발로 인한 진동으로 선반에서 떨어진 북이 오스카의 발밑에 와 멈춘다. 코비엘라는 죽는다. 31명이 즉결심판으로 총살되었다. 얀 브론스키도 그중 한 명이었다.

오스카는 아버지의 가게에서 일할 능력도 의지도 없었기 때문에 알프레드는 같은 건물에 사는 사람의 딸인 마리아 트룩찐스키 Maria Truczinski를 점원으로 고용한다.

1940년 여름, 16살이 된 오스카는 자기보다 한 살 더 많은 마리아와 함께 자주 오스트제 Ostsee로 해수욕을 하러 다닌다. 사람들이 오스카를 어린애로 취급하기 때문에, 오스카가 마리아를 따라 여자 탈의장으로 들어가는 것을 이상하게 바라보지 않는다. 어느 날 탈의장에서 오스카는 마리아의 손에 향이 가미된 레몬가루를 뿌려주고, 침을 뱉어 거품이 일게 한다. 마리아는 놀라서 자신의

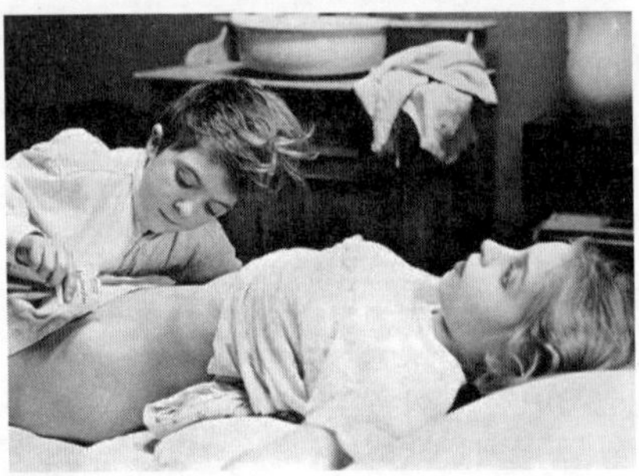

손을 핥는다. 그 시절에 알프레드는 한 술집에서 정기적으로 카드친구들을 만난다. 어느 날 밤 마리아는 오스카를 집으로 데려 간다. 마리아의 어머니는 어린 오스카가 마리아와 함께 침대에서 자는 것을 조금도 이상하게 생각하지 않는다. 오스카와 마리아는 침대에서 레몬가루 놀이를 계속한다. 오스카는 그녀의 배꼽에 레몬가루를 뿌린다. 마리아는 처음에는 거부하다가 나중에는 오스카가 자신의 배를 핥는 것을 허용한다. 오스카의 첫 사랑 마리아와의 정사는 이렇게 이루어졌다.

마리아는 임신한다. 오스카는 자신이 아기의 아버지라고 생각한다. 그리고 알프레드와 마리아가 거실 소파에서 정사를 벌이고 있는 것을 목격하고 나서도 자신이 아버지라는 생각을 버리지 않는다. 알프레드는 마리아와 결혼한다. 1941년 6월 12일 마리아는 아들 쿠르트 Kurt를 분만한다.

오스카는 베브라와 로즈비타를 다시 만난다. 베브라는 그동안에 독일군 대위가 되었고 선전부대의 부대원이 되었다. 오스카는 두 사람과 합류하여 휴가병들의 기차 특실을 타고 프랑스 메츠 Metz로 간다.

1944년 4월 오스카의 선전부대는 프랑스 파리를 떠나 대서양변의 부대에서 공연하기 위한 여행길에 나선다.

2달 후에 연합군이 노르망디에 상륙한다. 베브라의 위문단은 연대참모들과 함께 원대복귀 해야만 한다. 로즈비타는 퇴각

의 와중에서도 아침 커피를 마셔야 한다며 커피를 마시려고 트럭에서 내렸다가 때마침 날아온 포탄에 즉사한다.

로즈비타는 죽었다. 베를린에서 오스카는 베브라와 헤어지고 홀로 단찌히로 향한다. 1944년 6월 11일 오스카는 그 자신의 아들이며 동시에 동생이기도 한 쿠르트의 세 번째 생일 하루 전에 단찌히에 도착한다.

다가오는 소련군의 진주를 앞두고 알프레드가 사는 건물에 세든 사람들은 숨기 바쁘다. 알프레드는 나치스 사진들을 태워 없애고, 떼어냈던 베토벤 사진을 다시 걸고 베토벤에게 축배를 든다. 알프레드는 웃옷에 달려 있던 나치스 뱃지를 떼어내 버린다. 쿠르트와 오스카는 그 것을 서로 가지려고 싸운다. 기관총으로 무장한 한 무리의 소련군들이 지하실로 통하는 문을 연 순간에, 오스카가 알프레드의 나치스 뱃지를 손에 넣는다. 3명의 소련군 병사들이 차례로 소년 동성애 기질이 있는 야채장수의 미망인을 강간한다. (야채장수는 1942년 10월에 목을 매고 자살했었다.) 또 다른 군인이 오스카를 품에 안았다. 오스카는 그 군인의 군복 칼라 언저리에 이를 발견한다. 이를 잡으려면 오스카는 두 손을 써야만 한다. 그래서 오스카는 나치스 뱃지를 알프레드 손에 쥐어 준다. 알프레드는 깜짝 놀라서, 손으로 받는 대신 입에 넣고 삼키려 한다. 그러나 뱃지의 바늘 때문에 목에 걸리고 만다. 알프레드는 목이 졸리고, 얼굴이 벌게지

며, 기침하고, 눈물을 흘리고 손을 들고 서 있을 수가 없게 된다. 소련 군인들은 신경이 날카로워지고 알프레드를 사살한다.

아버지의 장례식에서 21살짜리 오스카는 다시 성장하기로 결심하고 양철북을 무덤 속으로 던져 버린다. 거의 동시에 오스카는 쿠르트가 던진 돌멩이에 뒷머리를 얻어맞고 스스로 무덤 속으로 떨어진다. 다시 성장을 시작한 오스카와 마리아 일행은 더 좋은 세상을 찾아 독일로 가는 기차를 타고, 카슈베이의 땅을 지키려는 안나 브론스키는 떠나가는 기차를 보며 감자밭에 앉아 있다. (소설에서는 오스카의 사연이 계속되나, 영화는 여기에서 끝난다. 원작에서 오스카의 성장의지는 약간의 성공을 거둘 뿐이다. 실제로 그는 몇 센티미터 성장하긴 하지만, 기형인간, 꼽추가 되고 만다. 난쟁이 처녀 마리아와 함께 오스카는 뒤셀도르프로 가서 재즈밴드의 드럼주자로 부자가 된다. 한 간호원을 살해한 혐의로 고소되어 오스카는 정신병원으로 이송된다.)

권터 그라스의 원작은 3부로 구성되어 있는데, 1부는 전쟁이전, 2부는 전쟁시기, 3부는 전쟁이후를 다룬다. 정신병원의 환자인 오스카는 때로는 1인칭으로, 때로는 3인칭으로 자신의 삶을 묘사한다. 따라서 두 개의 시점이 존재하게 되는데, 오스카가 회상하는 시점은 1952년 9월부터 오스카의 서른 번째 생일인 1954년 9월까지 이다. 그에 반해 이야기 속의 시점은 1899

년 안나 브론스키가 아그네스를 잉태하는 시점부터 1954년 여름 오스카의 체포까지를 다루게 된다. 두 개의 시점은 소설의 끝에서 서로 교차한다.

소설이 당대의 역사적인 시사성뿐만 아니라, 당대의 정치적인 시사성을 일깨웠으며, 일상적인 파시즘이라는 주제와 귄터 그라스의 현실을 거부하는 사고모델이 일부 독자들에게는 거부반응까지 일으킨 반면, 영화는 1952년부터 1954년까지의 시점을 사용하지 않는다. 영화는 오스카의 회상으로 시작하며, 간간히 오스카의 회상을 목소리로만 들려주기 때문에 회상의 시점이 언제인지에 대해서는 말해주지 않는다. 원작이 제시하는 측면, 즉 과거의 역사가 갖고 있는 현대와의 맥락이 빠져있는 것이다. 따라서 영화는 당대의 시사성과는 거리를 두고, 이미 오래 전에 지나가버린 세계에 대한 기이한 회상에 머무르고 만다. 작가가 제기한 생산적인 문학적 논쟁거리는 사라지고, 볼거리가 상당한 소비적 영화가 되고 말았다.

소시민적 삶을 거부하는 오스카의 양철북

오스카의 날카롭고, 기이하면서도 냉소적인 시각은 그의 장외자적인 존재에 기인한다. 오스카는 모든 도덕적 의무에서 벗어나 있고, 사건에 개입되지 않으면서 나치스 시대 소시민들의 의식을 꿰뚫어보며 그들의 언행을 기록하는 것이다.

자신의 성장을 멈춰버림으로써 오스카는 일어나는 사건들에 관여하지도 않게 되고, 책임 또한 질 필요가 없게 된다. 그러나 그는 일어나는 사건들을 꿰뚫어보고 있기 때문에, 그의 사건에 대한 방관자적 자세와 무책임성은 오히려 그를 유죄로 만들어 주기도 하는 것이다. 따라서 양철북은 오스카에게 자신이 유죄임을 알리는 표시기능도 함께 갖고 있는 것이다. 그가 훗날 정신병원에서 과거사를 회상할 수 있는 것은 양철북이 있기 때문이다. 양철북이 없다면 그가 과거를 이야기하는 것은 가능하지 않기 때문이다. 양철북을 쳐야만 중요한 사건들에 관한 사소한 기억까지 떠오르기 때문이다. 또한 양철북은 회상을 하고 있는 현 시점의 오스카에게 그의 정체성을 확인시켜주는 기능 또한 갖고 있다. 양철북이 없었다면 그는 할아버지 할머니가 누구인지도 모르는 불쌍한 인간이 되고 말았을 것이기 때문이다. 그러나 양철북의 이러한 기능들은 영화에서는 생략되었다. 전쟁 이후가 다루어지지 않음으로써, 오스카의 정신병원에서의 회상이 없어졌기 때문이다. 영화에서 양철북은 오직 한 가지 기능만을 수행하고 있다.

소시민적인 삶을 받아들이지 않겠다는 거부의 상징이 바로 오스카의 양철북이다.

감독 폴커 슐렌도르프는 주인공 오스카에 대해 다음과 같이 말하고 있다.

> "나에게 오스카는 두 가지 그 시대의 전형적인 특성을 갖고 있다. 거부와 저항이 그것이다. 그는 이 세상을 거부하기에

> 더 이상 성장하려 하지 않는다. 그는 너무나 강하게 저항하기 때문에, 그의 목소리가 유리잔을 부셔버린다."[11]

오스카는 그러니까 시대비판의 상징적 인물인 것이다.

오스카가 바라보는 일상적 파시즘의 모습들은 영화의 곳곳에서 목격할 수 있다.

당시의 첨단 매체인 라디오 방송을 통해 전국의 국민들에게 방송연설을 하는 히틀러의 홍보전략이 성공적이었음은, 라디오가 없어 방송연설을 들을 수 없음을 안타까워하며 알프레드에게 불만을 토로하는 아그네스와, 얼마 후 라디오를 구입하고 벽에 붙여놓은 베토벤 초상화를 떼어내고 히틀러의 것으로 대체하는 알프레드의 모습에서 볼 수 있다.

선량한 보통 시민 알프레드가 나치스에 입당하여 갈색 제목을 입고, 나치스 집회에 참석하는 모습과 단찌히가 독일에 합병되는 것을 환영하는 단찌히의 독일인들, 그리고 2차대전을 바라보는 이들 소시민들의 파시즘에 오염된 시각들을 확인시켜주는 다음과 같은 대사들은 일상적 파시즘의 정도가 어느 정도인지를 알려주고 있다. 오스카의 아들 혹은 동생인 쿠르트가 태어나 세례를 받고 이를 축하하는 식사에 초대된 알프레드의 이웃들은 전쟁이야기로 꽃을 피운다. 벽에는 커다란 지도가 걸려있고 독일군이 침략하여 점령한 곳에는 작은 나치스 깃발이 꽂혀 있다. 초대받은 자 한 명은 이 작은 나치스 깃발을 누워있는 아기 쿠르트의 코앞에 흔들면서 귀여워한다. 나치스 깃발

---

11) Volker Schlöndorff/ Günter Grass(Hrsg.) : *Die Blechtrommel als Film*, Frankfurt/ M 1979, S.180

은 비록 작기는 하지만 어린아이의 장난감에 해당할 정도로 일상화된 것이다. 이어지는 식탁에서의 전쟁이야기는 당시 독일인들의 의식이 일부 나치스 고위 간부들만이 아니라 평범한 소시민들까지도 파시즘에 물들어 있었음을 이 장면은 잘 보여주고 있다.

"동부전선이 파죽지세야."
"레닌그라드도 시간문제야."
"석유 때문에 키예프가 더 중요해."
"1916년이 생각나네."
"문제는 모스크바야, 빨리 모스크바를 함락해야해, 엄동의 전투는 피하는 게 좋은데."
"전 유럽을 통일해야 돼."
"우선 폴란드부터."
"헝가리, 루마니아는 식은 죽 먹기고."
"벨기에, 프랑스를 치고는 영국으로 날아가는 거야."
"용감무쌍한 독일군의 깃발이 싸움터에 휘날린다."
"푸주간집 아들이 전사해서 1등무공훈장을 탔대요."
"2등훈장이야."

미카엘 베르호벤 슈미트-<백장미>
마르크 로테문트-<소피 숄의 마지막 나날들>

1943년 2월 22일 뮌헨의 슈타델마이어 형무소에서 21세의 뮌헨대학 재학생 소피 숄 Sophie Scholl과 그녀의 오빠였던 24세의 뮌헨대학 의대생 한스 숄 Hans Scholl 그리고 역시 뮌헨대학 의대생이었던 25세의 알렉산더 슈모렐 Alexander Schmorell, 이렇게 3명이 국가반역죄로 형장의 이슬로 사라졌다. 이들은 나치스를 비난하는 전단을 뮌헨 시내와 함부르크 그리고 베를린 등지에 살포했을 뿐이었지만, 나치스에 대한 저항이 확산되는 것을 두려워한 파쇼정권이 서둘러 처형을 감행했던 것이다. <백장미>와 <소피 숄의 마지막 나날들>은 모두 소피 숄과 한스 숄 그리고 이들의 친구들로 구성되었던 저항그룹, "백장미"에 참여했던 자들의 저항과 처형을 다룬 작품들이다. 1982년에 만들어진 <백장미>는 사건의 흐름을 처음부터 시간의 진행에 따라 쫓아가는 평범한 나레이티브를 사용하고 있는 반면, 2004년에 제작된 <소피 숄의 마지막 나날들>은 소피가 뮌헨 대학에서 전단을 뿌리고 체포된 이후부터 단두대의 칼날이 소피의 목을 향하여 떨어지는 순간까지의 짧은 시간을 섬세하고도 밀도 있게 보여주는 수법을 쓰고 있다.

실화에 근거하고 있는 이 작품들은 나치스의 파시즘에 저항했던 사람들의 이야기를 다루고 있는데, 지도적인 위치에 있는 정치가, 혹은 대중들에게 영향력을 발휘할 수 있는 예술인이 아니고, 평범한 대학생들의 저항이었다는 사실이 평범한 관객들의 공감을 자아내고 있다. 한스 숄과 소피 숄의 아버지는 이미 히틀러를 비방했다는 죄목으로 체포되어 4개월의

징역형을 선고받고 복역을 했던 자였으며, 자식들에게 히틀러를 피리소리로 어린이들을 꾀어 파멸시키는 하멜른의 쥐몰이꾼으로 비유했었던, 올바른 의식의 소유자였었다. 한스는 뮌헨대학에서 의학을 전공하는 의대생이었고, 그의 여동생 소피 역시 뮌헨대학에 막 입학한 대학초년생이었다. 한스의 대학생활은 그러나 군인과 학생의 삶이 반반씩 섞인 기묘한 것이었다. 반은 군인으로 병영이나 병원에서 근무해야 했고, 반은 학생으로서 학업을 계속해야하는 괴로운 생활이었다. 그러나 나치스의 파시즘은 평범하고 선량한 한 의대생을 자유의 투사로 만들고 만다. 나치스의 폭력과 기만은 한 청년으로 하여금 자신이 옳다고 믿는 것을 실천에 옮기도록, 자유에 대한 억압은 그 어떤 폭력으로도 막을 수 없음을 증명하도록 만들고야 만다. 한스는 같은 의대생인 알렉산더 슈모렐, 크리스토프 프롭스트, 빌리 그라프 그리고 후버교수와 의기투합하여 나치스의 정체를 폭로하는 선언문을 배포하여, 잠자고 있는 독일인의 정신을 각성시키겠다는 결의를 하게 되고, 한스의 누이동생 소피도 가담하게 된다. 이렇게 해서 뮌헨의 거리나 학교에 "백장미 전단"이 나붙기 시작하고, 이것이 도화선이 되어, 함부르크를 위

시한 전국 각지로 이들의 저항운동은 확산되기 시작한다. 1942년, 이들이 펴낸 최초의 선언문은 이렇게 시작된다.

> 한 문화국가의 국민으로서 무책임하고 어두운 충동에 사로잡힌 통치자에게 아무런 저항도 하지 않고 통치 당한다는 것 이상으로 수치스러운 것은 없습니다. 오늘날 모든 성실한 독일인들은 정부에 대해 수치심을 느끼고 있습니다.

이 선언문 사건은 당시의 상황으로서는 청천벽력이요, 지축을 흔드는 대사건이었다. 이들은 선언문에서 독일국민들이 행해야 할 행동지침으로 "수세적 저항"을 주장한다.

> 이제 나치즘에 대한 반대자들은 이런 문제를 제기해야만 합니다. 현존의 국가에 대한 가장 효과적인 투쟁방법은 어떤 것이며, 어떤 방법으로 그들에게 치명타를 안겨 줄 것인가? 이 문제에 대한 해답이 바로 수세적 저항임에는 의심의 여지가 없습니다.

한스를 비롯한 다섯 남매를 길러냈던 한 가정의 수난은 참으로 처참했다. 아버지는 형무소에, 큰 아들 한스와 딸 소피는 사형을 당했고, 막내아들 베르너는 러시아 전선에서 전사했다. 이 가정이 겪어야했던 시대적 고통은 너무나 극심한 것이었다.

그러나 부모는 형장으로 떠나는 아들딸을 의연한 자세로 이별했고, 누이 잉게 숄은 뒷날 동생들이 이룩했던 그 대단했던 일들을 지나치게 추켜세우거나 과장하지 않고 담담하게 서술하여 『백장미의 수기』를 펴냈다. 영화가 이 수기에 근거하고 있음은 물론이다.

<백장미 전단>은 절규가 아니라 담담한 목소리로 독일지식인들에게 나치스의 파시즘을 용납해서는 안 되며, 수세적인 저항의 당위성을 차분하게 호소하고 있다. 이들은 자신들을 영웅이나 투사로 인식하고 있지 않았다. 이들은 단순하고 소박한 대학생들이었으며, 후버교수 또한 신심이 두터운 교수였다. 이들이 제작한 전단의 글들은 특별한 애국자의 글도 아니고, 탁견을 갖고 있는 정치가의 글도 아니었고, 목숨을 내놓고 의거에 뛰어들겠다는 열사의 글도 아니었다. 재판을 받는 과정에서 남들은 가급적이면 살아남으려고 애를 쓰지만, 이들은 혹시 자신들의 언동 때문에 다른 학우들이 연루되지나 않을까 하는 염려에서 결국 살아남으려는 노력을 포기하고 만다. 한스와 소피의 최후를 지켜보았던 형무소 간수는 다음과 같이 전하고 있다.

> 그들은 정말 꿋꿋하게 처신했지요. 감옥에 있는 동안 모든 사람들이 감명 받았습니다.(중략) 그리고는 그들은 끌려 나갔습니다. 첫 번째로 처녀가 나갔습니다. 그녀는 얼굴과 눈썹 하나 찡그리지 않고 걸어 나갔습니다. 우리들은 도대체 저럴 수가 있을까 하고 의아해 했습니다. 그런 모습으로 죽어간 사람은 처음이었다고 형리도 말했습니다. 그리고 한스는 단두대에 목을 올려놓기 전에 온 감옥이 떠나갈 정도의 큰 소리로 "자유만세"를 외쳤습니다.

백장미의 정신적 토대를 마련해 준 사람은 이들의 철학교수였던 젊은 후버 교수였다. 그는 최후진술에서 이 점을 분명히 밝히고 있다.

> …. 내가 의도했던 것은 조직이 아닌 소박한 언어로 학생들을 각성시키고, 폭력적인 수단이 아닌 도덕적 통찰력으로, 정치적 삶을 위협하는 현존하는 모든 위해와 맞서 싸우려고 한 것이었다. (중략) 규범이 진실치 못하고 비도덕적으로 될 때에는 합법적 규범도 이미 규범이 아니다. 말하자면 그런 규범은 비겁함을 변호하는 보호벽이 되고 규범에 대한 공공연한 훼손이 될 뿐이다. 한 국가가 반역을 예방한다는 핑계로 개인의 자유의사와 도덕적 비판과 개선을 요구하는 소리를 말살하는 일은 건전한 국민감정 속에 지금도 여전히 살아 있으며, 또 살아 있어야 마땅한 불문법의 권리를 깨어버리는 것이다.

죽음을 맞이해서도 초연함을 보여주는 젊은이들의 적극적인 삶의 자세는 우리 모두의 가슴을 뭉클하게 하고, 두 자식을 사형장으로 보내야하는 부모로서 오히려 다른 사람을 위로하는 의연함을 보여주는 한스와 소피의 아버지, 어머니의 모습은 인상적이라 아니 할 수 없다. 사형을 앞둔 마지막 면회에서 나눈 모녀의 대화는 다음과 같다.

> "이젠 문 밖으로 나오지 못하겠구나"하고 어머니가 말하자. "두 해만 참으세요"하고 소피는 대답했다. 이어 그녀는 한스가 그랬던 것처럼 확신에 차서 말했다. "우리가 모든 것을 떠맡았어요. 우리들이 한 일은 큰 물결을 일으킬 거예요."

“백장미단”의 운동은 이렇게 끝나고 말았지만 자유의 수호를 위해 투쟁한 그들의 정신은 온 독일 국민뿐만 아니라, 현대를 살아가고 있는 우리에게, 특히나 80년대와 90년대에 조국의 민주화를 위해 군부 독재정권과 투쟁하면서 자신들의 삶을 고결하게 산화시켰던 젊은 대학생들을 잊지 못하는 우리들에게 한스 숄과 소피 숄 그리고 그들과 함께 단두대의 이슬로 사라져 간 사람들의 이야기는 우리 현대사의 아픈 상처를 선명하게 떠오르게 한다. 1953년 2월 22일 테오도르 호이스 독일 연방 대통령은 베를린과 뮌헨 대학생들에게 보낸 추도사에서 이들의 행위가, “권력에 대한 무모한 반항으로서가 아니라, 역사상 가장 암울한 시대에 있어서 앞을 밝히는 빛으로 이해되어야 마땅하다”라고 말하고 있다. 뮌헨의 대학가에 뿌려진 그들의 선언문들은 횃불이 되어 지금까지 적어도 한반도에서는 계속 불타왔음을 우리는 감히 말할 수 있을 것이다.

어쩌면 일상적인 것, 자신과 가장 가까이에 있는 하찮으면서도 평범한 것을 위해 불굴의 의지로 싸우는 것이 진정으로 참다운 영웅일지도 모른다.

마르가레테 폰 트로타-<로젠슈트라쎄>

폰 트로타 감독의 이 영화는 1943년 2월 27일부터 1943년 3월 7일 사이에 베를린의 중심가 로젠슈트라쎄(장미의 거리)에

서 실제로 일어났었던 나치스 시절의 유일한 여성들만의 봉기 사건이었던 실화를 영화로 만든 작품이다. <백장미>와 <소피 숄의 마지막 나날들>이 나치 파시즘에 대한 대학생들의 용감한 저항을 보여 주었다면, 이 영화는 파시즘을 정면으로 비판하지는 않았지만, 기관총 앞에서도 굴하지 않고 나치스의 비인간적인 조치에 맞섰던 부인들의 감동적인 투쟁을 보여주고 있다. 이 사건은 그 규모면에서 나치스 집권시절에 있었던 저항운동의 규모 중 가장 큰 사건 중의 하나였으며, 제 3제국의 수도 베를린의 중심가에서 일어났다는 사실이 큰 의미를 갖는다. 나치스가 저지른 끔찍한 인종정책과 비인간적인 유태인 박해의 현장을 리얼하게 재현하는 이 작품은 남편을 찾는 부인들의 용기 있는 저항을 통해 파시즘에 대한 우리들의 점점 사라져가는 집단적 기억을 다시 일깨워 주고 있다. 오늘날의 시점에서 당시를 회상하는 틀을 사용함으로써 감정의 절제와 비판을 위한 거리감을 획득하면서 현대와의 맥락 또한 얻어내고 있다.

뉴욕에 살고 있는 루트 바인슈타인 Ruth Weinstein은 남편 로베르트의 장례식이 끝난 후 유태교 의식에 따라 집안에 있는 거울을 모두 천으로 가리고 가족들도 유태교 의식을 지킬 것을 요구한다.(한 달간 면도 금지, 일주일간 전화통화 금지 등등) 그녀의 딸 한나 Hannah는 이를 이해하지 못한다. 루트의 사촌

라켈 Rachel에게서 한나는 자신의 할머니 미리암 쥐스만 Miriam Süßmann이 나치스에게 살해당한 사실을 알게 된다. 라켈의 어머니가 그 당시 10살인 질녀 루트를 1945년 베를린에서 뉴욕으로 데려오기 전에, 레나 휘셔 Lena Fischer라는 독일여인이 고아가 된 루트를 3년 동안 돌봐주었다는 사실도 알게 된다. 루트가 자신의 어린 시절에 관하여 말하기를 거절하였기 때문에 한나는 베를린으로 건너가 레나 휘셔를 찾아가서 미국인 사학자라고 자신을 소개 한 후, 늙은 여인 레나에게서 "제3제국"에서의 끔찍한 체험에 관한 회상을 듣게 된다.

아버지 에쉔바하 남작의 강력한 반대에도 불구하고 레나는 유태인 바이올리니스트 파비안 휘셔 Fabian Fischer와 결혼하여 작은 셋집으로 입주했다. 파비안이 유태인이기 때문에 이들은 히틀러 정부에게 바이올린과 그랜드피아노, 전화기 심지어 집에서 기르던 카나리아까지도 공출 당했다. 파비안은 강제노동에 동원되었다. 1943년 어느 날 저녁, 파비안은 귀가하지 않았다. 레나는 절망한 채 남편에게 무슨 일이 일어났는지 알아보기 위해 이 관청, 저 관청을 헤매고 다녔다. 나치 돌격대 베버 중대장은 그녀에게 이혼을 하고 처녀 때의 이름을 다시 갖도록 권고했다. 남편에 관한 정보를 주는 대신 그는 레나를 "유태인 창녀"라고 욕했다. 레나는 드디어 남편이 공장에서 체포되었으며, 독일 아리안 혈통의 여자들과 결혼한 다른 유태인들과 함께 로젠슈트라쎄에 있는 예전의 유태인 지구 사회복지국 건물에 수용되어 있음을 알게 되었다.

레나는 로젠슈트라쎄에서 자신들의 남편들을 기다리는 부인들의 대열에 합류했다. 그곳에는 8살짜리 소녀도 있었는데, 이 소녀는 그 건물 안에 있는 유태인 어머니를 기다리고 있었다. 소녀의 아리안 혈통 아버지는 2년 전에 이혼을 하였다. 고아가 된 소녀–소녀의 이름은 루트 쥐스만 Ruth Süßmann이었다—를 돌보아 줄 친척들이 없다는 사실을 알게 된 레나는 곤경에 처한 소녀를 돌보기 시작했다.

로젠슈트라쎄에 수용된 것으로 추측되는 딸에 대한 걱정 때문에 자진해서 신고한 유태인 아버지는, 딸을 보는 대신 그대로 수용되어 버린다.

로젠슈트라쎄에는 자신들의 유태인 남편들의 체포에 항의하는 수백 명의 부인들이 모였고, 이들은 남편들의 석방을 요구하였다. 이들의 항의는 다음 날까지 이어졌지만 아무런 성과도 없었다. 실망한 나머지 레나는 부모님에게로 갔다. 아버지 남작은 자신이 원하지 않았던 사위를 위해 아무 일도 하지 않겠다는 의사를 분명히 밝힌 반면, 어머니는 침묵하였다.

점점 더 커지는 항의의 목소리에 감금된 유태인들을 지키는 독일인 보초들은 불안해지기 시작했고, SS(Schutzstaffel의 약칭, 나치스 보안부대)에 도움을 요청하는 전화를 걸었다. 그러나 로젠슈트라쎄에 모인 부인들은 경고의 의미로 보초들이 쏘아대는 공포에도 주눅 들지 않았다.

로젠슈트라쎄에 모여 있던 부인들 중의 하나였던 속기 여사무원 클라라 징어 Klara Singer는 자신의 남편이 건물 안에 갇혀 있지 않고 딴 곳으로 수송되었다는 소식을 듣고, 레나와 함께 부르그슈트라쎄에 있는 게슈타포(GeStaPo–Geheim Staats Polizei의 약칭. 나치스의 비밀경찰) 유태인 담당 부서로 갔다. 그러나 클라라가 남편의 소재에 관해 물은 담당 직원은 무뚝뚝하게 답변을 거절했다. 걱정이 되어 다음 날 클라라를 찾아간 레나는 싸늘하게 시체로 변한 클라라를 발견하였다. 남편의 운명에 대한 절망감에서 클라라는 스스로 목숨을 끊은 것이었다.

부모님의 집을 다시 찾아간 레나는 스탈린그라드 전투에서 한 쪽 다리를 잃고 방금 야전병원에서 귀향한 오빠 아르투어 폰 에쉔바하를 만났다. 아르투어는 자신의 동료인 폰 벨쯔에게 매제를 도와줄 것을 청했지만, 장교 경력에 흠집이 날 것을 두려워한 동료는 거절한다. 누이동생을 돕기 위하여 아르투어는 파티를 열고, 레나로 하여금 자신의 친구인 여가수 리치 Litzy의 피아노 반주를 하도록 한다. 아르투어가 원했던 것은 이렇게 하여 파티에 참석하고 있는 선전상 요제프 괴벨스 Joseph Goebbels의 관심을 누이동생에게 끌어보자는 것이었다. 아르투어의 생각대로 괴벨스는 레나에게 관심을 표명했고, 아르투어는 히틀러의 신임을 받고 있는 막강한 권력자, 선전부장관이며 베를린대관구 책임자인 괴벨스에게 로젠슈트라쎄의 부인들 이야기를 하지만 괴벨스는 레나의 피아노 연주에 매료되어 아르투어를 부관에게로 보낸다.

감금된 지 6일 혹은 7일이 지나자 SS는 로젠슈트라쎄에 기관총을 설치하였다. 그러나 부인들이 조금도 겁내지 않자 다시 철거해 버렸다. 그리고 나서 유태인 남편들은 하나씩 둘씩 건물 입구를 빠져 나왔다. 파비안도 나왔다.

루트의 어머니는 그러나 나오지 않았다. 아마도 나치스가 그 동안에 그녀를 집단수용소로 이송한 모양이었다. 레나와 파비안은 소녀를 딸처럼 집으로 데리고 갔다.

이미 1933년에 미국으로 이민 갔던 루트의 숙모가 전쟁이 끝난 후 루트를 미국으로 데려갈 때, 루트는 두 번째로 어머니와 이별해야만 했다. 레나는 몹시 슬퍼했지만, 친척의 소원을 물리 칠 권리는 그녀에게 없었다.

이제 한나는 어머니가 어째서 악몽 같은 어린 시절의 체험들을 단 한 번도 이야기하지 않았는지 그 까닭을 이해하게 되었다.

베를린에서 뉴욕으로 돌아온 한나는 니카라과 출신 약혼자 루이 마르케즈 Luis Marquez와 결혼한다. 그리고 그녀의 어머니는 유태인 출신이 아닌 사위를 마침내 받아들인다. 남편의 장례식 후 루이가 나타났을 때 강력하게 반대하던 그녀의 모습은 흔적 없이 사라져 버렸다.

나치스의 인종정책

1943년 3월 2일 자 일기에 나치스 선전부 장관 굅벨스 Goebbels는 "이제 우리는 드디어 유태인을 베를린에서 내보낸다."라고 썼다. 나치스 지도부는 당시 아직 독일에 살고 있는 유태인들에게 마지막 일격을 가하려고 하였다. 1943년 2월 27일 이른 아침에 소위 "베를린 유태인 마지막 행동"이 시작되었다. 무전기를 통해 베를린 시의 모든 경찰에게 이 명령이 하달되었다. 베를린의 비밀경찰과 SS부대원들은 100개의 공장에 쳐들어가 거대한 검거작전을 통해 노란 별 표시를 하고 있는 유태인 남녀와 어린이들을 그들의 직장에서 체포하였다. 공장뿐 아니라, 거리에서도, 관공서, 병원, 주택, 그리고 소위 "유태인의 집"이라고 불리는 곳에서도 검거가 이루어졌다. 베를린에는 1만5천명을 상회하는 강제노동 유태인들이 주로 지멘스 Siemens, 짜이스 이콘 Zeiss Ikon같은 군수산업과 금속기업들에서 일하고 있었고, 독일 무기 공장과 탄약 공장의 유태인들도 대량체포의 목표물이었다. 혹독한 겨울추위에도 불구하고 공장에서 일하던 유태인 노동자들은 얇은 작업복만을 걸친 채, 덮개로 가려진 화물자동차에 실려 압송되었다. 평소보다 더 잔인하게 진행된 체포작전의 첫 번째 희생자들은 이미 수송과정에서 나타났다. 길거리에는 이때 쫓고 쫓기는 사냥터의 장면들이 벌어지곤 했었다. 이렇게 내몰리고 체포된 유태인들이 총 8,000명이 넘었으며, 시내 6곳의 집합단지에 수용되었다. 그중 하나가 베를린의 중심가, 로젠슈트라쎄 2~4에 있는 예전의 유태인 지구 사회복지국 건물이었다. 이곳으로는 오랫동안 조직적인 체포에서 제외되었던 아리안족의 피가 섞인 "혼혈인" 그리고 소위 유태계 독일인으로 순수 독일인과 결혼한 사람들이 수송되었다. 이제까지는 이런 부인들과 남편들은, 1933년 이후의 지속적인 박해에도 불구하고 자신들의 배우자 덕분에 수용소행과 살해를 모면할 수 있었다. 그러나 1943년 2월의 토요일에는 그것이 통하지 않았다. 1,500이 넘는 인간들이 좁은 공간에 처박혀, 자신들의 운명이 어떻게 될지 전혀 예측하지 못하면서 커다란 절망의 구렁텅이로 굴러 떨어졌다. 한편, 소위 "공장조치"가 시작된 이틀 후인 1943년 3월 1일 월요일부터 벌써 아우슈비츠로 떠나는 1,700명의 유태인을 수송하는 첫 화물열차가 베를린 모아비트 Moabit구에 있는 푸트리쯔 정거장을 떠났던 것이다.

1941년 9월 "유대인 별" 표시를 달도록 한 조치를 시행한 지 두 달 후에 제국안전본부의 아돌프 아이히만 부서에 의해 조직된, 베를린 소재 유태인들을 동유럽으로 유형 보내는 강제수용은 이미 시작되었다. 1943년 초에는 아직도 27,000명의 유태인들이 베를린에 살고 있었으며, 이들 대부분은 강제 노동자로 군수공장에서 일하고 있었다.

(영화 <로젠슈트라쎄>에서 파비안 휘셔 Fabian Fischer는 이 강제노동을 해야만 한다. 그는 유태인이며, 그의 부인 레나는

아리아인이다. 이들은 이미 1933년 이전에 결혼하였다. 소위 “혼합결혼”이었다. 혼합결혼이라는 개념은 나치스가 정권을 잡기 이전에 이미 서로 종교가 다른 사람들의 결혼에 사용된 개념이었다.) 기독교 신자 혹은 아리아 신앙인과 “비 아리아” 배우자 간의 결혼, 이들은 그때까지 나치스 시대 유태인에 대한 박해를 받지 않고 버텨 올 수 있었다. (이 영화의 1932년 레나와 파비안이 결혼을 하는 장면에서도 결혼의 기쁨과 사랑에도 불구하고, 전 국가적으로 반유태주의가 벌어지고 있는 이 나라에서 두 사람의 결혼에 앞으로 어떤 일이 일어날지 모른다는 일종의 불안한 예감을 느낄 수 있음은 물론이다) 나치스가 정권을 인수한 후에 곧 국가기관, 군, 기타 공직에서 유태계 독일인뿐만 아니라 유태인과 결혼한 독일인에 대한 숙청이 있었다. 그러므로 모든 독일인들은 해고당하는 위험을 무릎 쓰지 않으려면, 이미 1933년부터 악명 높은 아리안족 증명서를 제출해야 할 뿐만 아니라, 얼마 후에는 아리안족이 아닌 배우자를 더 이상 택해서는 안 되었다. 철도, 의사협회, 사법기관, 각종 위원회에서 반유태적 호적법, 유태인 배우자에 대한 제재조치 등등이 잇달아 일어났다. 이상하게도 그러나 “인종이 다른 결혼”은 1933년에는 즉각 법적으로 금지되지는 않았다. 많은 판사들과 호적사무소 직원들이 이런 결혼신고를 받아주는 것을 거부하긴 했지만, 금지조치는 아직 없었다. 결혼금지 조치는 1935년에 가서야 뉘른베르그 인종에 관한 법률의 “혈통보호법”이 제정되면서 취해졌다. 1939년에는 아직도 20,454쌍이 혼혈결혼을 거행했는데, 나치스 집권 직후 때보다 15,000쌍이 감소한 통계이다. 이런 결혼을 한 많은 부부들이–영화 속의 레나와 파비안처럼—박해와 권리박탈과 괴롭힘에 시달려 자식이 없었다. 1938/ 39년부터 혼혈결혼에 대한 포괄적인 개념규정과 분류규칙이 만들어졌다. 유태인 배우자의 성과 자식의 유무 그리고 그 자식이 받은 유태신앙적 교육에 따라 그 결혼의 분류가 결정되었다. 다음과 같은 경우에는 특혜 층으로 분류되었다.

- 부인이 유태인이고, 남편이 유태인이 아니면서 자식이 없거나, 유태신앙적으로 교육시키지 않은 자식이 있을 경우.
- 남편이 유태인이고, 부인이 유태인이 아니면서 유태신앙적으로 교육시키지 않은 자식이 있을 경우.

이렇게 분류된 가족들은 지금까지 살아왔던 집에서 계속 거주가 허락되었고, 재산은 유태인이 아닌 배우자 혹은 자식에게 양도할 수 있었다.

특혜에서 제외된 부부들은 다음의 경우였다.

- 남편이 유태인이고, 자식이 없을 경우
- 배우자 한 명이 유태인이고, 자식들이 유태신앙적 교육을 받은 경우, 혹은 유태인이 아닌 배우자(대개 부인들)가 결혼을 하면서 유태교로 개종을 한 경우.

이런 가족에게는 배우자에게로의 혹은 자식에게로의 재산양도가 불허되고, 상속받은 집에서 거주할 권리도 인정되지 않았다. 특혜조치를 받은 혼혈결혼 유태인들은 유태인 별 표시를 달고 다녀야 할 의무에서 제외시켜 주었다. (이런 분류 기준에 따르면, <로젠슈트라쎄>에 나오는 어린 루트 Ruth는 혼혈인 1등급, 소위 "인정받은 여자유태인"에 해당된다. 그녀는 노란 별 표시를 반드시 달아야 하는데, 왜냐하면 그녀는 그녀의 엄마처럼 유태신앙을 가졌기 때문이며, 독일혈통인 아버지가 이혼을 했기에 "특혜"조치를 받은 혼혈결혼이 더 이상 아니기 때문이다.)

그러나 혼혈부부 사이에서 태어난 "혼혈아"들의 대부분은 처음에는 유태인 취급을 받았었고, 뉘른베르그 법이 제정된 이후에야 비로소 일반유태인과 다른 그룹으로 분류받게 된다. 나치스 정당과 SS의 과격파들은 항상 혼혈인 1등급과 "인정받은 유태인"들을 최후의 해결책에 철저하게 포함시킬 것을 요구했던 반면, 히틀러 본인은 약간 주저했다고 하는데, 이 조치를 강력하게 취할 경우, 아리안족의 친척들 간에 동요가 너무 커질 것을 우려했기 때문이었다. 비밀경찰은 혼혈부부들에게 이혼을 강력하게 요구했다. 무엇보다도 유태인이 아닌 배우자는 자신에게 쏟아지는 온갖 트집과 위협과 끊임없는 소환에 시달려야 했다. 이런 부부의 이혼수속은 엄청나게 간소화 되었다. 이렇게 이혼을 했던 자들의 대부분은 남편들이었는데, 압력을 더 이상 견디기 힘들었고, 출세 길이 막혀버렸거나 가족을 먹여 살릴 길이 더 이상 없다고 생각했던 남편들이었다. 한스 알버스 Hans Albers, 하인쯔 뤼만 Heinz Rühmann, 한스 모저 Hans Moser 그리고 다른 영화배우들 같은 저명인사들 또한, 선전부장관 괴벨스의 뜻에 따라, 그들의 유태인 배우자들을 떠나야만 했다. 그리고 많은 사람들이 이러한 압력에 굴복하였다. 그럼에도 불구하고 1933년 이후 혼혈부부의 이혼률은 단지 12~15%에 불과했다. 광적인 인종주의자들은 강제이혼이라는 조치를 주장했으나, 검사의 간단한 신청으로 이루어지는 강제이혼 조치는 내부의 반대와 기독교 교회의 격렬한 저항으로 실시할 수 없었다. 하이드리히 Heydrich와 SS의 유태인 집단학살 집행자들이 이혼하려 하지 않는 "아리안족" 배우자도 즉각 수용소로 압송하려 했던 것과는 대조적으로, 히틀러는—선전부 장관 괴벨스와 마찬가지로—여론을 거스르며 행동하려 하지는 않았다. 괴벨스 선전부 장관은 유태인 아내를 둔 인기 영화배우 요아킴 고트샬크 Joachim Gottschalk를 점점 더 무자비하게 괴롭히고 끝내는 노동금지 조치를 내린다. 그리고 1941년 11월 고트샬크 가족들은 자살을 강행하고 말았다. 제국수도 베를린의 예술가들은 경악에 가득 찬 반응을 보였다. 괴벨스는 11월 22일 일기책에 다음과 같이 적고 있다.

> "유태인과의 혼혈결혼과 관련하여 무엇보다도 예술가들에 대해서는 총통께서 나에게 약간 신중한 행동을 권하신다. 왜냐하면 이런 결혼은 어차피 점차 사멸되어져야만 하고 그럼으로써 이 문제로 골치가 아플 일은 없게 될 것 이라는 게 총통의 생각이기 때문이다."[12)]

1942년 10월 4일 일기에는 다음과 같이 썼다.

---

12) Die Tagebücher von Joseph Goebbels. *Teil II:D iktate 1941–1945*. Thilo Wydra: *Rosenstrasse Ein Film von Matgarethe Trotta* S.30에서 재인용

"문제의 핵심에서 중요한 것은 예술가의 결혼이다. 우리는 추후에 물론 언젠가는 한번 이 문제와 부딪쳐야만 한다. 그러나 우선 총통께서 말씀하시는 것은, 우리가 아리안족 동포와 아무 관련도 없는 순수한 유태인들을 먼저 베를린에서 쫓아내야 한다는 것이다."[13]

(영화 <로젠슈트라쎄>에서 파비안이 바로 이런 유태인에 해당된다. "결혼을 통해 아리안족과 인척관계"를 맺게 된 유태인 범주 내에서 히틀러가 특수한 지위를 부여하려고 한 예술가 그룹에 파비안이 속하는 것이다. 파비안과 같은 음악가들은 이미 1935년에 제국 실내악단에서 배제되었었고, 히틀러, 괴링, 혹은 굅벨스의 특별허가를 가지고 있지 않는 한 더 이상 음악가로서 직업을 가질 수 없었다.)

그러나 특권부여도 결코 절대적인 보호막을 제공하지는 않았다. 비밀경찰은 혼혈부부들 중에서 자신들이 싫어하는 특정한 유태계 인물들과 유태계 지식인들을 골라내어 점점 더 잔인하고 음험하게 고안해 낸 수백 가지 반유태인법 중에 하나를 위반했다는 핑계로 이들을 체포하였다. 좀 더 구체적으로 말하면 "미장원에 가지 말 것", "신문 판매소 앞에 서 있지 말 것", "집에 꽃을 갖지 말 것", "녹색식물 소유금지", "아리안족의 금

---

13) 앞의 책

붕어 소유금지", "아리안족의 앵무새 소유금지" 등등인데, 이러한 법을 지키지 않는 자는 수용소행이나 살해당할 위험을 감수해야 했다. 대부분의 독일군 점령지역에서 혼혈결혼의 보호받는 카테고리들은 전혀 도입되지 않았다. 예컨대 기독교 신자인 폴란드인 남편과 결혼한 유태인 부인들은 즉각 수용소로 끌려갔다. (영화 <로젠슈트라쎄>에도 이 같은 혼혈부부들의 격리된 삶을 조금씩 암시하는 장면들이 있다. 레나 Lena가 자신의 친구인 리치 Litzy가 영화배우로 출세한 내력에 대해 무지한 것, 초라한 간이숙소 등이 억압조치들의 전체 규모에 대한 암시들이다) 영화관 방문은 유태인들에게 (레나는 아니고 파비안에게는 해당되는) 1938년 12월부터 금지되었다. 유태인들은 공공의 전화사용이 불허되었고, 대중교통의 이용도 불허되었다. 공원에도 갈 수 없고, 하루에 1시간만 가게에서 장을 볼 수 있었다. (영화에서 레나와 파비안은 자식이 없으므로 "단순 혼혈결혼"의 카테고리에 속하는데, 이 카테고리는 "특권이 부여된 혼혈결혼"에 대해 단점을 갖고 있었다. 파비안은 그래서 "별을 단 유태인"이기도 했다) 이러한 강제노동과 억압, 고발, 위협, 이혼압박, 가택수사, 모욕 등을 그때까지 견뎌냈던 기독교 신자 유태인 부부들에게 "공장조치 Fabrikaktion"의 전날 밤에 남아 있었던 것은 실로 벌거숭이 목숨 이외에는 아무 것도 없었던 셈이다.

공장조치 (Fabrikaktion)

1942년은 일 년 내내 독일과 독일이 점령한 많은 지역에서 동구라파의 게토와 집단학살수용소로의 수송이 활발하게 이루어졌다. 1942년 1월의 베를린의 반제 Wannsee회의에서 전 유럽에서의 유태인 학살 계획이 모든 세부 사항까지 협의되었다. 그 후 베를린 한 도시에서만도 100번이 넘는 수송이 이루어졌다. 수송화물열차가 향하는 곳은 마자넥 Majdanek, 소비보르 Sobibor, 리가 Riga, 바르샤바 게토, 테레지엔슈타트 Theresienstadt의 알터스 Alters 게토 등이었으며, 알터스 게토는 집단학살수용소, 아우슈비츠로 가는 길목의 단지 통과하는 역이었을 뿐 이었다.

1942년 9월 이후 예전 비엔나 비밀경찰 총수였던 알로이스 브루너 Alois Bruner의 혁혁한 도움으로 나치스 당국에는 특히 베를린의 유태인 정책을 더욱 더 강화하는 계획들이 수립되었다. 1942년 12월, 공장과 회사에 1943년 3월 1일까지 유태인 강제노동자들을 주로 동구라파인 강제노동자들로 대체하라는 지시가 전달되었다. 아이히만의 계획에 따르자면, 유태인 혼혈 배우자 또한 이번 조치에 포함되어야만 했다. 베를린 대관구 책임자였던 괴벨스는 자신의 대관구를, 히틀러의 54세 생일인 1943년 4월 20일을 기해서, 첫 번째로 유태인이 없는 대관구로 선언하고 싶어 했다. 그 역시 혼혈결혼, 특히 자식이 없는 혼혈 부부들에게 주목하고 있었지만, 여론에 어떤 영향을 끼칠 지에 대해서는 자신이 없었다. 당시의 여론은 이미 다른 인기 없는 조치들 때문에 극도로 좋지 않았던 판국이었다. 히틀러 정권은 스탈린그라드 전투에서의 독일군 제6군의 패배로, 국민들의 정권에 대한 신뢰감을 상실했다. 그리고 이러한 신뢰감의 상실은 후방에 있는 부인들의 불만으로 이어졌다. 괴벨스는 바로 제국의 수도 베를린에서 "상당히 패배적인 소문들을" 진화해야만 했는데, 게다가 이 소문들은 관공서에서 터져 나온 것들 이었다. 1943년 2월 18일에 행한 연설에서 그는 탁월한 웅변력으로 청중들로부터 전면전(den totalen Krieg)을 원한다는 함성을 지르게 선동했지만, 이는 바로 패배적인 분위기로의 격렬한 하강을 막아보려는 그의 안간 힘이었던 것이다. 그가 베를린의 체육관(Sportpalast)에서 연설을 한 그 즈음에 나치스 당국은 비밀경찰의 하부조직에게 제국에서의 "공장조치"의 시작과 실시에 대한 지시를 내렸다. 비밀경찰의 보안조치에도 불구하고, 소문은 이미 상당히 퍼져 있었다. 소문들 중에는 이번에는 이제까지 보호받았던 자들도 끌려 갈 것이라는 소문도 많았다. 1943년 2월 27일 전쟁 이후 최대 규모의 유태인 체포가 시작되었다.

괴벨스는 1943년 3월 2일 일기에 "공장조치"의 첫 날을 다음과 같이 논평하고 있다.

> "유태인들은 지난 토요일, 기습적으로 집단연행 당했다. 그리고 이제는 가능한 한 짧은 기간에 동부로 이송될 것이다. 지성인들은 우리들의 유태인 정책을 이해하지 못하고, 일부는 유태인 편에 가담한다는 사실이 유감스럽게도 확인되었다. 그런 까닭에 우리들의 조치는 미리 알려졌고, 그래서 많은 유태인들이 우리 손을 빠져 나갔다. 그러나 우리는 그들을 반드시 잡게 될 것이다. 제국의 수도가 최소한 완전히 유태인이 없는 도시가 될 때 까지 나는 쉬지 않겠다."[14)]

훗날 괴벨스는 4,000명의 유태인들이 미리 알고 일제검거를

---

14) 앞의 책, S.35

빠져 나갈 수 있었다는 사실을 확인하고 커다란 분노에 잠겼다고 한다. 강제노동자들은 그들의 직장 상사와 십장들에게서, 떠돌아다니는 소문을 통해, 관청에서, 독일군 장교에게서, 심지어 경찰관에게서 곧 취해질 비밀경찰과 SS의 조치에 대한 암시를 받았던 것이다. 그러나 잠적했던 유태인들의 거의 3분의 2가 비밀경찰에게 자주 협박을 당했던 유태인 협조자들의 도움으로 곧 다시 붙잡히고 말았다. 오직 1,400명의 베를린 유태인들만이 1945년 5월까지 숨어서 살아남을 수 있었다.

여러 곳의 임시 수용장소로 끌려 온 사람들은 각자의 경우에 따라 "혼혈결혼인", "특혜받은 자" 등등으로 분류되었다. 레베쪼프 Levetzow 유태교 성당으로 연행된 대부분의 혼혈결혼자들은 로젠슈트라쎄 Rosenstrasse 2~4번지에 위치한 임시수용소로 보내졌다.

2월 27일이 지나가면서 "공장조치" 과정에서 연행된 자들의 가족들은 자신들의 가족들이 사라졌음을 알게 되었다. 아이들은 실종되었고, 남편과 부인들은 직장에서 돌아오지 않았거나, 식료품 배급카드를 받으러 갔다가 돌아오지 않았다. 많은 증인들의 보고에 의하면, 연행된 자들이 머물고 있는 곳이 어디인가를 알아내는 것은 그리 오래 걸리지 않았다. 이미 2월 28일 일요일에 로젠슈트라쎄와 하이데로이터가쎄 Heidereutergasse 길목에 있는 3층짜리 눈에 띠지 않는 건물 앞에 비상연락을 받은 연행자들의 가족들이 줄지어 서 있었다. 이 건물 뒤에는 베를린에서 제일 오래된 유태교 성당 중의 하나가 있었다. 많은 증인들의 기억에 의하면, 이 일요일 아침에 그곳에 모여 있던 부인들은 길거리에서 그 건물 안에 있다고 추측되는 남편들의 이름을 부르거나, "우리 남편들을 돌려 다오!", "남편들을 석방하라!"라고 외쳤다고 한다. 또 다른 사람들은 일요일에 그곳에 있던 사람들의 숫자를 150명쯤으로 기억하며, 남편들을 부르는 소리와, 건물 앞에 서 있는 보초들에 대한 행동들이 점점 더 공격적으로 변해 갔었다고 보고하고 있다. 많은 가족들이 연행된 자들보다도 더 먼저 와서 기다리고 있기도 했다. 가족들이 모이고 있는 동안에 계속해서 화물차들이 그곳으로 와서 일단 딴 곳으로 연행되었다가 다시 분류되어 이곳으로 이송되어 온 유태인들을 하차시키고 있었다. 전쟁 중에는 모든 공개적인 집회가 금지되어 있음에도 불구하고, 다음 날부터 로젠슈트라쎄로 몰려드는 사람들의 숫자가 급격하게 늘어나기 시작했다. 몰려든 사람들이 정확히 얼마나 되는지—이에 관해서는 오늘날까지도 그곳에 갔었던 사람들의 말들이 서로 상당히 어긋나고, 살아남은 연행자들의 보고 또한 서로 다르다. 심지어는 같은 곳에 수용되었던 자매들의 회상조차 서로 다르다. 전쟁이 끝난 직후 어떤 신문에 보도된 바에 의하면, 수천 명의 사람들이 이 좁은 길에 다 서 있을 수가 없어서 노이에 프리드리히 슈트라쎄 Neue Friedrichstrasse쪽으로 삐져 나갔으며, 슈판다우어 다리 밑 거리 쪽까지 뻗어 나갔다고 한다. 엘자 홀쩌 Elsa Holzer는 다음과 같이 회상하고 있다.

> "제가 그곳에 갔을 때 사람들이 떼를 지어 이리저리 밀리고 있었지요. 물결치듯이, 이른 새벽 6시에 말이에요. 그 좁은 길거리는 꽉 찼어요. 정말 작고 좁은 길이였다구요. 그 좁은 거리

> 는 사람들로 꽉 차서 시커먼 색깔입디다. 대부분 부인들이었는데 남자들도 있었지요. 마치 파도 같았어요. 마치 한 사람의 몸처럼 움직였어요. 그건 파도치는 몸뚱이, 이리저리 무겁게 움직이는 한 몸뚱아리였어요."[15]

선전부 장관 괴벨스에게도 이 사건은 보고되었다. 그의 일기에는 "수많은 사람들"이라는 문구가 몰려든 사람들에 관해 나오고 있고, 심지어 "불쾌한 장면들"이라는 표현도 나온다. 이 수많은 사람들의 숫자는 평일인 월요일이 끝날 무렵에는 규칙적으로 늘어날 수밖에 없었고, 적어도 한 번은 그곳에 갔었던 모든 사람들의 숫자는 실제로 수천 명에 이를 것이라는 게 가능한 이야기일 것이다. 이들 중에는 대부분의 부인들 외에도 남자들도 있었는데, 몇몇은 분명한 고위직이었고, 군복을 입은 남자들도 많았다. 심지어 나치스 당원까지도 있었다. 많은 부인들은 따뜻한 옷과 이불보, 먹을 것, 조그만 상자 등을 갖고 있었으며, 보초에게 이 물건들을 남편들에게 전해 달라고 청했다. 건물 안으로 부인들이 들어가는 것은 허락되지 않았기 때문이다. 이 시점에 로젠슈트라쎄 2-4번지에는 약 1,500~2,000명이 수용되어 있었는데, 그중에는 약 100명의 부인들과 아이들이 섞여 있었고, 이들 중 일부는 이미 강제노동을 해야만 했다. 처음에는 대단히 혼란했다. 길거리 쪽으로 난 창문들은 가려져 있었고, 몇 개는 비닐을 붙여 놓아서 안에 있는 사람들은 집 밖에서 일어나는 일들을 처음에는 알 수가 없었다. 나중에는 잠깐 바깥으로 눈길을 돌릴 수가 있어 밖의 사정을 알아볼 수가

15) 앞의 책, S.38

있었다. 11살짜리 루트 그로쓰 Ruth Gross는 이런 식으로 사진작가인 아버지 아브라함 피자렉 Abraham Pisarek을 3층의 창문 뒤에서 발견하였다. 한 광고탑 옆의 그녀의 단골자리에서 그녀는 매일 아버지가 살아 있다는 새로운 생명의 표시를 기다리곤 하였다. 아브라함 피자렉은 지금 유일하게 남아있는 당시의 그 건물사진을 1937년에 찍었던 사람이기도 하다. 로젠슈트라쎄에는 전차가 다녔는데, 인파가 몰리는 바람에 며칠 동안은 운행이 중단되었다. 가까운 전차 역은 뵈르제 Börse역인데 –지금은 하케셔 시장 Hackescher Markt, 동독시절인 1951년부터는 마르크스 엥겔스 광장 Marx-Engels-Platz– 계속해서 밀려오는 시위군중들의 증가를 막기 위하여, 잠시 폐쇄되었다. 다음 전차 역 알렉산더 광장역 역시 겨우 5분 정도 밖에 걸리지 않는 곳에 위치하고 있었다. 사람들이 북적거리는 알렉산더 광장이 멀지 않은 곳, 그리고 아직도 독일에 남아있는 외교관들과 외국 기자들이 체류하고 있는 지역에서 벌어진 그렇게 큰 규모의 항의 집회를, 비밀에 부치는 것은 고사하고, 완벽하게 차단하는 것은 불가능한 일이었다. 그와 같은 사건들이 스위스 대사관이나 혹은 스웨덴의 신문들에 의해서 얼마나 빨리 외부로 보도되어 진다는 것을, 괴벨스 장관을 위해 매일 외국 기자들에게 그날그날의 뉴스를 전달하던 선전부 직원들은 너무나도 잘 알고 있었다. 대부분이 부인들이었던 가족들의 행동은 오늘 날의 시각에서 볼 때 전무후무한 일 일뿐만 아니라, 나치스 독일 시절에 일어났던 또 다른 유일한 공개적 저항이었던 1936년과 1941년에 있었던 학교에서의 "십자가 벽에서 내리기" 조치에 대한 저항보다 훨씬 더 폭발력이 강한 충격적인 사건이었다. 자발적이고, 국가나 정당에 의해 조직되지 않은 공개적인 집회, 그것도 전쟁 중에, 제국의 수도에서의 데모, 그런 것은 그 당시에는 생각할 수 없는 행동이었다. 데모에 참가하지 않았던 증인인 에버하르트 페히너 Eberhard Fechner는, 훗날 기록영화 감독이 되었고 그 당시에는 미성년자로 로젠슈트라쎄에서 멀지 않은 곳에 살았는데, 이 사건을 절대적으로 일어나기 힘든 사건이 일어났던 것이라고 말했다. 나치스 독일의 길거리 풍경에서 그런 풍경은 수년 전에 사라졌던 것이었다.

얼마동안 경찰당국은 사람들이 몰려드는 것을 그냥 쳐다보고만 있었다. 영하의 추운 날씨 탓에 곧 흩어질 것이라는 희망을 갖고서. 비밀경찰은 심지어 난동의 주모자를 찾았다고 한다. 그러나 길목에 있는 카페에서 구경하고 있던 수다스런 여편네들의 증언에서도 주동자나 작전 같은 말들은 전혀 나오지 않았다. 해산을 시키기 위해 약간의 위협적 언행이 있었지만 사람들은 뒤로 물러서면서 "살인자, 살인자"라고 고함을 질러대었다. 바로 이런 장면들이 앞서 괴벨스가 이야기하는 "불쾌한 장면들"이었고, 연행 이후 처음 닷새 동안 일어났었던 항의데모의 장면들 이었다. 상황을 종합해보면, 경찰들과 SS보초들은 실제로 부인들에게 발포하라는 지시는 받지 않은 것 같았다. 이 데모가 드러내 놓고 정권을 반대하는 성격을 갖고 있지도 않았다. "히틀러 물러나라"같은 고함이 있었다면 비밀경찰이 단 한 순간도 관용을 베풀지는 않았으리라는 것은 분명한 일이었다.

한편 혼혈 유태인들이 계속 로젠슈트라쎄로 이송되고 등록되는 동안, 비밀경찰은 3월 1일부터 연행된 자들을 다른 모든 예비집합소로부터 아우슈비츠 수용소로 이송할 준비를 즉시 시작하였다. 8,000명의 연행자들 중에서 6일 만에 약 7,000명이 이송되었다. 대부분의 이송자들은 도착 후 즉시 가스실에서 살해되고 말았다.

서독 좌파지식인들의 저항과 좌절

<카타리나 블룸의 잃어버린 명예> • <독일의 가을>

폴커 슐렌도르프/ 마르가레테 폰 트로타

Volker Schl ndorff/ Margarethe von Trotta

<카타리나 불룸의 잃어버린 명예>

Die verlorene Ehre der Katharina Blum, 1975

파스빈더, 클루게, 슐렌도르프 외

R.W. Fassbinder, A. Kluge, V. Schl ndorff u.a.

<독일의 가을> *Deutschland im Herbst*, 1978

2차대전 이후, 독일현대사회의 가장 커다란 역사적 사건은 소위 "68혁명"이라고 불리는 1968년 5월을 정점으로 하는 대학생들의 기성사회와 기성세대에 대한 전반적이며 대규모의 강력한 저항운동이었다. 68혁명은 독일뿐만 아니라 유럽의 거의 모든 대도시와 미국에서, 그리고 일본과 한국에서도 거세게 벌어졌던 전 지구적 저항운동이라고 불러 손색이 없는 운동이었다. 6·70년대의 독일사회를 이해하기 위해서 68혁명의 이해는 필수적이다. 왜냐하면 이들 68혁명의 주역이었던 젊은 대학생들이 1968년 이후의 독일현대사에서도 많은 영향을 끼치기 때문이다.

물질적 풍요의 시대이자 핵폭탄으로 상징되는 냉전의 시대였던 1950년대에 성장해서 1960년대에 성년에 도달했던 "1968년의 청년들"이 어떤 가치를 지니고 어떤 시대 인식을 가지고 있었는지를 이해하지 않고서는 이들이 왜 핵군축운동과 인종차별 철폐운동을 벌였는지 알 수 없게 된다. 이들은 기성세대의 권위주의를 비판, 거부하였고, 허위적인 도덕 윤리관을 거부하며 자유롭고 억눌리지 않은, 왜곡되지 않은 새로운 성(Sex)문화를 지향하였다. 이들에게 저항의 이념적 토대를 제공한 자들은 프랑크푸르트학파라고 불리는 철학자들인, 호르크하이머, 아도르노, 하버마스 등이었다. 프랑크푸르트학파는 후기 자본주의 사회의 병폐를 지적하고 병든 사회를 변혁하기 위해서 마르크시즘의 한계를 프로이드의 정신분석학을 접목시킴으로써 극복하려는 시도를 하였다. 문화의 자본종속을 비판하는 "문화산업"이라는 개념은 오늘날 보편적 개념으로 사용되고 있지만. 이는 호르크하이머와 아도르노가 『계몽의 변증법』에서 "문화산업: 대중기만으로서의 계몽"이라는 장에서 처음 사용한 개념이다. 대중매체의 발달은 오늘날 폭발적 양상으로 확산되고 있다. 현대의 문화적 산물들은 문화산업의 기계적 대량 재생산과정을 거쳐 문화상품이 되어 다량으로 시장에 유통된다. 그럼으로써 문화는 일반 대중 다수가 향유할 수 있는 대중적 문화가 되지만 동시에 저급한 문화로 전락될 위험성이 높아진다. 자율성을 상실하고 자신의 비판적 잠재력을 상실한 이 저급한 문화는 인간의 계몽에 기여하지 못하고 대중을 획일화된 소비자로 전락시키며, 결국 지배체제의 안정화에 기여하게 되는 것이다. 호르크하이머와 아도르노는 자본주의 사회에서 대중문화는 인간의 이성을 마비시키고 도구화하며 허위욕구를 재생산함으로써 결과적으로 전체주의의 온상역할을 하는 허위문화라고 단정하며, 문화산업이 바로 그 주범이라고 보는 것이다.

그러나 아도르노와 하버마스는 서독 대학생들의 시위가 대학의 건물들을 점령하는 등, 과격한 양상을 띠우자, 비판적 입장을 표명하기도 하였다. 1968년 12월 9일 밤, "프롤레타리아 투쟁에 대한 부르주아적 비판은 불가능한 일이다"(호르크하이머)라는 슬로건 아래 프랑크푸르트 대학 사회학부가 점거되어, "스파르타쿠스 학부"로 이름이 바뀌게 된다. 이 점거는 학생들이 자체 조직한 행사를 통해 강의 내용과 형태를 변화시키려는 "능동파업"의 시작이 된다. 12월 10일 사회학부 총회가 열리고 하버마스와 아도르노도 참석한다. 이 자리에서 총학생회 의장 출신 라이무트 라이헤는 관습적인 학술활동을 박살내고, 학생

스스로 조직한 정치적 성향의 학문에 동참할 마음이 없는 교수를 모조리 변두리로 보내버릴 수 있는 오래도록 기다려온 순간이 도래했다고 선언한다. 하버마스와 아도르노는 강당을 떠났고, 12월 18일, "학문을 박살내라"는 학생들의 슬로건이 도를 넘어섰다고 판단한 아도르노가 경찰을 불러들여 학생들의 점거는 끝이 난다. 이듬해인 1969년 6월 1일, 하버마스는 프랑크푸르트에서 대학생과 고등학생이 개최한 회의에 참가해 "겉치레 혁명과 그 아이들"이라는 제목으로 저항운동을 비판적으로 평가하는 일에 착수한다.

프랑크푸르트학파의 이념에 영향을 받은 젊은이들에게 저항의 빌미를 제공한 것은 미국의 베트남 전쟁이었다. 초강대국 미국이 약소국인 월맹을 침공한 사실에 유럽의 지식인들은 냉소적이었으며, 젊은이들은 강력하게 반대하였다. 청년들은 기존의 자유주의 정당 그리고 기존의 좌파 정당 모두에게 환멸을 느꼈으며, 이들은 의회정치에서 벗어나려 하였다. 2차대전 이후, "라인강의 기적"을 일으키며 번영과 경제발전을 이룩한 서독은 종전 이후 태어난 세대들이 성년을 맞이한 시점에서 사회적 혼란에 빠지게 된 것이다. 이들 젊은 세대들은 낡은 사회구조와 그 구조 속에 응집되는 억압에 대하여 집단적인 저항을 시작한 것이다. 이들이 지향한 저항의 목표는 정치, 경제, 언론, 문화적인 억압제도의 해체였다. 독일의 경우, 거리에서의 시위진압과정에서 사망자가 발생하면서 저항운동은 혁명적 마르크스주의와 노동자 계급 및 사회의 가장 억압받는 계층의 동원에서 기성질서를 전복할 유일한 수단을 찾게 되고, 이러한 저항운동의 연장선상에서 서독의 테러조직인 적군파, RAF(Rote Armee Fraktion)가 태동하게 되며, RAF는 이후 독일의 현대사에서 한동안 상당한 의미를 획득하게 된다.

언론의 횡포, 좌파 지식인들의 저항 : 폴커 슐렌도르프/마르가레테 폰 트로타-<카타리나 블룸의 잃어버린 명예>

하인리히 뵐 Heinrich Boll 원작을 영화화한 이 작품은 언론이 한 인간의 삶을 얼마나 무자비하게 파괴해버리는가 하는 것을 보여주며, 경제발전을 이룩한 독일사회의 경직된 일면과 함께, 독일사회의 비뚤어진 모습과 그 보수적 측면에 저항하는 독일 지식인들의 저항의 모습도 아울러 제시하고 있다.

27세의 이혼녀 카타리나 블룸 Katharina Blum은 이혼 후 쾰른에서 조용히 살고 있다. 그녀는 거대기업체의 변호사로 성공한 후버트 블로르나 박사 Dr. Hubert Blorna와 그의 부인인 건축설계사 게르투르드 블로르나 박사 Dr. Gertrud Blorna의 가정부로 일하며 생활비를 벌고 있다.

1975년 2월 5일, 사육제 축제가 벌어지고 있는 수요일, 그녀는 이모의 집에서 열린 가장무도회에서 루드비히 괴텐 Ludwig Götten이라는 한 남자를 알게 되고, 그 남자는 그녀를 집에 데려다 준 후, 그녀의 집에서 하루 밤을 보내고 헤어진다.

루드비히는 자신이 군부대에서 탈영했으며 그 때문에 지명수배중이라고 말했지만, 그녀는 경찰이 탈영 이외에도 살인강도 혐의로 그를 수배중 이라는 사실은 알지 못한다.

목요일 아침에 강력반 형사 에르빈 바이쯔메네가 8명의 중무장한 경찰병력을 이끌고 카타리나의 아파트를 급습하지만, 루드비히는 이미 사라진 후였다.

카타리나는 연행된다. 심문은 저녁까지 계속되었다. 형사는 그녀의 이웃인 미장원 주인과 한 퇴직 공무원의 증언을 무기삼아 그녀를 압박한다. 이들은 그녀가 2년 전부터 지속적으로 남자의 방문을 받았었고, 또 남자를 집으로 데려왔었다고 증언한 것이다. 카타리나는 대경실색하였지만, 루드비히의 이름을 발설하지는 않는다. 그녀가 침묵함으로써 형사는 그녀가 2년 전부터 루드비히와 사귀어 왔다는 결론을 내려버린다. 그녀는 루드비히를 알게 된지 하루 밖에 되지 않았다고 강변하지만, 형사는 그녀의 말을 믿지 않는다. 저녁이 되어서야 그녀는 집으로 돌아갈 수 있었고, 심문은 다음날에도 계속될 예정이다.

금요일 아침에 조간신문들은 카타리나의 사진을 일면 톱으로 크게 보도한다. 제목은 “강도의 애인 카타리나 블룸 발언거부”였으며, 기사내용은 다음과 같다.

> 1년 6개월 전부터 수배중인 살인강도범 루드비히 괴텐은 어제 체포될 수 있었으나, 그의 애인인 가정부 카타리나 블룸이 그의 도피흔적을 말살하고 그의 도주를 도와주는 바람에 경찰은 범인체포에 실패하고 말았다. 경찰은 블룸이 이미 오래 전부터 범인과 관계를 맺고 있다고 추측하고 있다. 블룸은 2년 전부터 주기적으로 남자방문객을 맞이하였다고 한다. 그녀의 아파트는 범죄구상센터, 범죄자들의 만남의 장소, 무기 거래처였다는 말인가?

기사를 작성한 베르너 퇴트게스는 의도적으로 객관적 사실과 자신의 생각을 섞어서 선정적인 기사를 만들어낸 것이다.

금요일의 두 번째 심문에서 형사는 카타리나에게 그녀가 1972년에 구입한 1968년산 붉은 색 폴크스바겐 자동차로 직장까지의 출퇴근과 어머니 방문 그리고 1년 6개월 전부터 절도죄로 복역 중인 오빠를 면회하는 거리 보다는 훨씬 더 많은 거리를 달렸다는 사실을 어떻게 설명할 것인지 추궁한다. 카타리나는 퇴근 후에 목적지 없이 여기저기를 드라이브했었으며, 이는 고독하게 집안에 틀어박혀 있기 싫었기 때문이었다고 대답한다.

한편 경찰은 카타리나 블룸의 아파트를 철저하게 수색하였고 그녀의 은행구좌를 조사하였다. 의심할 만한 것은 발견되지 않았으며, 다이야몬드가 박힌 반지가 나왔을 뿐이었다. 카타리나는 그 반지가 얼마나 비싼 것인지 모른다고 말했다. 형사는 그 반지의 시가를 조사하여 그녀에게 말해주는데, 그 반지의 시가는 무려 8,000마르크에서 10,000마르크에 달했다. 카타리나는 그녀에게 그 반지를 선물한 사람의 이름을 밝히기를 거부한다.

경찰은 카타리나가 루드비히 괴텐을 이모 집의 가장무도회에서 처음 만난 것이 아니고, 이모 집에서 만나기로 약속한 것으로 의심한다. 그런 의심의 근거는 그녀가 자가용이 아니고 전차를 타고 이모 집으로 갔다는 사실이었다. 음주운전을 하지 않으려는 조치였다는 그녀의 말을 형사는 믿지 않는다. 카타리나가 평소 술을 많이 마시지 않는 사람이라는 것을 알아냈기 때문이었다. 그녀가 처음부터 루드비히 괴텐이 그녀를, 훔친 포르쉐 자동차로 집까지 데려다 줄 것을 알고 있었다고 형사는 생각하는 것이다.

카타리나 블룸의 편지통은 편지로 가득 찼고, 대부분의 편지들은 발신자 불명의 편지들이었다. 그녀를 욕하는 전화도 끊임없이 걸려왔다. 토요일 신문에는 새로운 선정성 기사 보도가 이어진다.

기업가이며 대학교수이고 정당의 매니저인 알로이스 스트로이블레더가 자신의 친구인 변호사 후버트 블로르나를 방문한다. 알로이스는 결혼해서 4

명의 자녀를 두었으며, 2년 전에 블로르나 사무실에서 가정부로 일하는 카타리나를 알게 된 후 그녀를 자신의 차로 집까지 데려다 주었다. 그녀에게 첫눈에 반한 알로이스는 그녀가 거절했음에도 불구하고 그녀에게 꽃다발과 편지를 계속 보내면서 그녀를 귀찮게 하였고, 여러 번 그녀를 방문하면서 반지를 놓고 갔다. 단 한 번의 키스도 하지 않았음에도 알로이스는 콜포르스텐하임에 있는 자기 별장의 열쇠를 그녀의 아파트에 놓고 간 것이었다. 경찰의 수색에서 그의 별장 열쇠가 발견되지 않았기 때문에 알로이스는 루드비히 괴텐이 자신의 별장에 숨어 있을지 모른다는 두려움을 갖고 있는 것이다. 알로이스는 카타리나와의 스캔들보다도 범죄자와의 관련을 더 두려워하고 있는 것이다. 여자와의 스캔들은 기껏해야 부인과의 사사로운 어려움을 초래하는 정도에 그치겠지만, 범죄자와의 연관은 사업상 많은 손해를 끼치게 될 것이기 때문이다. 그의 사업파트너인 뤼딩은 신문사와는 잘 통하지만, 지금 이 사건에 관해 선정적인 기사를 마구 남발하고 있는 베르너 퇴트게스 기자가 속한 잡지사에는 인맥이 전혀 없기에, 알로이스는 더욱 불안한 것이었다.

트루데 블로르나가 사무실로 들어와 방금 루드비히 괴텐이 한 기업가의 별장에서 체포되었다는 뉴스를 두 사람에게 전해준다.

일요일 신문에는 범죄를 저지르고 수감 중인 카타리나의 오빠에 관해 보도하면서, 카타리나가 그녀의 예전 고용주였던 페너른 박사의 횡령사건에 관여하지 않았을까 하는 의문을 제기하였다. 그리고 카타리나는 루드비히 괴텐에게 저명인사의 별장열쇠를 건네줌으로써, 그녀를 믿고 열쇠를 맡긴 정계와 재계의 저명인사를 곤경에 빠트렸으며, 그의 정치경력과 가정의 행복에 누를 끼치게 되었다고 비난을 퍼부었다.

카타리나는 베르너 퇴트게스 기자와 일요일 정오에 자신의 아파트에서 단독 인터뷰를 하기로 약속한다. 그리고 그녀는 권총도 한 자루 준비한다. 약속된 시간에 베르너 퇴트게스 기자가 벨을 울리고, 카타리나는 그를 맞이한다. 베르너 퇴트게스 기자가 카타리나에게 동침을 요구하며 그녀에게 접근하자 그녀는 권총으로 그를 사살한다.

잡지사 기자를 사살한 후 그녀는 몇 시간 방황을 하지만, 자신이 한 행동을 전혀 후회하지 않는데 스스로도 놀란다. 저녁에 카타리나는 자신에게 친절하게 대해 주었던 형사 발터 뫼딩의 집으로 찾아가 자수한다.

이 작품은 독일의 언론재벌 악셀 슈프링어 Axel Springer의 황색언론인 <빌트>紙(*Bild Zeitung*)의 언론횡포를 다루고 있다. 서독의 대표적 대중신문인 <빌트>는 선정적이고, 음란하고, 센세이션과 스캔들 지향적이며, 보수반동적 정치성향과 추측성 기사작성으로 유명한 신문이다. 르뽀 전문작가인 귄터 발라프 Gunter Wallaff는 이 신문사에 위장취업하여 이들이 어떻게 기사를 조작하고, 선정적이고 센세이셔널한 기사를 만들어내는지를 취재하여 밝히기까지 하였다. 하인리히 뵐은 이 신문사의 직접적인 피해자이기도 하였다. 1968년 월남전 반대시위가 절정에 달하면서 과격파였던 안드레아스 바더는 프롤레타리아의 무력투쟁 노선을 제시하며 프랑크푸르트의 한 백화점에 방화한 후 체포되고, 복역 중, 1970년 5월 울리케 마인호프의 도움으로 탈출하여 적군파를 조직한다. 이후 일련의 폭력사태가 독일에서 일어난다. 1971년 7월에 20세의 여성 패트라 새름이 함부르크에서 경찰에 사살되었는가 하면, 10월에는 슈미트라는 경찰관이 사살되었다. 11월에는 무기를 포장한 20여개의 소포가 발견되었으며, 12월에는 한 학생이 사살되었다. 12월 22일 바이에른 주에 있는 어느 작은 도시에서 일어났던 5인조 은행강도 사건에서는 13만 4천 마르크가 약탈되었고, 경찰관 한 명이 치명상을 입었다. 이러한 폭력 사태와 관련해서 바더 마인호프 그룹은 자연히 저널리즘의 초점이 되었다. 이 은행 강도 사건이 발생했던 다음 날, <빌트>지는 일면에 이 사건을 대서특필했고 이 사건이 바더 마인호프 일당의 소행이라고 주장했다. 그러나 이 보도는 확실한 근거에서보다는 추측에 의한 것으로서 확실한 근거가 매우 모호했다. 이에 대해서 하인리히 뵐은 그 다음 해인 1972년 1월 10일자 <슈피겔>지에 이 <빌트>지의 편파적이고 선동적인 보도내용과 센세이셔널리즘에 급급한 언론기관의 무책임하고 저속한 태도와 횡포에 대해 신랄한 공격을 가하고 언론에 의해 만들어지고 있는 아나키스트들의 정체, 이것을 그대로 받아들일 수 있는 독자들의 심리적 영향, 사회적 긴장 조성 등에 대해서 경고했다. 이에 대해 <빌트>지는 한 달 이상에 걸쳐 뵐을 계속 공격했고, 뵐은 아나키스트의 옹호자라는 혐의와 비난을 면치 못하게 되었다. <빌트>

지는 잠재적 음모가담죄와 정신적인 공범죄로 뵐을 고소하였으며, 이들의 고소 고발은 성공적인 결과를 가져오기도 하였다. 경찰이 뵐의 시골집을 포위하고 수색을 하기도 하였던 것이다. 뵐 자신은 깊은 심적 상처를 입었으나 이를 참고 견뎌야 했다. 이런 배경에서 『카타리나 블룸의 잃어버린 명예』는 태어났다. 이 책의 부제인 "언론의 폭력은 어떻게 일어나며, 어떠한 결과를 가져오는가?"에서 알 수 있듯이 뵐은 자신이 입은 마음의 상처와 저널리즘에 대한 생각을 카타리나라는 한 여성의 운명을 통해 잘 묘사하고 있다. 이 소설은 단행본으로 출판되기 전에 독일의 주간지 <슈피겔>에 4회에 걸쳐 연재되었는데 이 주간지가 전통을 깨고 문학작품을 연재하기는 처음이었다. 이 작품은 출간되기 전에 유명해질 수 있었으며, 실제로 초판 10만부가 발행되자 곧 매진되었다. 노벨문학상 수상작가와 독일 최대의 발행부수를 자랑하는 대중신문 <빌트>지가 벌인 논쟁은 독일국민 전체의 관심사가 될 수밖에 없었던 것이다.

이러한 과정을 거치며 태어난 원작의 소설언어는 일상의 언어로 각색되었고, 사건은 시간의 연속선상에서 벌어지는 식으로 바뀌었다. 한 남자를 경찰은 비밀리에 추적하고 있었다. 그는 쾰른 카니발의 법석 속에서 경찰의 눈을 벗어나 카타리나 블룸과 하룻밤의 짧은 사랑을 나눈다. 그리고 나서 경찰의 히스테리적인 횡포가 시작된다. 가택수색과 연행, 구금과 심문. 경찰의 행위는, 수사를 한 것이 아니라 유죄를 인정하는 것이었으며, 범죄자를 수사한 것이 아니라 경찰이 혐의자로 추측한 자의 혐의를 증명하려는 것이었다. 카타리나는 자신의 유죄 인정을 강요당한 것이다.

관객들은 영화의 시작에서 한 무고한 인간이 우연히 정치적으로 광적인 기관에 연관되고 나면 그의 삶은 순식간에 거덜이 날 수 있다는 것을 인식하게 되는 것이다. 카타리나의 언행 일체는 오직 그녀의 공범사실만을 뒷받침하는 것으로 해석되어진다. 경찰은 그녀에게 곧 바로 반말을 사용하고, 육체적인 공격을 하였으며, 옷을 완전히 벗게 함으로써 그녀의 자존심에 상처를 주며, 모욕적인 언사를 사용한다. (그리고 나서 그 놈이 너하고 씹했지?) 경찰은 마치 그녀가 중무장한 경찰관들을 위험에 빠트리기라도 하듯이 폭력적으로 그녀를 연행한다. 머리채를 휘어잡고, 그녀의 얼굴을 기자의 카메라 앞에 놓이게 한다. (이와 똑같은 장면이 여성 적군파 단원인 울리케 마인호프의 연행당시 있었다) 위축된 모습을 노출시켜 괴롭히려는 것이다.

카타리나는 경찰의 육체적인 테러에 속수무책으로 당할 수 밖에 없다. 그녀의 상처받은 명예, 그녀의 도덕적인 고결함은, 심문하는 형사의 냉소에 부딪쳐 흔적 없이 사라져버린다. 혐의자의 인권을 완전히 무시하는 경찰은 그러나 황색언론과는 박자가 잘 맞는다. 황색언론은 자신의 방식으로 카타리나에 관한 정보들을 캐내어 경찰과 활발하게 교환하는 것이다. 이들은 이런저런 발언과 사진, 이런저런 혐의 등등을 서로 교환하고 제 입맛에 맞게 써먹는다. 이에 대한 항의에 대해 경찰의 반응은 두 가지 이다. 언론의 자유, 그리고 "황색언론이 늘 그렇지 않습니까?" 신문과 경찰은 오직 이미 자신들이 설정한 사건흐름에 맞는 정보만을 찾는다. 거짓과 위조된 사실로 이들은 좌익 창녀라는 멋있는 그림을 설정해 놓은 것이다. 이들은 카타리나의 유죄가 전혀 확정되지 않았음에도 불구하고, 히스테리적으로 그녀를 비방하고, 인신공격하며, 여론 재판을 해버리는 것이다. 그리고 마지막으로 이들을 거드는 것은 바로 시민들이다. 신문이 "강도의 애인" "살인자의 신부"라고 표현하자, 시민들 또한 "귀여운 창녀" 혹은 "빨갱이년"이라고 응수하는 것이다. 신문이 카타리나를 모욕하면, 시민들도 그녀에게 구역질나는 편지와 포르노 사진을 보내고, 그녀에게 전화를 걸어 음탕한 소리를 지껄여대는 것이다. 독일 사회의 병든 모습을 보여주는 장면들이다.

독일 사회의 병든 국민들의 모습들과 독일 사회가 갖고 있는 지극히 독일적인 병, 황색언론 이라는 병을 보여주는 긍정적인 측면과 더불어, 이 작품에 대한 비판적 시각은 흑백논리적인 인물설정을 들 수 있다. 카타리나라는 천사와 그녀 주변의 착한 사람들 그리고 경찰과 신문사 및 기타의 나쁜 사람들 이라는 설정은 사건에 대한 비판적 거리감도 생성하지 못하고, 어떤 대안도 제시하지 않는다. 사건을 바라보는 세분화된 인물의 부재가 지적될 수 있을 것이다. 특히 에필로그인 잡지사 기자의 장례식은 심하게 왜곡된 모습으로 처리됨으로써 현실감을 오히려 상실하고 있다는 인상을 주기까지 한다.

슐렌도르프와 트로타 감독은 한 가지 사건만을 관객들에게 보여주고 그 사건을 통해 관객들이 새로운 인식에 도달할 수 있도록 단순 명료한 방법을 사용하면서 그 사건에 대한 어떤 논쟁도, 어떤 분석도 시도하지 않는다. 경찰과 황색신문과 정권이 합작한 성과만을 보여줄 뿐, 그러한 매카니즘과 정치적인 배경을 투명하게 밝혀주지는 않는다. 주제는 대단히 정치적인데, 영화는 철두철미 비정치적이다.

감독은 카타리나가 만난 아나키스트에 관해 아무런 입장도 취하지 않는다. 그가 도대체 진정한 아나키스트인 것인가? 그는 범죄자인가? 그는 정치적인 동기를 가진 범행자인가? 아니면 단순한 좀도둑에 불과한 것인가? 이 모든 질문에 감독은 침묵한다.

위에서 지적한 것들은 이 영화의 비판적 측면인 동시에 이 영화의 장점이기도 하다. 감독은 의도적으로 구체적인 한 사건만을 전개시키고, 주인공에 대한 감정적이고 정서적인 접근을 통해 관객들의 정체성을 일깨우는데 성공하고 있기 때문이다. 카타리나의 경우는 관객들의 감성적 반응을 손쉽게 얻어내고 있으며, 관객들을 경악하게 만든다. 왜냐하면 카타리나의 사연이 우리들에게 두 가지 암울한 진실을 직접적으로 전달해주기 때문이다. 그 하나는 그녀에게 일어난 일이 우리 모두에게 일어날 수 있다는 것이며, 그럴 경우, 똑같이 잔인한 논리가 적용될 것이고, 우리도 똑같이 상처받고, 망가지고, 무방비 상태로 내팽개쳐질 것이기 때문이다. 다른 하나는 하나의 폭력이 또 다른 폭력을 불러오게 된다는 것, 사람은 궁지에 몰리면 저항하지 않을 수 없고, 과격해지지 않을 수 없다는 진실이다.

RAF, 좌파 지식인들의 좌절 : 파스빈더, 클루게, 슐렌도르프-<독일의 가을>

1960년대 후반 대학생 시위로 어려움을 겪었던 독일사회는 70년대 들어 폭력과 테러로 또 다시 어려움을 겪었다. 특히 적군파 Rote Armee Fraktion(RAF)에 의한 정부요인 납치와 암살테러는 독일사회를 불안에 떨게 만들었다.

적군파는 "무력투쟁이 계급투쟁과 반제국주의 투쟁의 최고형태"임을 내세우며 미국의 월남전을 비판하고 미제국주의와의 투쟁을 도시게릴라식으로 시도하려던 단체로, 1970년 5월에 안드레아스 바더 Andreas Baader와 울리케 마인호프 Ulrike Meinhof에 의해 결성된 극좌 테러 단체였다. 마인호프는 프롤레타리아를 조직하고 무력 논쟁을 관철시키기 위해서는 적군파의 결성이 필요하다고 주장했으며, 바더는 1968년의 프랑크푸르트 백화점 방화범으로 체포되어 복역 중이던 1970년 5월 마인호프의 도움으로 탈출하여 적군파 결성을 주도하였다. 적군파 단원들은 1970년 중동에서 군사훈련도 받았다.

적군파의 테러는 1972년에 크게 늘어났다. 적군파에 의해 연방판사가 목숨을 잃고, 함부르크의 신문재벌 악셀 슈프링어

빌딩과 프랑크푸르트와 하이델베르그의 미군시설도 공격을 받았다. 적군파의 테러가 늘어나자 독일정부는 적군파에 대한 대대적인 소탕작전을 펼쳐 1972년 6월 책임자 마인호프와 바더를 포함하여 구드룬 엔쓸린 Gudrun Ensslin등 적군파 단원 7명을 체포하였다.

이러한 가운데 1972년 9월 뮌헨 올림픽 기간 중 발생한 테러로 독일은 물론 전 세계가 경악하게 된다. 테러 단체 "검은 9월단"에 소속된 팔레스타인 단원들은 9월 5일 이스라엘 선수촌 숙소를 습격했다. 테러범들은 이스라엘 선수 2명을 사살하고 9명을 인질로 삼으며, 이스라엘에 수감되어 있는 팔레스타인 죄수 200명의 석방을 요구했다. 이 사건은 독일경찰에 의해 테러범 5명이 사살되고 3명이 체포되어 진압되었으나, 이스라엘 선수 9명과 경찰관 1명이 목숨을 잃었다. 올림픽 경기는 하루 간의 애도 후에 재개되었다.

이후에도 적군파의 테러는 계속되었다. 1974년 11월 연방판사가 피살되었고, 1974년 말에는 적군파 단원 홀거 마인스 Holger Meins가 감옥에서 단식 끝에 아사하였고, 그 다음날 적군파들은 베를린 고등법원장 귄터 폰 드랭크만 Gunter von Drenkmann을 그의 자택에서 살해하였다. 1975년 2월 페터 로렌츠 기민당 서베를린 지부장을 납치하여 수감 중인 적군파 단원들의 석방을 요구하였다. 서독 정부가 이에 굴복하여 로렌츠는 석방되었다. 4월에는 스웨덴 스톡홀름 주재 독일 대사관을 점령하여 직원 한 사람을 죽이고도 자기들의 요구가 거절되자 건물을 폭파하는 사태가 벌어졌다. 1975년 12월에는 적군파가 OPEC 석유장관 회의가 열리고 있던 제네바에서 온건 아랍 국가들이 서방에 보다 적대적인 입장을 취하게 하기 위해서 라는 명분으로 한 호텔을 점거하였다. 1976년 5월 9일 복역 중이던 울리케 마인호프는 목을 매어 자살한다. 1976년 6월에는 이스라엘행 에어 프랑스 항공기가 공중납치를 당했고, 유태인 탑승객들도 억류되었다가 나중에 풀려났다.

적군파의 테러행위는 1977년 절정에 달해 독일 사회를 더욱 불안하게 하였다. 77년 4월 7일 지그프리드 부박 Siegfried Buback 검찰총장이 운전기사와 함께 피살되었다. 부박 검찰총장의 살해는 그가 1974년 바더와 마인호프 등 적군파 핵심단원을 기소한 데 대한 보복이었다. 부박은 수감 중인 피의자와 그 변호사들을 더 엄하게 통제해야 한다고 주장했었고, 수감 중인 테러리스트와 그 변호사들이 마음대로 의사소통을 하도록 내버려두는 것은 “연방공화국 내에서 음모를 꾸미기에 가장 안전한 장소를 제공하는 것”이라고 규정했던 법조인이었다. 부박이 피살되고 얼마 후에 5년간의 재판 끝에 바더, 엔쓸린과 라스페 등 테러리스트들은 스투트가르트 교외의 슈탐하임 Stammheim 특별형무소에 종신형을 선고받고 수감된다. 그해 7월 30일에는 위르겐 폰토 Jürgen Ponto 드레스덴 은행장이 납치되어 살해되었다. 이어 적군파는 1977년 8월에 연방 대검찰청 청사에 로켓 공격을 하였고, 9월 5일에는 독일 사용자 협회 회장 겸 전경련 회장 한스 마르틴 슐라이어 Hans-Martin Schleyer를 납치하여 복역 중인 11명의 적군파 단원의 석방을 요구하였다. 납치과정에서 그의 경호원 3명과 운전사가 살해되었다. 서독의 슈미트 수상은 비상대책 위원회를 구성하고 적군파의 협박에 굴복하지 않겠다고 선언했다. 9월 30일 마침내 연방하원이 형무소 내에서 테러리스트들끼리 접촉하는 것을 금지하는 법안을 통과시킨다. 독일 정부의 입장이 강경한 가운데 1977년 10월 13일 아랍·팔레스타인 테러범들은 스페인 말요르카 공항에서 프랑크푸르트로 향하는 독일 루프트한자 여객기를 납치했다. 납치범들은 82명의 승객과 5명의 승무원을 인질로 삼아, 종신형을 선고받고 복역 중인 적군파 단원 11명과 터키 테러범 2명의 석방을 요구했다. 그러나 독일 국경수비대 특별팀(GSG 9)이 10월 18일 소말리아의 모가디슈 공항에서 인질들을 구출하여 납치는 실패했다. 그로부터 몇 시간 후 이 소식을 듣고, 독일 스투트가르트 교외 슈탐하임 형무소에서 복역 중이던 적군파 단원 바더와 라스페는 석방될 가망이 없자 권총으로 자살하였고, 엔쓸린은 목을 매어 자살하였다. 다음 날 슐라이어 회장은 시체로 발견되었다.

독일정부는 테러가 늘어나자 테러범에 대한 처벌을 강화하기 위해 1976년 8월 형법에 반테러 조항을 신설하여 테러 단체를 결성하는 경우 중형 처벌이 가능하게 되었다. 1978년에도 법을 개정하여 테러범에 대한 처벌을 신속히 할 수 있도록 한데 이어, 국경을 넘나드는 테러범을 소탕하기 위해 이탈리아, 오스트리아, 스위스, 및 프랑스 등 주변국들과의 협력을 강화하였다. 독일 정부의 이러한 조치에도 불구하고 적군파의 테러는 계속되었으나, 1982년 적군파 우두머리인 크리스티안 클라르 Christian Klar를 비롯한 다수 단원들이 체포된 이후 다소 약화

되었다. 바더와 마인호프 등의 적군파 1세대 이후, 적군파는 2세대, 3세대까지 계속되었고, 1998년에 자진 해체하였다.

<독일의 가을>

적군파의 테러행위가 절정에 달한 1977년의 가을을 일컬어 "독일의 가을"이라고 부른다. 테러와 강경대응이 반복되면서 독일 땅은 번영과 풍성함과는 거리가 먼, 황량하고 쓸쓸한 가을을 맞이했다는 은유적 표현이었다. 4월 부박 검찰총장의 피살, 적군파로 수감 중이던 바더, 엔쓸린, 라스페 등 종신형을 선고받고 슈탐하임 특수형무소에 수감, 7월 말 폰토 드레스덴 은행장 살해, 9월 슐라이어 전경련 회장 납치, 정부의 비상대책 위원회 구성, 적군파와의 대결 선언, 형무소 내에서의 수감자들 간의 접촉을 금지하는 법안 통과, 10월 루프트한자 여객기 납치, GSG 9 특수부대의 모가디슈 작전 성공, 인질 구출, 바더 엔쓸린 라스페 자살, 슐라이어 피살로 사건들은 이어졌고, 9월과 10월에 일어난 사건들은 역사에 "독일의 가을"이라고 명명되었다.

"독일의 가을"이라는 이름이 붙게 된 것은 슈탐하임, 모가디슈, 슐라이어 납치와 살해 같은 극적인 사건진행 때문만은 아니었다. "독일의 가을"은 독일의 우익들과 좌파 지식인간의 격렬한 논쟁의 정점이었던 것이며, 그 논쟁 과정에서 독일에는 유령과 같은 섬뜩한 분위기가 조성된 것이었다. 공포분위기, 강력한 공권력을 가진 국가 분위기, 박해와 추적의 분위기, 고소 고발 분위기와 누군가를 의심하려는 분위기가 독일 땅에 만연하게 된 것이다. 노벨문학상 수상작가인 하인리히 뵐 Heinrich Böll, 저명한 사회심리학자 페터 브뤼크너 Peter Brückner 뿐만 아니라, 많은 지식인들이 테러리스트들에게 정신적인 동정심을 갖는다는 비판을 받았는데, 그 이유는 이들이 국가의 절제와 강경대책의 완화를 호소하였으며, 독일사회의 문제점에 관하여 토론을 요구하였기 때문이었다. 그러나 국가는 RAF에 대하여, 법치국가로서는 의심스러운 가설이라고 할 수 있는 형무소 안에서의 수감자간의 접촉을 금지하는 법안(Kontaktsperregesetz)으로 대응하였다. 이 법안에 대해서는 저명한 법조인 에른스트 볼프강 뵈켄페르데 Ernst Wolfgang Böckenförde도 날카로운 비판을 제기하였다. "독일의 가을"의 섬뜩한 분위기는 무엇보다도 사람들이 극도의 침묵과 토론 결핍증상을 보임으로써 그 절정을 이루었다. RAF 조직원들이 독일 상황에 대한 현실적인 인식을 멀리한 채, "목적은 모든 수단을 성스럽게 한다."는 정치 하나만을 추구했던 반면, 당시의 집권정당이었던 슈미트의 SPD 정권은 당시의 상황을 국민의 기본권을 크게 침해하면서 국가공권력을 노골적으로 강화하는 기회로 삼았던 것이다. 당시의 어려운 상황을 풀어나가기 위한, 폭넓은 사회적 토론을 이끌어내는 노력은 SPD 정권에 의해 취해지지 않았던 것이다. 이는 자유의 깃발을 흔드는 것이 아니라, 자유의 적에 대한 투쟁의 깃발을 높이 든 것에 비유되곤 하였다.

이렇게 극도로 긴장된 상황에서 그때까지의 독일영화사에서 없었던 유일한 작업이 이루어지게 되는데, 11명의 독일영화감독들이 "독일의 가을"에 대한 각자의 시각들을 영상으로 발표하는 영화를 만든 것이었다. 이 작업은 프랑크푸르트의 한 출판사가 50만 마르크에 달하는 제작비를 부담함으로써 성사될 수 있었다. (2008년에 이와 비슷한 프로젝트가 젊은 독일 감독들 중심으로 진행 중에 있으며, 2009년에 이 영화가 완성될 예정이다)

"장례식"

영화는 슐라이어 장례식으로 시작하여, 바더, 엔쓸린, 라스페의 장례로 끝난다. 기록영화로 제작된 두 장례식은 퍽이나 대조적이다. 스투트가르트 성 에버하르트 교회에서 국가의식으로 치러지는 슐라이어 장례식은 많은 화환들로 가득차고, 고인이 최고 경영자였던 벤쯔 회사의 별이 보이는 검은 휘장이 도처에 나부끼며, 정부의 고위 관리들의 대형 벤쯔 리무진들이 꼬리에 꼬리를 물고 식장에 도착한다. 벤쯔 회사의 검은 휘장들은 카메라의 앵글을 밑에서 위로 잡았기 때문에 실제보다 훨씬 더 크게 보인다. 벤쯔 회사의 검은 휘장과 벤쯔 리무진의 이미지, 그리고 장례식의 음악인 모차르트의 장송곡은 모두 관객들에게 독일 "라인강의 기적"을 만든 경제인 중의 한 사람이 죽었다는 사실을 알리기 위해서 복합적으로 사용된 시각적, 청각적 이미지들인 것이다. 그러나 클루게와 슐렌도르프는 슐라이어가 아들에게 쓴 편지를 삽입하고, 벤쯔 공장의 조립라인에서 일하는 외국인 노동자들이 3분간 강요된 묵념을 하는 장면을 통하여, 이 사건이 내포하고 있는 또 다른 측면을 관객들에게 제시하고 있다. 슐라이어는 아들에게 쓴 편지에서, 국가를 위해 죽는 것은 즐거운 일이 아니라고 말한다. 실제로 슐라이어의 아들은 정부가 적군파와 협상할 것을 요구하였으나 정부는 이를 거절하였다. 국가를 위해 기꺼이 죽을 자세를 갖고 있지 않았던 자에게 대규모의 국가의식을 치르며 장례식을 거행한다는 것은 어딘지 어색한 일이 아닐 수 없다. 또한 전 직원의 35%가 외국인 노동자인 벤쯔 공장에서 벌어진 3분간의 묵념 장면이 보여주는 외국인 노동자들의 무표정한 모습들에서 고인을 추모하는 기색은 찾아보기 힘들다. 국가와 독일 최대의 대기업이 벌이는 장례행사에 고인의 죽음을 애도하는 국민들의 슬픔은 배어 있지 않다.

슐라이어의 장례식에 보통 사람들의 애도 행렬이 없었던 것은 그의 나치 전력과 관계가 있다. 그는 1933년 18세의 청년일 때 나치스 친위부대인 SS(Schützstaffel)에 입대하였으며, 1937년 나치 정당에 입당하여 당원이 되었고, 전시에는 참전 중 부상으로 제대하였다. 1943년에는 독일이 점령한 동구라파의 뵈멘 Böhmen지역과 매렌 Mähren지역의 산업체를 총괄하는 조직의 수장인 베른하르트 아돌프 Bernhard Adolf의 비서로 근무했다. 종전 후에는 프랑스군에 전쟁포로로 수감되었다가 석방된 후 그는 "속죄조치가 필요하지 않은 동조자"(Mitläufer ohne Sühnemaßnahmen)로 분류되었다. 1951년부터 그는 벤쯔 자동차회사에 근무하였고, 1959년 인사담당 이사, 1962~1968년에는 바뎀 뷔르템베르그 주의 금속연맹 회장을 지내며 60년대의 독일 노동운동에 대해 강경한 자세를 고집하여 관철시켰다. 1973년 독일 고용주협회 회장으로 당선되었고, 슈테른 잡지에 "보스들의 보스"로 소개되었다. 1977년 독일 기업협회 회장직을 겸임하면서 그는 전후 서독의 가장 강력한 경제대통령으로 간주되었다. 그해 9월 적군파에 납치되어 10월 피아노 줄로 교살되고, 스투트가르트 질렌부르크 공원묘지에 묻혔다.

장례 기록 화면은 슐라이어의 나치 전력은 전혀 언급하지 않는다. 다만 바람에 나부끼는 검은 벤쯔 회사의 휘장만이, 마치 나치 전당대회를 기록영화로 만든 리펜슈탈 Riefenstahl의 화면을 연상시켜줄 뿐이다.

적군파 장례식에 참가한 조문객들은 개인적으로 이들을 알고 있는 사람들이거나 아니면 스스로 아는 사이라고 생각하면서 이들의 죽음에 진정으로 슬픔을 느끼는 사람들이다. 이에 반해, 슐라이어의 조문객들은 보편적으로 장례식이 끝난 다음에 있는 초호화판 식사가 제공되는 공식 리셉션을 불안한 마음으로 기다리고 있는 사람들이다. 카메라는 음식을 준비하는 웨이터장이 웨이터들에게 접대요령을 지시하는 모습을 관객들에게 보여주며, 이러한 측면을 강조하고 있다. 또한 적군파의 경우, 장례식에 온 조문객들을 위한 식사를 제공하려는 식당이 없어서 어려움을 겪는 유가족들의 모습과, 어느 용기 있는 식당주인이 자신의 식당에서 음식을 제공할 의사가 있음을 밝히는 화면을 보여줌으로써 두 장례식의 모습은 뚜렷하게 대비된다.

벤쯔 회사의 커다란 검은 휘장이 나부끼는 장면과 죽은 자들을 위해 주먹을 쥐고 팔을 쳐든 조문객의 고개 숙인 모습, 장례식장에 도착하고 떠나는 육중한 벤쯔 차량행렬과 폴크스바겐 미니버스와 낡은 폴크스바겐, 혹은 걸어오는 사람들, 모차르트의 장송곡과 존 바에즈 Joan Baez의 저항의 노래, "Here's to you"(이 노래는 이태리계 미국이민으로 노동운동을 하다 억울하게 처형당한 아나키스트, 니콜라 사코 Nicola Sacco와 바르톨레메오 반쩨티 Bartolomeo Vanzetti를 추모하는 노래이다)

이러한 강렬한 대비는 슐라이어의 죽음이 국가가 마련한 거대한 의식의 틀에 담겨 있으나 관객들이 피부로 느끼는 슬픔은 그 속에 별로 들어있지 않으며, 적군파의 죽음은 초라한 매장의식에 불과하지만, 고인이 된 자들에 대한 슬픔과 그들의 죽음에 대한 분노를 느낄 수 있게 해준다. 김구 선생이나 신익희 선생의 장례가 규모도 크면서 진정으로 슬퍼하는 조문객들로 인산인해를 이루었던 사례와 비교한다면, 슐라이어의 장례식은 그 규모에 비하여 슬픔의 크기가 일치하지 않는 것이다. 장례식에 관한 의미분석은 롬멜 장군, 롬멜 시장과도 연관되는 문제이다.

당시의 스투트가르트 시장은 2차대전 당시, 아프리카 탱크전의 명장으로 “사막의 여우”라고 불렸던 롬멜 장군의 아들이었다. 롬멜 시장은 자살한 적군파들에게 인도적인 견지에서 시립 공원묘지를 제공하였다. 비록 수맥이 지나가는 축축한 땅이긴 하였지만, 시장의 이런 처사는 의외의 일이 아닐 수 없었다. 그러나 그의 아버지 롬멜 장군이 히틀러 암살에 연관되어 체포되고, 나치스는 그를 독약으로 독살한 후 성대한 장례식을 치러주었다는 사실을 기억하는 관객이라면, 시장의 묘지제공은 그다지 의외의 일은 아닌 것이다. 이에 관해서는 클루게의 화면들이 다루기 때문에 뒤에서 상론하기로 한다.

파스빈더: “히스테리”(영화는 소제목을 사용하지 않는다. 이는 저자의 자의적 표현임)

파스빈더는 자신이 직접 출연하여 30분간 자신의 일상을 보여주는 화면 속에서 “독일의 가을”을 대하는 자신의 감정상태를 솔직하고도 과감하게 드러냄으로써 좌파 지식인들이 느끼는 당시 독일 공권력의 히스테리적인 반응에 대한 곤혹스러움을 묘사해주고 있다.

파스빈더는 자신이 동성연애자임을 공개적으로 드러내며, 자신의 사사로운 내면과 자신이 느끼는 불안감과 초조함을 숨김없이 노출시킨다. 파스빈더는 슐라이어 살해 이후의 사태진전에 대해 때로는 절망적으로, 때로는 불안하게, 때로는 공격적으로, 때로는 의기소침하게 반응한다. 그는 줄담배를 피우고 누군가에게 줄곧 화를 거는 등 좌불안석인 반면, 그의 오랜

동성애친구인 아르민 마이어 Armin Meier에게 이 세상은 정상적으로 돌아가고 있다. 아르민의 견해는 납치된 여객기는 폭파시켜 버리고 슈탐하임에 수감된 자들은 총살시켜야만 한다는 것이다. 분노한 파스빈더는 아르민을 내쫓았다가 다시 불러들인다. 파스빈더는 그의 어머니와 대화한다. 그의 어머니는 이 상황에 대하여 공공연하게 입장을 밝히지 않는데 찬성한다. 말을 잘못했다가 무슨 피해를 볼지 모르기 때문이다. 모자간에는 민주주의, 생각의 자유, 그리고 국가에 관한 토론이 벌어진다. 논쟁과 토론을 원했던 좌파 지식인들의 요구는 현실에서는 이루어지지 않았지만 파스빈더의 화면 속에서 최소한의 갈증은 면할 수 있다. 그의 어머니에게 적군파 단원들은 단순한 살인자가 아니라 그 이상이다. 이들 모자간의 대화 속에는 당시 만연했던 히스테리와 두려움이 혼합된 감정들이 짙게 배어있다. 그의 어머니는 결론적으로 말한다. 제일 바람직한 것은 좋은 지도자가 나와서 선의의 독재를 해주는 것이라고. 이는 히틀러 파시즘을 가능하게 했던 대중심리 바로 그것이 아니겠는가? 파스빈더는 모자간의 대화를 통하여 보통사람들의 의식 깊숙한 곳에 아직도 남아있는 나치의 잔재를 자연스럽게 노출시키고 있다.

진보적인 지식인으로 분류되는 파스빈더가 그 당시 느꼈던 불안감의 극치는 그가 경찰차의 사이렌 소리를 듣고 경찰이 곧 자신의 집으로 들이닥칠 것이라고 지레 짐작하고, 피우던 환각제 담배와 꽁초들을 화장실에 버리는 장면에서도 잘 드러나고 있다. 비록 경찰은 오지 않았지만 그가 받은 공포와 불안감은 관객들에게 충분히 전달된다. 자신의 아파트에 가만히 틀어 박혀서 그는 언론과 경찰에 의해 자신이 파산되어 버리는 과대망상에 사로잡혀 있는 것이다. 적군파들의 납치와 살해를 빌미로 국민의 기본권을 침해하며 강력한 공권력 만들기에 혈안이 된 SPD 정권에 대한 분노와 좌절감과 자신이 감수해야할 지도 모르는 개인적 위기감 등등이 파스빈더가 꾸고 있는 악몽의 내용들이다.

이미 저명한 영화감독의 지위를 누리고 있는 파스빈더가 자신의 정신적, 심리적 상황을 이토록 거침없이 드러낸 경우는 일찍이 없었다. 그는 자신의 두려움을 고백하고 자신의 깨어진 인간관계를 드러내 보인다. 동성연애자로서의 자신의 모습과 동성애친구와의 갈등을 영화로 만드는 시도 자체가 무척이나 용기 있는 행동이었으며, "독일의 가을"을 맞아 두려워하고, 부끄러워하고, 분노했던 한 인간의 과격한 자기초상화 그리기는 영화감독 파스빈더가 할 수 있는 최고의 정치적 행동이기도 하였다. 그런 시대에 그런 영화를 만든다는 것, 그런 시도를 했다는 것이 가장 정치적인 행동이었다고 말하지 않을 수 없는 것이다. 파스빈더는 자기 자신의 문제를 드러내기 위하여, 어떤 대상도 사용하지 않았고, 자기 자신을 상황 속에 내맡겼다. 남자 파스빈더 뿐 아니라, 영화감독 파스빈더까지도 상황 속에 내맡겨 버렸던 것이다. 30분간의 화면이 관객들에게 육중하게 다가오게 만드는 것은, 말로 표현할 수 있는 정치적인 내용이 아니고, 파스빈더가 자기 자신을 한 인간과 한 감독으로서 영화 속에 드러내는 그 난폭성과 정직성일 것이다. 이 영화의 가장 흥미로운 부분이 파스빈더의 화면들이다.

알렉산더 클루게 "잃어버린 역사"

파스빈더에 이어지는 화면은 알렉산더 클루게의 화면들이다. 클루게는 독일역사의 단편들을 수집하여 보여주면서 비교하고, 이 단편적인 역사들이 전후맥락을 상실한 채 단편으로 머무는 현상에 관객들이 주목하게 만든다. 전후맥락을 상실한 시각에서 보면, 나치 파시즘은 완결된 "사건" 혹은 "산업재해"였던 것으로 치부되고, 종전 이후의 독일연방공화국은 나치 파시즘과 더 이상 아무 연관도 없는 것으로 보는 것이다. "독일의 가을"의 히스테리적이고 불안에 가득 찬 분위기는 이런 시각에서 보면 수직적인 맥락이 없는, 수평적인 대결(국가 대 적군파의)의 결과인 것이다. 종전 이후의 역사적 맥락과 적군파의 정치적 동기 등을 탈역사화시켜 버림으로써, 공권력은 적군파가 저지르는 폭력비판에 안전하게 도피해 버릴 수 있었고, 폭력에 대한 조치라는 미명하에 적군파에 대한 폭력적 조치를 취할 수 있었다.

역사교사인 가비 타이커트 Gaby Teichert는 독일역사의 근본을 찾으러 삽을 가지고 눈밭으로 가 구덩이를 판다. 상징적인 은유로 클루게는 시작한다. 역사교사 가비는 학교당국과 싸움을 하게 된다. 그녀의 상관은 그녀의 역사관이 뒤죽박죽이라고 지적한다. 그러나 가비는 사건들을 전후맥락 속에서 파악하려고 시도할 뿐이다.

프롤로그에서 보여준 장례식에 연관된 화면들을 클루게는 기록화면으로 제시해 준다. 적군파 사건 당시 스투트가르트 시장 만프레드 롬멜 Manfred Rommel은 2차대전의 전쟁영웅 에르빈 롬멜 Erwin Rommel원수의 아들이었다. 클루게는 이 역사적인 맥락을 놓치지 않는다. 히틀러 암살에 연관되었다는 혐의로 히틀러의 자살권고를 받고 독약을 먹고 자살한 롬멜 원수의 장례를 나치스는 국장으로 치른다. 나치스의 국가 공권력은 자살이라는 형식으로 롬멜을 독살시켰고 죽인 후에는 국장으로 예우한 것이다. 독일연방공화국은 테러리스트에게 굴복할 수 없다는 명분으로 라인강의 기적을 이룩한 경제인 중의 한 명을, 그 아들의 구명요구에도 불구하고 죽음으로 밀려가도록 방치하였으며, 죽은 후에는 국장으로 예우한 것이다. 슐라이어 또한 분명한 나치 전력을 가진 자였으므로 롬멜의 죽음과 국장, 그리고 슐라이어의 죽음과 국장은 모두 국가 공권력에 의한 죽음과 죽음 이후의 국장이라는 공통점이 지적될 수 있다. 클루게가 제공하는 이러한 지적은 관객들로 하여금 제3제국의 나치스 정권과 독일연방공화국의 SPD 정권이 바로 이런 측면, 즉 공권력과 국민의 기본권이라는 측면에서는 별로 다르지 않을지도 모른다는 의심을 품게 만드는 것이다. 클루게가 말하는 전후맥락이란 "독일의 가을"이 나치스의 가을과 역사적인 맥락으로 연결되어 있음을 말한다. 역사적 맥락이 제거되어 버리면 적군파들은 한 무리의 범죄자들로 전락해버리고 마는 것이다.

클루게는 역사의 단편들을 보여 주면서 관객들로 하여금 그 역사적 맥락들을 주시할 것을 요구한다. 벤쯔 공장에서의 3분간의 무표정한 외국인 노동자들의 묵념, 발터 쉘 Walter Scheel 대통령의 장례식장에서의 공식 추도사, 독일 노동운동사에 등장하는 인물들, 로자 룩셈부르그, 독일 공산당의 노동투쟁가, 독일국가, 그리고 국가 공권력에 의해 처형된 목 매단 시체들, 클루게는 관객들에게 역사란 토론의 한 방편이고, 지나간 사건을 묘사하는 것이라는 것을 상기시킨다. 그는 한 국가가 자신의 과거를 숨길 수 없다는 것을 관객들이 이해하도록 돕는다.

클루게는 SPD 전당대회의 모습을 보여주며 대비적인 발언들을 배치한다. SPD 원내총무인 헤르베르트 베너 Herbert Wehner는 수감자 연금법(Kontaktsperregesetz)이 왜 필요한지 그 근거를 발언하고, 저명한 스위스 극작가 막스 프리쉬 Max Frisch는 강력한 공권력을 옹호하려는 자들에게 경고성 발언을 한다. 막스 프리쉬는 강력한 국가는 많은 것을 할 수 있을 것이지만, 체념을 없앨 수는 없을 것이며, 민주주의를 그렇게 심하게 방어하는 일 보다는, 민주주의를 만들어내는 일이 무엇보다도 중요하다고 강조하였다. 그는 우리들이 국가의 잘못에 주목하지 않는다면 우리는 국가를 개선할 수 없다고 주장하였다. 그의 발언이 베너의 발언과 대척점에 있음은 물론이다.

클루게는 공권력을 암시하는 대목에서 하이든의 황제 4중주 2악장을 사용한다. 서독이 탄생하면서 2악장은 서독의 국가로 채택되었기 때문이다.

하인리히 뵐/ 폴커 슐렌도르프 "소포클레스와 독일 TV"

슐렌도르프는 한 인터뷰에서 이 영화를 만든 목적을 다음과 같이 밝히고 있다.

> “이 영화는 적군파 사건에 대해 방관자적 입장을 취하는 자들을 조롱하는 영화입니다. 하인리히 뵐과 저는 예컨대 한 TV 편집회의 장면을 만들었는데, 이 장면에서 사람들은 쉬임없이 방관자적 자세를 취하려고 하지만 이러한 행동들은 오직 웃음을 유발시킬 뿐입니다.”

영화의 내용은 다음과 같다.

하인리히 뵐이 각색한 “안티고네” 공연의 TV 방영을 두고 방송위원회가 소집되어 TV 방영 여부에 관해 심의한다. 결론은 이 작품이 폭력을 담고 있고, 테러리즘으로의 근접 위험성이 내재한다는 결론을 낸다. 기원전 5세기에 쓰여진 이 작품에 나오는 여인들이 테러리스트란 말인가? 위원들은 “강력한 조치를 선포하다”(Gewaltiges zu künden)라는 대사 한 마디에도 민감하게 반응하고, “강력한”(gewaltig)이라는 단어와, “폭력을 휘두르는”(gewalttätig)이라는 단어를 구분하지 않고 반응한다. 그리고 방송위원들은 이 작품을 방송금지 시키는 일은 참으로 웃기는 짓이 될 것 이므로, 차라리 이 작품을 방영하지 않기로 결정하는 것이다.

뵐의 방송매체에 대한 풍자는 완전히 과장된 것은 아니었다. 실제로 1977년 매체에 대한 정부의 압력, 특히 TV에 대한 당국의 압력은 모든 가능한 측면에서 현저하게 배가 되었었다. 매체의 책임자들은 정부의 미움을 받지 않으려고 언론의 본분을 망각하면서 비겁한 자세를 취하였다. 거의 모든 매체들의 보도가 똑 같았다. 이 사건에 관해 직접 취재를 하고 기사를 쓴 기자는 한 명도 없었으며, 모두들 정부의 공식적인 지껄임, 입장 표명, 코뮈니케만을 보도하였던 것이다.

클루게/ 슐렌도르프 “또 하나의 장례식”

앞에서 언급했듯이 이 영화의 처음과 끝은 장례식으로 채워진다. 마지막의 장례식은 적군파 단원 바더, 엔쓸린, 라스페 세 사람의 장례식이다. 스투트가르트 시의 만프레드 롬멜 시장은 인도주의적인 견지에서 죽은 세 사람에게 시립 공동묘지인 도른할덴 Dornhalden 공동묘지를 제공한다. 앞에서 클루게의 화면을 본 관객들은 시장의 이런 결정의 역사적 맥락을 자연스럽게 짚어보게 되는 것은 물론이다. 아버지를 독살시킨 국가가 아버지에게 베푸는 국장을 직접 체험한 한 인간이, 비록 테러리스트라는 이름으로 복역 중이었지만 국가 공권력의 개입의 혹이 있는 자살을 맞이한 세 사람에게 베푸는 최소한의 인간적 예의는 국민들에게 큰 거부반응을 일으키지 않았던 것이다. 최고 통치자를 암살하려는 음모에 가담했다는 혐의만으로 공권력에 의해 죽음을 강요당한 한 인간(롬멜의 혐의는 증명되지 않았다), 그리고 물샐 틈 없는 경비를 자랑하며 테러리스트를 수감하기 위하여 특별히 설계한 특수형무소인 슈탐하임에서 권총이 밀반입되었다는 사실이 선뜻 믿어지지 않는다는 측면을 감안한다면, 세 사람의 죽음 역시 석연치 않은 구석이 있는 만큼, 공권력에 의한 죽음이라는 의혹의 여지를 전혀 배제할 수 없는 것이다.

"독일의 가을"의 스산함을 달래주는 것은 스투트가르트 시장의 인간적인 배려만은 아니었다. 죽은 적군파 단원들의 유가족들은 조문객들이 식사할 식당을 잡지 못해 곤경에 빠진다. 아무 식당도 테러리스트들의 조문객과 유족들에게 음식을 제공할 생각이 없는 것이다. 그러나 한 선량한 식당주인이 나타난다. 그는 장례음식 제공을 거절한 다른 식당주인들을 꾸짖으며 흔쾌히 자신의 식당을 제공하는 것이다. 인간적인 따스함이 "독일 가을"의 냉기를 감싸며, 기록영화의 진실이 극영화의 감동과 어깨를 나란히 하는 대목이다. 그러나 "독일 가을"의 냉기는 곧 본색을 회복한다. 1977년 10월 27일 목요일, 도른할덴 공동묘지, 적군파 3인의 묘지는 움푹 들어간 저지대에 지하수가 나올 위험이 있는 지역에 위치하고 있다. 무덤 주변에 모인 수백 명의 조문객들, 일부는 수건으로 얼굴을 가렸고, 몇몇은 시종 주먹을 내지르고 있다. 이들은 소위 "심정적 동조자들"(Sympathisanten)들이다. ―테러리스트라는 말처럼 무섭고 공포감을 자아내는 말이다. 이들과 같이 걸어가는 기자들의 수십 대의 카메라들, 묘지가 끝나는 곳에는 말을 탄 경찰들, 대기중인 경찰들, 망원경을 든 경찰, 경찰차, 묘지 상공을 선회하는 헬리콥터, "독일 가을"의 섬뜩한 분위기는 묘지 앞에서도 멈출 줄을 모른다. 기록영화의 카메라는 한 펼침막을 비춘다. "동지들에게 연민을!"이라고 적힌 글씨가 보인다. 기록영화의 마이크는 어느 조문객의 목소리를 전해준다. "사람들은 이들(적군파)의 방법을 좋게 생각하지 않았지만, 이들에게 국가가 저지른 일을 생각하면, 이들의 좋지 않았던 방법(폭력사용)은 문제의 전면에서 사라집니다." 조문객 모두의 심정을 대변하는 말일 것이다. 조문객들 중 누군가가 외치기 시작하고 목소리가 점점 늘어난다. "경찰은 SA!"(SA는 나치스 정당의 돌격부대인 Sturmabteilung의 약자) "살인자들!", 조문객들 중 누군가가 자동차 한 대를 부순 이후에 경찰의 가벼운 폭력과 체포가 이루어지고 조문객들의 고함소리가 들린다. "Sieg Heil!"(이 구호는 나치스 시절 나치스를 지지하는 구호이며, 2차대전은 성스러운 전쟁으로 최후의 승리는 독일의 것이란 뜻) 조문객들의 고함은 SPD 정권을 나치스 정권과 동일시하는 시각을 나타내고 있다. 무덤에 덮개가 씌워지고, 그 위에 꽃다발 하나와 펼침막 하나가 놓여 있다. 펼침막에는 "살해당한 동지들에게!"라는 글씨가 보인다. 이윽고 사람들은 집으로 돌아간다. 한 어머니가 아이의 손을 붙잡고. 경찰이 이들을 한 사람씩 검문한다. 하이든의 황제 4중주에 대비되는 존 바에즈 Joan Baez의 저항의 노래, "Here's to you"가 조용히 그러나 힘차게 흐른다.

Here's to you, Nicola and Bart
(여기, 니콜라 그리고 바르트여)
Rest forever here in our hearts
(여기 우리 가슴 속에 영원히 휴식하라)
The last and final moment is yours
(마지막, 최종의 순간은 너희들의 것이다)
That agony is your triumph
(그 고통은 너희들의 승리이다)

(이 노래는 이태리계 미국이민이며 아나키스트였던 니콜라 사코Nicola Sacco와 바르톨로메오 반쩨티Bartolomeo Vanzetti에게 헌정된 노래이다. 두 사람은 구두공장 경리부장을 살해한 혐의로 체포되어 히스테리적인 반공 분위기 속에서 1921년 7월 14일 사형선고를 받고, 1927년 8월 23일 사형이 집행되었다. 전 세계적인 석방운동에도 불구하고, 결정적인 증거도 없이 정치적인 재판을 내렸던 사건으로 유명하다. 1971년 이태리 줄리아노 몬탈도Giuliano Montaldo감독이 기록영화로 만들었다. 영화음악은 엔니오 모리꼬네Ennio Morricone가 작곡하였고, 존 바에즈가 노래하였다.) 사코와 반쩨티의 억울한 죽음을 애도한 노래를 선택하였다는 사실은 간접적으로 적군파들의 죽음을 이들과 견줌으로써 그 부당함을 지적하려는 의도가 표현되고 있음은 물론이다.

슐렌도르프는 1978년의 한 인터뷰에서 자신의 심정을 다음과 같이 피력하였다.

> "이 장례는 장례라기보다는 경찰의 함정이라는 표현이 더 어울릴 것입니다."
>
> "적군파 단원들의 장례가 끝난 후 이 사건이 우리들에게 남긴 것은 침묵이었습니다. 아무도 말 한 마디, 노래 한 자락이 없었고, 서로간의 소통이 전혀 없었습니다. 이 영화 작업이 끝난 후, 촬영과정에서 이런저런 체험을 한 후에, 사람들은 왜 테러리스트가 존재하는가를 자문하지 않고, 왜 더 많은 테러리스트들이 존재하지 않는가?라고 자문하고 싶어집니다. 왜 모두가 들고 일어나지 않는 것인가?라고 자문하고 싶어집

니다. 아마도 이 영화가 마지막에 던지는 질문이 그런 질문들 아닐까요?"

클루게, 슐렌도르프, 뵐, 파스빈더 외에도 7명의 감독들은 "독일의 가을"을 노래하는 볼프 비어만 Wolf Biermann의 모습, 초창기 적군파의 단원이었으나 내부 노선투쟁과정에서 극좌노선을 택하지 않았던 호르스트 말러 Horst Mahler와의 형무소 안에서의 인터뷰, 독일 국경수비대원의 검문하는 모습, 독일군의 기동훈련하는 모습, 테러리스트에 대한 보통 시민들의 엉뚱한 추측 등을 통하여 "독일의 가을"을 다양하게 보여주고 있다.

<독일의 가을>은 특정한 목적을 가지고 만들어진 기록화면, 자료화면, 연출된 장면들이 섞여있는 영화이며, 독일 역사의 한 부분에 대한 여러 감독들과 시나리오 작가들의 공포감을 자아내는 몽타주들이고, 또한 공포를 느끼고 만들어진 몽타주들이다. "독일의 가을"은 독일의 지식인들 사회를 균열시켰다. 1976년 연방하원은 형법 등 관련법 개정안을 통과시킨다. 이것으로 범법을 사주하거나 공화국의 안위를 해치는 유언비어를 퍼트리는 자를 국가가 보다 용이하게 기소할 수 있게 되었다. 폭력행위로 기소된 사람들끼리 같은 변호사를 써서 공소유지를 어렵게 했던 과거의 관행도 불법화했다. 이는 테러리스트만을 겨냥한 것이 아니라, 원자력발전소 건설에 반대하는 폭력시위자들도 염두에 둔 입법조치였다. 영국과 미국에 비해 훨씬 강력한 지위를 누리던 판사에게 변호사를 특정 재판 과정에는 간여할 수 없도록 하는 권한까지 부여했다. 피고 1인당 허용되는 변

호사의 숫자도 제한하였고, 변호사는 동일 사건 관련 혐의자들 가운데 한 사람의 피고만 변호하도록 했다. 특정 사건에 대해서는 판사가 피고의 의사에 관계없이 특정 변호사를 지정할 수도 있었다. 이러한 조치들은 좌파 지식인들을 격분시켰다. 이들은 SPD가 자신들을 배신했다고 생각했다. 좌파지식인들이 1979년과 1982년 선거에서 SPD 지지를 거두고 녹색당과 평화운동을 성원한 것도 바로 이 때문이었다. 그리고 보수 지식인들은 SPD 정권이 이끄는 국가는 자가 방어능력도 허약한데다 국가 전복을 기도하는 패거리들을 기소할 자신감도 없다고 주장했다. 좌파 지식인들은 독일이라는 나라가 본디 권위주의적인 데다가 법체계는 특히 나치 잔재를 청산하지 못했으니 재판절차도 그저 그럴 수밖에 없고, 1970년대 들어 과격파와 국가전복 기도 세력들을 막는다고 만들어낸 조치들은 국가에 의한 폭력과 압제의 재구축을 감추려는 우파들의 핑계에 불과하다고 주장했다. 테러와의 전쟁에서 치안당국이 사용한 방식은 정보 수집과 개인정보의 비밀문제를 두고 큰 논란을 불러 일으켰다. 1978년 1월, 정부는 개인정보 오남용 방지법을 통과시키고 치안당국자들의 정보파일 관리 규제를 지시했다. 이를 계기로 프라이버시 이슈가 중요성을 점차 더해 가게 된다. 좌파 지식인들의 주장의 핵심은 테러방지 조치들이 "50명 남짓한 극소수 극단주의자들에 대한 과잉반응"이라는 것이다. 테러리스트들의 수가 얼마 되지 않기 때문에 새로 법을 제정하고 치안을 갑자기 강화해서 모두를 깜짝 놀라게 할 까닭이 없는데, 굳이 그렇게 하는 이유는 두 가지 이유 때문이라는 것이다. 대표적 좌파 지식인 중의 하나인 호르스트 에버하르트 리히터 Horst

Eberhard Richter에 의하면, 서독 사회가 나치즘을 떨어내지 못하고, 과거 청산에도 실패한 데에다, 힘이나 질서 같은 것에 기대지 않으면 못 견디는 독일의 오랜 고질 등으로 인해 아직도 심리적으로 불구상태를 면하지 못하고 있기 때문이라는 것이다. 다른 또 하나의 이유는 서독을 경찰국가로 만들려는 사악한 우익들이 막후에서 꿈틀거리고 있기 때문이라는 것이다. 후자의 경우는 테러리스트들의 입장이라고도 할 수 있는데, 서독 사회가 너무나 비참하고 억압적인 만큼, 살인이나 파괴행위가 허용되어야 한다는 것이다. 저명한 작가 페터 슈나이더 Peter Schneider는 수감 중인 테러리스트들과 열심히 인터뷰하여 그들이 본래 선한 사람들이었는데 사회가 이들을 테러리스트로 만들었다고 국민들에게 알리는데 큰 관심을 기울였다. 그는 1978년 진보잡지 「쿠르스북」(Kursbuch)에 기고한 글에서 "연방공화국에 거주하고 있는 우리는 살인행위까지 저지르는 것을 포함한 폭력적 저항이 정당화되는 세상에 살고 있는 것인가"라는 질문을 던지고 있다. 그의 글은 내용적으로 "정당화될 수 있다"는 것을 은근히 암시하고 있는데, 그가 하고 싶은 말은 결국 연방공화국에는 지난 날 지은 죄에 대한 벌을 받지 않은 사람들이 활개를 치고 다닌다는 사실이었다. 슐라이어 같은 사람이 좋은 예인데, 1933년에 정권을 잡기 전부터 슐라이어는 나치 당원 노릇을 했고, 제3제국이 들어서자 즉각 SS(나치스 친위대 Schutzstaffel의 약자)에 가입했던 자라고 비판하였다. 슈나이더는 서독정부가 급진 좌파 세력을 제거하는 일에 몰두하면서 슐라이어 같은 나치 전력을 가진 자가 서독에서 높은 지위를 차지하게 되었다고 보는 것이다. 그리고 적군파들이 스스로 목숨을 끊은 건지, 죽음을 강요당한 건지, 아니면 살해된 건지 알 수 없다는 입장을 취했다. 완벽에 가까운 감시를 받고 있던 자들이 어떻게 자살용 무기를 입수할 수 있겠느냐는 의문을 제기함으로써, 그는 정부의 개입 가능성을 강하게 풍겼다. 당시의 많은 좌파 지식인들은 적군파 바더, 마인호프, 엔슬린 등이 당국에 의해 살해되었다고 믿었던 것으로 추측된다. 이런 주장을 강력히 주장한 좌파 변호사 오토 쉴리 Otto Schily는 후일 연방하원에 진출, 녹색당 지도자라는 정치적 입지를 확보하게 된다. 적군파들이 자살한 슈탐하임 형무소는 바덴-뷔르템베르그 주에 있는데, 1978년 당시는 기독민주당의 한스 필빙거 Hans Filbinger가 통치하는 주였다. 자살사건이 터지자 좌익들은 필빙거가 개입하였다고 비난하고 나섰다. 필빙거는 나치 시절에 군법무관으로 근무하면서 군기를 잡기 위하여, 국가에 광적인 충성을 바치지 않았다는 이유만으로 병사들을 사형에 처한 무리를 저질렀다는 의혹을 받고 있었다. 이 의혹을 제기한 사람은 기록연극으로 유명한 극작가 롤프 호흐후트 Rolf Hochhut였다. 필빙거는 우여곡절 끝에 1978년 8월 7일 사임하고 말았다.

적군파 사건 이후 강화된 테러방지법으로 국민의 기본권이 침해되었음을 비판하는 소리가 높았지만, 보다 중요한 것은 정치가 사회로부터 소외되어 버리는 현상이 생겨난 것이었다. 1977년 가을 이후 국가 공권력은 사회로부터 점점 더 분명하게 고립되기 시작한 것이다. 슐라이어는 조국을 위해 죽는 것이 결코 달콤하거나 편안하지 않다고 편지에서 썼다. 그의 아들은 독일 헌법재판소의 결정을 통해 국가기관들로 하여금 납치범들과 협상할 것을 강요하려 시도하였다. 헌법재판소는 이 제안을 각하하였다. 슐라이어는 테러와 국시의 희생물이 된 것이다. 민주주의는 1977년 이후 더 이상 예전의 민주주의가 아니었다. 좌익들도 1977년 이후 더 이상 예전의 좌익이 아니었다. 독일에서 공개적인 토론은 사라지고 말았다. <독일의 가을>은 기록되고 논평된 독일 현대사를 보여주는 중요한 영화이다.

분단된 조국과 통일의 상처

<타인의 삶> • <우리 같은 영웅들> • <니콜라이 교회> •
<약속> • <태양의 거리> • <굿바이 레닌>

플로리안 헹켈 폰 도너스마르크

Florian Henckel-Donnersmarck

<타인의 삶> *Das Leben der Anderen*, 2006

세바스티안 페터슨 Sebastian Peterson

<우리 같은 영웅들> *Helden wie wir*, 1999

프랑크 바이어 Frank Baier

<니콜라이 교회> *Nikolaikirche*, 2004

마르가레테 폰 트로타 Margarete von Trotta

<약속> *Das Versprechen*, 1995

바이에른주 영화상(1995)/1995년 베를린 영화제 개막작품

레안더 하우스만 Leander Haußmann

<태양의 거리> *Sonnenallee*, 99

볼프강 베커 Wolfgang Becker

<굿바이 레닌> *Goodby Lenin*, 2003

통제된 사회 동독 <타인의 삶>, <우리 같은 영웅들>

구동독의 정보기관이었으며 동시에 동독의 국내 정치에 깊숙이 관여하였던 국가안전부(Das Ministerium für Staatssicherheit-Stasi라는 약칭으로 불렸음)는 동독 체제의 가장 강력한 버팀목이었으며, 또한 동독정권의 불법성의 상징이기도 하였다. 영화 <타인의 삶>과 <우리 같은 영웅들>은 바로 이 슈타지의 문제를 정면으로 다룬다. <타인의 삶>이 슈타지 대위이며 정보대학 교수인 비즐러의 의식의 변화를 통해 동독 사회를 비극적으로 반추하는 반면, <우리 같은 영웅들>은 슈타지 직원을 아버지로 둔 울취드라는 소년의 의식이 어떻게 성 도착적으로 왜곡되어 지며, 슈타지라는 시스템이 어떻게 독이 되어 동독의 붕괴에 한 몫을 하게 되는 가를 희극적으로 보여주고 있다.

국민의 신뢰성을 상실했던 동독정권은 국민들의 일거수 일투족을 감시함으로써, 국민들을 통제하려 하였고, 독재와 감시에 저항하여 봉기한 동독민중은 1989년 12월 4일과 5일 사이 그리고 6일에 동독 주요 지방도시의 슈타지 지역본부를 점령하고, 1990년 1월 15일에는 드디어 악명 높던 동베를린의 슈타지 본부를 점령함으로써, 89년 혁명의 정점을 이루었다.

나치스의 파시즘과 함께 구동독의 정보정치 또한 청산되어야 할 과거의 부정적인 역사임에 틀림없다. 과거청산의 과정에서 늘 문제가 되는 것은 개인의 기억이 아니라, 집단의 기억인 것이다. 나치스에 침묵했고, 동조했던 제3제국의 대다수 평범한 사람들에 대한 집단적인 기억과 함께, 슈타지의 불법에 침묵했고 정보원 노릇을 했던 평범한 구동독 국민들을 우리는 어떻게 기억해야 하는가 하는 문제를 두 영화는 제기하고 있다.

<타인의 삶>은 독일에서만 170만 명의 관객을 동원했고 미국 아카데미 최우수외국영화상을 수상하였지만, 정작 독일의 베를린 영화제에서는 경쟁부문 후보에도 탈락하는 평가를 받기도 하였다. 정치적인 견해와 상관없이, 유쾌하지 않은 일은 감추고 망각하고 싶은 인간의 일반적인 심성 때문이겠지만, 이런 것을 이용하려는 정치세력 또한 분명하게 존재한다는 사실은 우리 모두 잊지 말아야 할 것이다. 이제 슈타지가 저지르는 불법과 비인간적 행위의 구체적 모습들을 영화 속에서 살펴보도록 하자.

플로리안 헹켈 폰 도너스마르크-<타인의 삶>

1984년 11월. 동베를린 국가안전부 호엔쉔하우젠(Hohenschönhausen) 감옥의 심문실.

피의자가 심문실로 들어오기 전에 슈타지 대위이며, 슈타지 정보대학 포츠담 아이헤(Stasi Hochschule Potsdam Eiche) 교수인 비즐러는 서랍 속의 녹음기를 작동시킨다. 서독으로 넘어간 자에게 도움을 주었다는 혐의로 잡혀온 피의자는 자신의 심문 내용이 녹음된다는 사실을 모르고 심문에 응한다. 비즐러는 이렇게 몰래 녹음한 테이프를 자신의 강의에서 자료로 활용한다. 40시간 동안 쉬지 않고 심문당하여 심신이 지칠대로 지쳤음에도 불구하고 자신의 혐의 사실을 끈질기게 부인하는 독종 피의자를 처리하는 방법을 비즐러는 학생들에게 강의한다. 위협과 당근을 제시하는 방법이 그것이다. 혐의자는, 말을 안 하면 그의 아내도 잡아넣겠다는 비즐러의 위협에 더 이상 버티지 못하고 혐의를 인정한다. 피의자가 혐의사실을 고백하는 녹음테이프를 듣는 순간 감탄하는 학생들. 다음 순간 학생들과 관객들은 동독 정보기관이며 정치경찰인 슈타지의 국민사찰이 얼마나 철저한 지 혀를 내두르게 된다. 피의자가 앉아서 심문받던 의자의 천조각을 가위로 잘라서 병속에 담아 영원히 보관하는 것이다. 심문을 받을 때 피의자는 양 손을 허벅다리 밑에 넣어야만 하는데, 이는 피의자의 체취가 밴 의자의 천조각을 이용해 추후 훈련된 개를 사용하여 추적할 수 있기 위해서 이다. 비즐러는 도청이 모든 사회주의 국가에서 실시되고 있다는 보편적 현실을 언급하며, 학생들이 도청은 인권침해라고 생각하지 않도록 배려하며 강의를 끝낸다.

비즐러의 상관 그로비츠 중령은 비즐러와 함께 연극공연을 관람하러 간다. 문화부 장관도 참석하는 공연이다. 그로비츠는 비즐러에게 새로운 과제를 맡긴다. 오늘 공연작품을 쓴 극작가 게오르그 드라이만을 도청 감시하는 일이다. 슈타지는 그를 반체제 인사로 분류하고 있으며, 친서방적 작가로 의심하고 있다. 문제는 드라이만의 애인이며 동거녀인 여배우 크리스타 마리아 질란트가 문화부 장관의 총애를 받고 있다는 사실이다. 결정적 증거를 확보하지 못할 경우에는 자신의 경력이 위험해질 수도 있는 과제라는 그로비츠의 신중함을 고려하면서도, 비즐러는 고도의 도청기술과 장비를 동원하면 가능한 일이라며 자신에게 일을 맡겨줄 것을 요청한다. 여배우 질란트를 총애하는 문화부 장관은 그녀를 마음대로 농락하기 위하여 그로비츠에게 드라이만에 관한 비밀정보를 알려주고 도청을 권한다. 공연이 끝나고 뒤풀이 자리에서 장관은 드라이만을 공화국 최고의 극작가로 치켜세우고, 질란트에게는 최고의 진주라는 찬사를 보내며 건배하지만, 드라이만에게 자신이 문화행사를 수없이 금지시킨 사람임을 은근히 과시하면서 정부가 예술가들을 보호하는 대신, 예술가들은 정부와 당에 빚을 갚아야 한다고 강조한다. 사회주의의 신념을 충실하게 지키는 사람이라면, 어떤 연극을 보던 자신의 마음이 바뀌는 일은 없을 것이며, 정부의 공직금지령(Berufsverbot—반체제 인사들에게 일체의 공직을 금지하는 법령. 동독과 서독에서 모두 실시되었음)으로 인해 마음이 바뀌는 일은 없을 것 이라고 장관에게 대답한다. 장관은 너무 자신만만해 하지 말라고 경고하면서, 드라이만에게 공직금지령이 내려질 수도 있음을 은근히 암시한다. 장관의 이러한 언사에는 문화예술계 인사들의 반체제 경향에 대한 경고와 함께 질란트와의 관계를 유지함에 있어, 드라이만의 신상에 정치적 문제가 발생하면, 자신이 유리한 고지에 설 수 있다는 계산이 숨어 있는 것이다.

비즐러는 이후 드라이만의 일거수일투족을 감시한다. 드라이만의 집에 불법으로 잠입하여 온갖 도청장치들을 설치하고, 설합 속을 뒤져 서독신문과 잡지를 발견하고 건물 지붕 밑 공간에 녹음기와 기타장비를 설치한다.

드라이만의 40회 생일. 드라이만의 친구인 저널리스트 하우저가 파티에 온 하객 중에 슈타지 정보원 노릇을 하는 한 사람에게 정치적 입장을 표명하라는 요구를 하여 분위기가 어색해진다. 하우저는 타협자들을 비난하며 파티장을 떠난다. 하객 중의 한 명인 연출가 알버트는 생일선물로 악보를 선사한다. 작사자는 베르톨트 브레히트이며, 제목은 "착한 사람의 소나타"였다. 알버트는 공직금지령으로 극장에서 쫓겨난 자이다.

비즐러는 슈타지의 방대한 서류창고에서 알버트에 관한 기록을 찾는다.

그로비츠는 드라이만과 그의 주변 인물들을 감시하면서 특히 장관과 질란트에 관한 확실한 정보가 발견되면 먼저 자기에게 구두로 보고하라고 비즐러에게 요구한다. 권력을 가진 자들의 권력암투임은 물론이다. 장관과 질란트는 매주 목요일 데이트하며 장관은 그녀와 카섹스를 즐긴다. 장관의 고급 볼보 승용차가 질란트의 집 앞에 멈춰 선 것을 모니터에서 발견한 비즐러는 초인종 벨을 작동시켜 드라이만을 밖으로 나가게 만들어 두 사람의 데이트 행각을 목격하게 만든다. 질란트는 샤워를 한 후 약을 복용한다. 그녀는 약물중독 환자이기도 하다. 도청은 비즐러와 우도 두 명이 12시간 교대로 24시간 진행되며, 시간 별로 대화내용이 요약되어 타이핑된다. 드라이만의 하루 24시간을 감시하면서 비즐러는 자연스럽게 드라이만의 예술가로서의 삶을 같이 나누게 된다. 드라이만이 피아노로 "착한 사람의 소나타"를 치면 비즐러는 어쩔 수 없이 이 음악을 들을 수밖에 없는 것이다. 언젠가는 드라이만의 집에 들어가 그가 읽던 브레히트 시집을 슬쩍 가지고 나와 집에 가서 읽기도 하였다. 비즐러의 장난으로 질란트와 장관의 관계를 알게 된 드라이만은 옛 동창을 만나러 간다고 거짓말하는 질란트에게 가지 말라고 애원하고, 질란트는 자신의 행위가 드라이만에게 정치적 박해가 일어나지 않도록 하기 위한 예방적 조치라고 마음속으로 자기합리화하면서 오히려 드라이만을 몰아 부치고 나가 버린다. 여기까지 도청한 비즐러는 우도에게 교대하고 근처의 술집으로 간다. 술집으로 들어 온 질란트에게 비즐러가 말을 건다. 유명한 여배우인 그녀를 관객으로서 알아보는 것은 조금도 이상한 일이 아니기 때문이다. 장관의 비인간적인 상대방 약점잡기를 알고 있으면서도, 현실적인 박해를 막아보려고 장관을 계속 만나고 있는 그녀의 속내를 유일하게 알고 있는 비즐러는 그녀에 대한 연민으로, 그녀가 최고의 예술가라는 찬사와 함께, 예술을 위해 몸을 판다는 그녀의 행위는 나쁜 거래일 뿐이라고 그녀에게 진심으로 충고한다. 슈타지의 유능한 대위 비즐러의 심경에 변화가 시작된 것이다. 비즐러를 자신의 관객으로 오인하고 있는 질란트는 비즐러의 말에 고무되어 비즐러를 착한 사람이라고 부른다. 비즐러는 드라이만이 생일선물로 받고, 연주했던 피아노 곡 "착한 사람의 소나타" 제목처럼 이 순간 소나타의 대상이 된 것이다. 다시 지붕 밑 도청실로 올라간 비즐러는 우도가 타이핑한 보고서를 읽어보고, 질란트가 장관에게 가지 않고 드라이만에게 돌아갔음을 알게 된다.

술집에서의 비즐러와 질란트의 만남을 알지 못하는 우도가, 정확하지 못한 보고서를 작성하였지만 비즐러는 이를 수정하지 않는다. 우도의 보고서는, 질란트가 외출하였다가 곧 귀가하였으며, 이제는 결코 더 이상 가지 않겠다고 말했으며, 이는 분명하지는 않지만, 드라이만의 집안일에 앞으로는 좀 더 신경 쓰겠다는 의미라고 되어 있었다. 알버트는 자살하고 드라이만은 알버트의 자살을 계기로 동독의 자살자에 관한 글을 쓰겠다고 다짐한다. 알버트에 관해 드라이만이 쓴 원고를 친구 하우저의 도움을 받아 서독에서 출판하려는 계획을 드라이만과 그의 동료들이 세운다. 하우저는 이 계획을 질란트에게 알리지 말라는 조건을 걸고 협력을 약속한다. 그녀를 보호하기 위해서 이다. 드라이만은 자기 집이 도청에 안전하다며 자기 집에 가서 의논하자고 한다. 질란트가 장관의 총애를 받고 있으므로 자신은 도청 대상에서 제외되어 있다고 믿기 때문이다. 원고 이송 작전은 계획대로 진행되고, 또 도청된다. 서독에서 온 슈피겔 잡지사 기자는 2주 후에 교정을 보고 동독 건국 40주년을 맞아 연재를 시작하자고 제안한다. 기자는 소형 타자기를 드라이만에게 준다. 만일의 경우, 국경에서 원고가 압수당하면, 타자기로 작가가 추적될 수 있기 때문이다. 타자기를 안전한 곳에 숨겨야 한다고 하자, 드라이만은 자기 집이 동독에서 가장 안전한 곳이라고 장담한다. 드라이만에 관한 확실한 증거가 곧 포착될 것을 예감한 비즐러는 그로비츠에게 도청을 혼자 처리하겠다는 요청을 한다. 부하 직원인 우도가 믿음직스럽지 못하다는 핑계를 그로비츠는 받아드린다. 타자기를 마루 밑에 숨기는 드라이만을 외출에서 돌아온 질란트가 목격한다. 그녀는 자신을 믿어달라고 말한다. 원고는 무사히 전달되었고 슈피겔 잡지의 표지기사로 공개되고, 이로 인해 동서독 간의 긴장은 강화된다. 그로비츠 중령은 상부의 질책을 받고 타자기 찾기에 혈안이 된다. 비즐러는 모른 척 한다. 장관은 그로비츠를 불러 거래를 한다. 자신과 질란트의 관계를 슈타지가 알고 있다는 것을 확인한 후, 질란트를 조사하라고 허용하지만, 그녀가 단서를 제공하면 그녀를 풀어줄 것을 요구한다. 그녀의 연기를 무대에서 계속 보고 싶다는 소망과 함께. 질란트는 치과에서 연행되어 호엔쉔하우젠 슈타지 감옥에 수감된다. 그로비츠는 슈타지 대원들을 이끌고 드라이만의 집을 수색하지만 타자기를 발견하지 못한다. 하우저를 비롯한 드라이만의 친구들은 질란트의 실종과 함께 들이닥친 슈타지 수색 때문에 질란트를 의심하지만, 드라이만은 그녀를 철석같이 믿는다. 비즐러는 그로비츠에게 심문실로 호출당한다. 그로비츠는 드라이만이 타자기를 숨기고 있다고 의심하고, 비즐러는 드라이만은 의심의 근거가 없다고 잡아 뗀다. 그로비츠는 비즐러에게 마지막 기회를 주면서 이미 수감된 질란트에게서 무언가 알아낼 것을 압박한다. 비즐러는 질란트를 설득한다. 드라이만은 타자기의 발견과 무관하게 어차피 구속되니까, 위대한 예술가인 질란트 당신은 관객들을 배려해야만 한다, 반드시 무대에 다시 서서 오늘 밤도 관객들에게 감동을 선사하여야 하며, 그러기 위해서는 단지 타자기가 있는 곳을 알려주고 석방되면 그만이며, 당신이 타자기에 관해 발설했다는 사실을 드라이만은 절대로 알 수 없게 될 것이라는 비즐러의 설득에 질란트는 넘어가고 만다. 질란트는 석방되고, 그로비츠는 다시 드라이만의 집을 수색하며, 마루바닥을 뜯어낸다. 드라이만은 의심에 가득찬 시선으로 질란트를 바라보고, 사랑하는 남자의 의심에 찬 시선을 견딜 수 없는 질란트는 밖으로 나가 달려오는 트럭에 치여 쓰러진다. 그러나 마루바닥을 뜯어 낸 곳에 타자기는 없었다. 비즐러가 먼저 와서 치웠던 것이다. 죽어가는 질란트가 비즐러를 원망하자, 비즐러는 자신이 타자기를 딴 곳에 옮겼다고 말해준다. 드라이만은 질란트를 의심했던 자기를 용서해 달라며 질란트를 끌어 안고 비통해 하고, 선행을 한 비즐러는 혹독한 대가를 치루게 된다. 그로비츠는 비즐러에게 앞으로 남은 공직생활 20년 동안 슈타지의 편지검열부에서 봉투를 개봉하는 일을 하게 될 것임을 통보한다. 그러나 20년이 아니라 4년 7개월 후, 장벽이 무너지며, 비즐러의 봉투개봉 작업은 끝난다. 그로부터 2년 후, 드라이만은 자신의 작품이 공연되는 극장의 객석에서 관극 도중 일어나 밖으로 나온다. 사랑의 고통을 묘사하는 대목에서 자신의 과거를 떠올리지 않을 수 없었기 때문이었다. 극장 로비에서 드라이만은 똑같은 이유로 먼저 나온 예전의 문화부 장관을 만난다. 그에게서 자신이 철저하게 도청당했다는 사실을 알게 된 드라이만은 집으로 가, 온갖 도청장치들을 발견하게 된다. 드라이만은 슈타지의 기록들을 보관하고 있는 관청으로 가, 자신에 관한 방대한 기록들을 보게 된다. 드라이만은 기록 작성자의 슈타지 암호가 HGW XX/7 이라는 것과 자신이 사랑했던 질란

트의 자필서명이 되어있는 슈타지 협력서도 보게 된다. 기록의 마지막은 다음과 같았다. "1985년 3월 10일 크리스타 마리아 질란트는 문화부 장관 헴프(Hempf)의 제보로 약물복용 혐의로 구속되었고, 3월 11일 오후 3시경 플려났으며, 요원들이 드라이만의 집을 수색하는 동안, 아파트에서 뛰쳐나가 교통사고로 사망했다. 국가안전부는 본 사건을 종결하고 드라이만에 대한 모든 감시를 철회한다." 드라이만은 헴프 장관이 질란트의 약물중독을 악용하였으며, 자신의 감시자였던 슈타지 요원 HGW XX/7이 타자기를 딴 곳으로 옮긴 진실을 비로소 알게 된다. 드라이만은 자신의 기록 담당자 비즐러의 사진을 관청의 직원에게 요청하여 볼 수 있었다. 드라이만은 어느 날 길거리에서 우편배달을 하고 있는 비즐러를 발견하게 된다. 2년 후, 비즐러는 서점 앞을 지나다 새로 나온 소설 책의 포스터를 보고 서점 안으로 들어간다. 소설의 제목은 "착한 사람의 소나타"였으며 작가는 게오르그 드라이만이었다. 표지를 넘기자 "HGW XX/7에게 헌정함" 이라는 문구가 보인다. 책을 사면서 점원이 선물용이냐고 묻자, 비즐러는, "아니오 내가 읽을 겁니다."라고 대답한다.

타인의 삶과 자신의 삶

이 영화는 사회주의 동독 정권이 국가안보라는 미명하에 자국민들에게 저지른 조직적 위협과 괴롭힘 그리고 고문 등을 보여 준다. 한 국가의 정보기관은 정보수집 업무에 전념하여야 마땅하지만, 독재정권들은 정보기관에게 정치경찰의 업무까지 전담하게 하여 국내통치에 악용하는 경우가 대부분이다. 동독의 경우도 그러하였으며, 악명 높았던 동독 국가 안전부, 슈타지의 경우, 그 대부분의 기록들이 보존되어 피해자들이 열람할 수 있게 됨으로써, 이들이 저지른 범죄행위들이 낱낱이 공개되어 우리 모두에게 큰 충격을 주었다. 이 영화가 관객들에게 전하고자 하는 것은 슈타지의 범죄행위를 고발하는 동시에 당시의 동독 국민들이 받았던 고통과 불안감 그리고 통제된 삶의 그늘에서 이들이 느꼈던 분노와 회한이다.

자유분방한 영혼의 소유자인 극작가 드라이만, 고독하고 삭막한 영혼의 소유자인 슈타지 대위 비즐러, 비즐러가 드라이만의 삶을 철두철미 도청하기 시작하면서, 영화는 이 두 사람의 삶을 대비적으로 보여 준다. 드라이만이 장을 보고 귀가 길에 집 앞에서 동네 어린이들과 신나게 축구를 즐기는 반면, 비즐러는 엘리베이터 속에서 같은 아파트에 사는 어린이로부터 사람을 잡아 가두는 슈타지 직원이냐는 질문을 받고 난감해 한다. 아름다운 여배우 질란트와 동거하는 드라이만의 삶은 밝고 명랑하지만, 썰렁한 아파트에 외롭게 혼자 사는 비즐러는 간단한 대용식으로 저녁을 대신하며 TV를 보는 것이 유일한 낙이다. 드라이만이 새로운 작품을 구상하며 창의력과 성취감이 모

자랄 때는 질란트라는 뮤즈에게서 새로운 활력을 충전하는 반면, 비즐러는 창녀를 집으로 불러 동물적인 성욕을 채운다. 비록 상대가 창녀이지만 외로운 영혼, 비즐러는 대화를 원하고, 돈벌이에 바쁜 창녀는 자신을 기다리고 있는 다음 고객을 만나러 황급하게 비즐러의 곁을 떠나버린다. 공연이 끝난 후 문화부 장관은 극작가 드라이만을 치켜세우면서, 영혼을 다루는 최고의 기술자라고 칭찬한다. 바로 이 동독 최고의 영혼 기술자를 밀착 도청하면서, 비즐러의 외롭고 삭막한 영혼은 따뜻하고 인간적인 부드러움을 알게 된다. 드라이만이 알버트에게서 생일선물로 받은 악보, "착한 사람을 위한 소나타"를 피아노로 연주하면, 그를 도청하는 비즐러 역시 이어폰을 통해 이 음악을 들을 수밖에 없으며, 이렇게 영혼 기술자의 온기에 노출된 비즐러의 영혼은 조금씩, 조금씩 바뀌기 시작한다. 어느 날 드라이만의 방에서 브레히트의 시집을 슬며시 들고 나온 비즐러는 자신의 고독한 침실에서 "마리 A에 대한 기억"을 음미하며, 브레히트가 노래한 '푸른 달'과 '아름다운 꿈', '여름 하늘'과 '구름 한 조각'을 만나게 된다. 이렇게 본의 아니게 도청을 통해 드라이만의 영혼과 함께 동거하며 비즐러의 삶은 자신의 것이 아닌 드라이만의 삶으로 가득 차게 되고, 그 과정에서 자연스럽게 드라이만의 동거녀, 질란트의 내면을 들여다 볼 수 있게 된다. 비즐러는 자신이 초인종 소리를 조작하여 드라이만과 질란트가 장관과의 밀회를 두고 갈등에 빠졌을 때, 질란트에게 연민의 정을 느끼게 된다. 그는 문화부 장관이 자신의 지위를 이용해 질란트와의 밀회를 즐기며, 질란트가 밀회에 계속 응하는 이유 중의 하나가 반체제적 경향이 있는 드라이만에게 장관이 보호막이 되어줄 수 있으리라는 기대감 때문이라는 것도 알고 있다. 장관 또한 질란트의 이러한 심리를 역이용하면서 더러운 욕정을 채우고 있다는 사실도 비즐러는 알고 있는 것이다. 공화국 최고의 영혼 기술자, 드라이만의 저력은 비즐러를 통해 서서히 드러나기 시작한다. 두 사람이 다투는 것을 도청하고 근무를 교대한 비즐러는 쓸쓸하게 근처 술집에서 보드카를 마신다. 드라이만과 다투고 나서 마음이 심난해진 질란트는 장관을 만나러 가지 않고 비즐러가 있는 근처 술집으로 들어온다. 비즐러가 질란트에게 다가가 말을 건다. 처음 본 남자가 말을 걸자 낯설어 하는 질란트에게 비즐러는 유명한 여배우인 질란트를 자신은 잘 알고 있다고 대답한다. 자리에서 일어나는 질란트에게 비즐러가 어디로 가는지 묻는다. 질란트는 드라이만에게 거짓말 했듯이 옛 동창을 만나러 간다고 대답한다. 그 말이 거짓인 줄을 아는 비즐러가 정곡을 찌르자, 질란트는 비즐러에게 다음과 같이 3인칭을 사용하여 묻는다.

> 질란트: 당신이 크리스타 마리아 질란트를 잘 아신다고 하셨죠? 그렇다면 그 여자는 목숨을 걸고 사랑한 남자를 다치게

내버려 둘까요? 그 여자는 예술을 위해 몸을 팔까요?
비즐러: 예술을 위해 몸을 팔아요? 그 여자는 이미 예술가인데 ... 몸을 판다면 그건 나쁜 거래가 되겠지요. (말투를 3인칭에서 2인칭으로 바꾼다) 당신은 최고의 배우입니다. 그렇다고 생각하지 않으세요?
질란트: 당신은 착한 사람이군요.

술집에서 우연히 만난 질란트에게 비즐러는 그녀가 위대한 예술가라는 자부심을 일깨워 주면서, 예술을 위해 몸을 판다고 자기합리화 하는 질란트를 부드럽게 나무란다. 비즐러의 말에 고무된 질란트는 비즐러를 "착한 사람"이라고 부른다. 고독한 인간 비즐러의 영혼 밑바닥에 있던 착한 인간의 본성이 부름을 받고 눈을 뜨는 순간은 이 영화에서 가장 아름다운 순간이다. 도청장치를 설치하기 위해 불법으로 드라이만의 집으로 침입하는 것을 목격한 드라이만의 이웃집 부인을 협박하던 악독하고 비인간적인 비즐러의 영혼이 소나타 헌정의 대상이 된 것이다. 이때부터 비즐러는 타인의 삶이 아닌 자신의 삶을 살아간다. 비즐러는 결국 결정적인 증거물인 타자기를 옮겨놓고 착한 사람으로서의 선행을 실천한 후 혹독한 대가를 치루지만, 영혼 기술자 드라이만은 그의 과거 명성에 걸맞게, 초라한 우편배달부 비즐러의 영혼을 다시금 부드럽게 얼싸 안는다. 슈타지 요원 비즐러가 과거에 도청을 위하여 지붕 밑의 공간과 헤드폰으로 반체제 예술가 드라이만과 동거하였다면, 이번에는 극작가 드라이만이, 한 권의 소설을 집필하는 동안, 자신을 곤경에서 구해 준 착한 사람의 영혼과 동거한 것이다. 우편배달은 사무실이나 심문실 근무보다는 육체적으로 힘들지 모르지만, 비즐러의 영혼은 이제 전처럼 삭막하지는 않을 것이고, 휴식과 안정을 찾았을 것이다.

집단적 기억의 문제

역사책은 객관성과 정확성을 중요시하고, 증거물과 사료를 바탕으로 서술하므로, 그 속에는 한 개인이 부당한 체제 속에서 체험한 삶의 불안함과 죽음의 공포에 대한 감정이 서술될 여지가 없다. 1945년 이후 나치독재와 유대인 학살에 관한 수많은 연구가 있었지만, 정작 일반인에게 그 실체를 알리고 감동시킨 것은 1978년의 "홀로코스트" TV시리즈였다. 독일 통일 이후, 동독과 슈타지에 관한 수많은 연구가 나왔지만, 그 체제 안에 살던 사람들의 삶의 실체를 우리가 피부로 느낄 수 있게 된 것은 이 영화가 만들어진 이후라고 할 수 있을 것이다. 시간은 그 시대가 가졌던 고통과 절망마저 풍화시킨다. 시간은 그 아픔과 함께 그 아픔에 대한 기억마저도 함께 앗아간다. 이 영화는 극작가 드라이만과 슈타지 대위 비즐러 그리고 여배우 질란트에 관한 개인사의 기록이면서 동시에 한 사회가 집단적으로 과거를 어떻게 기억하고 있는가에 대한 기록이기도 하다. 인간의 일반적인 심성은, 정치적인 견해와는 상관없이, 유쾌하지 않은 일은 감추고, 망각하고자 한다. 그러나 더 중요한 것은 사람들이 기억하지 않으려고 하는 부분인 것이다. 실존했던 동독이 자유선거도, 자유로운 언론도, 노조도, 헌법도 없는 사회였으며, 슈타지가 무소불위의 권력을 휘둘렀다는 점을 우리는 기억해야만 하며, 이 영화는 우리에게 그런 기억을 일깨워 주고 있다.

한편 이 영화는 슈타지 요원을 묘사함에 있어, 보편성을 결여하고 있다는 지적을 받기도 한다. 맹목의 당성과 국가에 대한 충성심으로 무장된 조직원이며, 동독의 미래를 확신하는 철저한 사회주의자로 설정된 인물, 비즐러는 그러나 가족도 친지도 없는 사고무친의 외롭기 짝이 없는 인물이기 때문에 보편적 인물이라기보다는 특수한 인물이라는 인상을 강하게 준다. 우리가 기억해야 할 것은 슈타지라는 국가권력기관이 제도적으로 저지른 범죄인데, 특수한 인물설정은 범죄의 근원이 제도와 함께 인물의 특수한 성격이나 상황에도 있는 것으로 오도할 수 있기 때문이다. 비즐러가 가정에 충실한 가장이며, 집에서는 훌륭한 남편과 아버지 노릇을 하는 사람일 때, 슈타지의 범죄는 더 선명하게 제도에서 오는 것임을 부각시킬 수 있을 것이다.

세바스티안 페터슨-<우리 같은 영웅들>

<니콜라이 교회>가 동독 고급 관료의 가족들의 다양한 시각으로 동독 사회를 바라보았다면, <우리 같은 영웅들>은 동독의 평범한 소시민 계층의 가족들 시각을 통해 동독 사회를 보여주고 있다. 원작소설의 작가 토마스 브루씨히(Thomas Brussig)는 동독 건국 이후에 태어난 세대로, 자신의 체험을 바탕으로 주

인공 클라우스 울취트(Klaus Uhltzscht)의 유년시절과 청소년 시절 그리고 성장하여 슈타지의 요원이 될 때까지의 주인공의 심리와 동독사회를 예리하게 분석하여 우리에게 제시해 준다. 동독에서 태어난 한 인간의 삶이 어떻게 전개되어 나가는지를 이 영화는 자세하고도 긴 호흡으로 이야기하고 있다. 영화 <약속>이 동독 사회의 한 지식인의 삶을 보여 주고, <니콜라이 교회>는 고급관료의 삶을, <타인의 삶>은 슈타지 요원의 삶을 보여준다면, <우리 같은 영웅들>은 소시민적이며 체제순응적인 부모에게서 태어난 동독의 한 소년이 슈타지 요원으로 성장하는 과정을 통해서, 부모의 영향과 편향된 교육으로 인하여 어떻게 성적(性的)으로 왜곡되고 비사회적인 인간이 되는지 보여준다. 그리고 그 비정상적 상태의 근본원인인 통제된 사회 동독에 대한 자기성찰과 비판을 제기하고 있다.

1968년 8월 20일, 체코의 "프라하의 봄"을 진압하기 위해 출동하던 소련 탱크들의 굉음을 듣고 놀란 태아는 출산예정일 보다 1개월 빨리 세상에 태어난다. 슈타지 요원인 에버하르트 울취트와 의사 루씨 울취트의 아들 클라우스 울취트는 이렇게 세상에 태어났다. 프라하의 자유는 소련 탱크에 짓밟혔지만, 동독은 평화를 구가하고 있었다. 빵과 일자리는 부족하지 않았고, 동독 사회주의 번영의 상징물인 동베를린 TV송신탑은 하

늘 높이 솟았다. 클라우스의 부모는 아들에게 지나치게 단정한 소년을 원했다. 아버지는 권위적이고 직선적이며 준법성이 강한 사람으로 아들에게는 꼭 필요한 말만 하였고, 오래달리기 꼴찌이고 초보수영자로 계속 남아있는 아들을 항상 무능력하다고 무시하였다, 아들의 이름도 직접 부르지 않고, 그 녀석, 저 녀석이라고 간접적으로만 불렀다. 어머니는 지나치게 위생관념이 투철한 사람이었으며, 아들의 출산 때문에 전문의 수련과정을 그만 둔 의사로, 성교육은 고사하고 성을 더럽게 여기는 금욕주의자였다. 그녀는 성적인 매력이 있다는 표현인 영어의 sexy라는 말을 입에 담기 싫어서 무성음을 유성음으로 발음하여 독일어의 숫자 6의 발음과 동일하게 6y라고 말하는 여자였다. 이러한 소통부재의 부모 밑에서 클라우스는 늘 상심과 불안에 떠는 소년으로 살아가고 있었다. 어머니의 금욕주의는 자위행위를 용납하지 않았고, 소년은 성불감증 환자가 되고 만다.

초등학교에서의 편향적이고 흑백논리적인 용공교육도 소년의 사고체계에 큰 영향을 미친다. 사회주의 국가는 좋은 나라이며 붉은 색으로 나타내고, 자본주의 국가는 나쁜 나라이며 파란 색으로 나타낸다. 클라우스는 전입생 이본느를 짝으로 맞는다. 2001년의 가상의 유럽지도를 색으로 칠해 보라는 여선생의 요구에 그러나 이본느는 붉은 색과 파란 색 대신 자신이 좋아하는 튜울립 꽃을 그려 넣는다. 자전거를 같이 타고 집으로 가면서 소년과 소녀는 친해진다. 이본느는 TV에서 본 암스테르담의 거대한 튜울립 밭을 동경한다. 지도에서 암스테르담을 찾은 소년은 그곳이 파란색의 나라이기 때문에 갈 수 없다고 말한다. 이유도 모른 채. 어느 날 놀이터에서 이본느와 대화하면서 그네를 타고 놀던 클라우스가 그네로 이본느를 쓰러트리는 사고가 발생하고, 두 사람의 아버지들은 서로 밀치며 싸움을 하게 된다. 발이 걸리며 넘어진 클라우스의 아버지는 이본느의 주소를 묻고 슈타지에 신원조회를 한다. 나중에 밝혀지지만 클라우스의 아버지가 이본느의 아버지를 고발하여 이본느의 가족들은 이사할 수밖에 없었다. 이본느의 아버지는 소위 반체제 인사였기 때문이다.

용공에 치우친 학교교육은 독일공산당 대통령 후보였으며, 나치스의 집단수용소에서 죽은 유명한 독일 공산주의자 에른스트 텔만(Ernst Thälmann)에 대한 클라우스의 생각이 어떻게 왜곡되는지를 잘 보여준다.

소년단 캠프장에서 클라우스는 오줌발 시합을 하게 되고, 클라우스의 조그만 성기에서 나오는 빈약한 오줌발은 아이들의 웃음꺼리가 되어 어린 소년을 상심하게 만든다. 상심한 가슴을 안고 집에 돌아온 소년을 기다리는 것은 아버지의 호통이었다. 클라우스가 밤이면 침대에서 일기를 쓰면서 건너편 슈타지 건물에 있는 사람들의 모습을, 전화를 거는 파란색 옷의 남자, 화분에 물을 주는 옆방의 부인 등으로 기록해 놓았는데, 이 일기책을 아버지가 발견하고 흥분한 것이다. 만일 이 공책이 남에게 발견된다면 감옥에 갈 각오도 해야 한다며 별거 아니라는 아들을 아버지는 호되게 꾸짖는 것이다. 살며시 집을 빠져나온 클라우스는 이본느에게서 위안을 찾으려 했지만 그녀는 이미 이사 간 뒤였다.

사회주의 동독은 1민족 2국가를 주장하며 서독과 국가대 국가로 대하는 노선을 유지한다. 소련에는 고르바쵸프가 정권을 잡았고, 동독의 호네커 서기장과 서독의 콜 수상은 동서독 정상회담을 가졌다. 사회주의는 제 길을 가고 있는 것이다.

1987년, 청년으로 성장한 클라우스는 인생의 진로를 정해야 할 시점에 도달한다.

고등학교 졸업반 교실로 찾아온 슈타지의 중령은, 첩보영화의 주인공 같은 정보요원의 환상을 클라우스에게 일깨워주며, 슈타지 사관생도로 오라고 권유한다. 클라우스의 과대망상이 가동된 것은 물론이다. 제임스 본드처럼 서방으로 보내질 것인가? 서독에서 나온 상품 카탈로그에 있는 늘씬한 모델들을 보면서 클라우스는 첩보요원인 자신이 직무상 적국의 국방부에 근무하는 여비서를 상대하는 환상에 젖는다. 훈련을 끝낸 클라우스는 슈타지 본부로 가서 동베를린 어느 거리에 있는 신문우편구독서비스회사 총무과에 등록하라는 명령을 받는다. 이곳의 책임자인 분더리히 소령과 다른 두 명의 요원들과 함께 클라우스는 슈타지 요원으로 활동하기 위한 본격적 실습을 하게 된다. 감시대상인 "개인주의자"의 일상을 감시하고 기록하고 그의 집에 불법으로 침입하여 가택수색을 하고, 도청장치를 설

치해 놓고, 편지함에서 편지를 꺼내 열어보고, 슈타지가 사용하는 색깔 명칭을 숙지하고, 의복의 명칭도 숙지하는 것들이 그가 하는 일이었다. 분더리히 소령은 개인주의자가 전단을 더 이상 만들 수 없는 묘안을 찾는다. 클라우스는 모든 빈 종이는 잠재적인 전단이라며, 종이를 철저히 통제할 것을 제안한다. 그의 제안은 훌륭한 제안으로 받아들여졌으며, 클라우스는 자신의 쓸모가 인정된 것을 기뻐한다.

어느 날, 클라우스는 길가 게시판 앞에 서있는 어떤 부인에게 접근하여 수작을 걸라는 명령을 받고 부인에게 다가가 만날 약속을 얻어낸다. 그녀와 만나 그녀의 집까지 같이 갔지만, 그녀는 클라우스의 작은 성기를 보고 마구 웃는다. 초조해진 클라우스가 그녀를 덮치자 그녀는 클라우스를 문밖으로 내쫓아 버린다. 클라우스는 계단위로 올라가 수음을 한 후 계단을 내려오다 자신의 정액에 미끄러져 골절상을 입는다. 깁스를 한 채 공원에서 산보를 하던 클라우스는 이본느와 재회한다. 이본느는 그러나 반체제 젊은이들과 함께 있었으며, 민주화 운동 전단을 만들고 있었다. 서명자들의 명단이 적혀있는 종이를 클

라우스는 슈타지 요원답게 찢어버리면서, 그는 더욱 강력한 방식을 취해야 한다고, 전력투구해야 한다고, 직접 행동해야 한다고 말해서 이본느의 동감을 얻는다. 이본느의 집을 다시 방문한 클라우스는 이본느와 사랑을 속삭이지만, 성도착증 환자인 그는 이본느와 육체적인 사랑은 나눌 수 없었다. 그는 자신이 슈타지에서 일한다고 고백한다.

밤늦게 슈타지 요원들이 클라우스를 집으로 찾아와 아무런 설명도 없이 어디론가 데려간다. 그의 부모들은 아들이 무엇인가 잘못을 저질렀을 것이라고 생각한다. 병원으로 간 클라우스는 단순한 헌혈이라는 의사들의 말을 들었지만, 이틀 정도 걸릴 것이라는 말을 듣고 의혹에 잠긴 채 혼수상태에 빠지고 이틀 후에 깨어난다. 그리고 휴지통에서 찢어버린 사망진단서를 발견하고 치를 떤다. 의사들이 이미 서명을 한 사망진단서였으며 사망일만 빼고 모두 작성이 되어 있었다. 그의 헌혈은 죽을 수도 있는 위험한 헌혈이었던 것이었지만, 그에게는 일언반구 말이 없었던 것이다. 그가 헌혈한 사람은 동독서기장 호네커였다. 사망에 임박했던 호네커는 헌혈로 생명을 연장한 후 공직에서 물러났다. 그러나 클라우스는 수술후유증으로 거대한 성기를 갖게 된다. 병원으로 찾아온 어머니는 휴일도 아닌데 시위하는 군중들을 비난하고, 이들이 장벽이 열리기를 원한다고 질책한다.

그러나 클라우스는 자신도 장벽이 열리기를 원하며, 퇴원하면 슈타지를 그만 두겠다는 자신의 심정을 피력한다. 분더리히 소령 일행은 알렉산더광장 지하철역에서 전단을 뿌리려는 "개인주의자"를 체포하려다가 그가 저항하고, 사람들이 몰려드는 바람에 연행에 애를 먹는다. 그러나 지하철역까지 소령과 함께 차를 타고 오면서 자신의 사직을 말하려다 기회를 놓친 클라우스는 "개인주의자"가 이본느의 아버지이며, 연행을 격렬하게 방해하는 여인이 바로 자신이 사랑하는 이본느임을 목격한다. 클라우스가 소령에게 일격을 가해 쓰러트리고 이본느와 그녀의 아버지는 지하철을 타고 도주에 성공한다. 배신자를 잡으러 오는 분더리히를 피해 클라우스는 도망쳐, 사람들이 운집한 곳으로 간다. 그곳에는 수많은 사람들이 서베를린으로 가는 통로의 문을 열라고 외치고 있었다. 그들은 소위 동독의 민중들이었다. 얌전하고 순한 토끼 같으며 패배자로 프로그램되어 있는 민중, 불과 수십 명의 국경수비대에 주눅 들어 더 이상 밀어붙이지 못하고 그냥 착하게 거기 서 있는 민중, 용기가 없는 민중, 정당한 분노를 폭발시키지 못하는 민중이었다. 이 때 클라우스의 머리를 스치는 기묘한 생각, 그는 장벽 위로 올라가 그의 거대한 성기를 노출시켜 국경수비대의 시선을 끌어 마침내 통로의 문이 열리는 결정적 단서를 제공한 것이다. 장벽은 민중이 무너트린 것이 아니고 클라우스

의 거대한 성기가 무너트린 것이다. 클라우스와 이본느는 서로 얼싸 안고 꿈에 그리던 암스테르담의 거대한 튜울립 밭을 가로지른다.

우리 같은 영웅들 - 동독의 어머니들

이 작품의 제목이 언급하는 우리 같은 영웅들 이란, 주인공 클라우스의 어머니 같은 사람들을 의미한다. 클라우스가 헌혈을 하러 어디론가 끌려갔을 때, 아들이 끌려간 곳을 수소문 끝에 알아낸 클라우스의 어머니는 아들을 문병하러 온다. 병원으로 오는 길에 거리의 시위대를 목격한 그녀는 불만스런 표정으로 말한다. "오늘은 휴일도 아닌데 시위를 하다니. [...] 저들은 장벽이 열리기를 원하고 있어. 우리는 다른 사람들을 위해서 우리 자신을 희생해 왔다. 아주 평범한 사람들을 위해. 그래서 우리들은 영웅이다. 우리 같은 영웅들은 후회할 게 없단다." 그녀가 영웅이라고 표현한 사람들은, 전쟁의 폐허에서 동독건설에 앞장섰던 자들이며, 카타리나 비트처럼 올림픽에서 숱한 승리를 거두어 조국의 명예를 함양시켰고, 그녀의 남편이자 클라우스의 아버지처럼 나치스에 대한 반파쇼 투쟁에 목숨을 걸고 참여했었던 자들이다. 이들에게 동독은 자신들이 일으켜 세운 자랑스러운 사회주의 국가일 뿐이다. 휴일도 아닌 평일에 직장에서 근무해야 할 사람들이 거리에 나와 시위를 하고, 공화국을 자본의 마수로부터 보호해주는 장벽을 개방하라는 요구를 한다는 사실이 이들에게는 납득이 안 되는 것이다. 그러나 우리의 주인공 클라우스는 동독의 사회주의를 포기하지 않으려는 이들 "동독의 어머니들" "우리 같은 영웅들"에게 분명하게 이야기한다. 장벽은 무너져야하고, 자신은 퇴원하면 슈타지 근무를 그만 두겠다고. “우리 같은 영웅들”은 오늘날 동독의 젊은 세대들이 얼마나 끔찍한 처지에 놓여 있는지 상상하지 못한다. 그러나 이들의 불안과 굴종으로 가득 찬 삶에 대해 아무도 이야기하려 하지 않는다면 과연 동독의 민주화는 어떤 의미가 있을 것이며 무엇이 변화될 수 있을 것인가? 클라우스가 처한 끔찍한 상황, 발기부전과 성도착 증상, 비정상적 수음환상, 스파이 행위와 밀고행위가 빚어내는 불안과 굴종의 삶은 그의 가정과 학교교육 그리고 동독사회가 빚어낸 산물인 것이다.

전체주의 국가로서의 동독의 치명적 결함을 상징적으로 드러내는 것이 비밀경찰 슈타지의 존재이다. 아버지가 자신의 직장에 대해 아들에게 거짓말하는, 가족구성원 사이의 허위구조는 비밀경찰의 역사가 반복되는 독일 역사의 비극적 단면이기도 하다. 클라우스가 아버지의 뒤를 이어 슈타지 사관생도가 되는 것은 독일 근대사의 멍에가 또 다시 반복되고 있음을 보여준다.

소시민적 가정교육

클라우스의 불안과 굴종에 가득 찬 삶은 상당부분 그의 부모님 덕분이다. 가부장적 엄격함과 고루함의 소유자인 클라우스의 아버지는 어린 클라우스에게 경외의 대상이자 혐오의 대상이다. “사랑하면서도 그러나 참을 수 없는 존재”이며, 클라우스가 “만났던 사람들 가운데 가장 구역질나는 사람”이다. 아버지는 스스로를 실패자로 여기는 아들을 압박하고 그의 정상적인 성장을 방해하는 또 다른 요소이다. 클라우스가 처한 가정

분위기는 19세기 프로이센 또는 히틀러 시대를 연상시킨다. 클라우스의 부모가 요구하는 질서, 청결 그리고 단정함에서는 지난 시절의 소시민적 고루함이 묻어난다. 클라우스의 내적 성장에 결정적 영향을 주는 요인은 그의 어머니이다. 그녀는 살아있는 위생검사관의 화신이다. 그녀는 아들을 위해 의사로서의 장래를 포기한 희생적인 여인이다. 그러나 청결함과 희생정신에도 불구하고 그녀는 아들에게 애정의 대상은 아니었다. 모자간의 마음의 대화는 단절되어 있었다. 특히 그녀는 성을 금기시하고 은폐의 대상으로 삼았으며, 이러한 그녀의 자녀교육은 아들을 성불감증 환자, 극단적인 변태성욕자로 만들게 된다. 성인이 된 후, 이본느와 사랑의 감정을 주고받으며 자연스럽게 육체적 욕망을 갖게 되는 클라우스는 소위 전희단계에 해당하는 순간에, 성교란 더러운 것이라는, 성에 대한 왜곡된 생각 때문에 육체적 사랑에는 이르지 못하고 만다. 그의 머릿속을 맴도는 것은, 다음날 아침 서독 신문에 날 기사제목들이다: 슈타지의 성폭행, 슈타지의 앞잡이, 한 자유사상가의 딸을 성폭행하다! 과대망상에 사로잡힌 클라우스가 이본느와 사랑을 나누지 못하는 것은 당연한 일이다.

편향된 전체주의 교육

클라우스의 불안과 굴종에 가득 찬 삶을 빚어낸 것은 그의 가정에서의 소시민적 순응주의와 더불어 학교에서의 편향된 전체주의 교육이었다. 7살짜리 소년은 학교에서 이분법적이고 흑백논리적인 용공교육을 받으며 세상을 보는 왜곡된 시선을 갖게 된다. 사회주의 국가와 자본주의 국가는 좋은 나라와 나쁜 나라로 구분된다. 좋은 나라는 붉은색, 나쁜 나라는 파란색으로 표시되고, 초록색은 신생국가를 의미한다. 일상에서 늘 패배자 편에 속했던 클라우스는 자신이 붉은 편, 아주 성공적인 진영에 속했다는 사실에 안도한다. 독일 공산당의 대통령 후보자였던 유명한 공산주의자 에른스트 텔만(Ernst Thälmann)에 대한 수업에서 클라우스의 관심을 끌었던 것은 위대한 공산주의자 텔만 보다는 텔만 대신 총탄을 맞고 숨진 "어린 트럼펫 연주자"였다. 클라우스가 배운 것은, 보다 더 가치가 있는 한 인간을 향해 발사된 총알을 가로막는 또 다른 인간이 존재한다는 것은 당연하다는 것이었다. 생명은 무가치한 것이고, 보다 더 고귀한 것을 위해 자신의 생명을 바쳐야하며, 모든 사람이 그렇게 행동하고 있다는 것이었다. 3년 후 10살짜리 소년 클라우스는 레닌 동상 아래에서 목에 빨간 스카프를 매면서 자신의 보잘 것 없는 삶을 레닌 같은 위대한 사람에게 바쳐야 한다고 다짐하는 것이다. 그러나 훗날 실제로 보잘 것 없는 슈타지 견습생 클라우스의 혈액이, 위대한 사회주의 지도자 호네커의 생명을 연장하기 위한 치료제로 사용되지만, 이는 본인의 의사와는 무관한 것이었으며, 또한 헌혈자의 생명을 앗아갈 수도 있었던 위험을 무릅쓴 행위였다. 이 강제된 헌혈은 클라우스의 삶을 바라보는 자세를 바꾸는 결정적인 계기가 된다. 그는 비로소 자신의 삶의 의미에 눈을 뜨게 된다.

인식전환의 계기 - 이본느와의 사랑

클라우스가 폐쇄적, 이분법적 동독 사회주의 교육의 모범생이자 소시민적 가정교육의 철저한 실천자라면, 이본느는 자유분방하고 개방된 의식의 소유자로 클라우스와 대조를 이루는 인물이다. 홀란드를 동경하고 자전거와 튜울립 꽃을 좋아하는 자유로운 영혼의 소유자 이본느와 사랑을 나누면서, 클라우스의 불안과 굴종에 가득 찬 삶은 변화하기 시작한다. 체제순응적이었던 자신의 삶을 직시하면서, 클라우스는 스스로를 인간 쓰레기라고 생각하게 된다. 그는 이본느의 억눌리지 않은 삶, 통제되지 않은 자유로운 삶을 동경하며, 가택침입도, 어린이 유괴도 없는, 작은 즐거움으로 가득 찬 삶을 그리워하게 된다. 결국 이본느에 대한 사랑의 감정이 클라우스의 왜곡된 삶을 바로 잡는 방향타가 된다.

(영화에서는 생략되었지만, 소설에서는 이본느와의 사랑으로 클라우스의 삶에 변화가 오기 전에 클라우스가 도서관에서 『안네 프랑크의 일기』를 빌려 읽은 후, 처음으로 자신의 삶을 관찰하게 되는 전 단계가 있었다. "너는 네 운명의 선장으로서 너의 배를 어디로 몰고 가고 있니?"라는 안네의 질문에 클라우스는 스스로 대답한다. "난 아이를 납치하였고, 남의 편지를 염탐하러 다녔고, 낯선 사람을 몇 주 동안 감시하였고, 다른 사람을 불안하게 하고 마비시켰고, 경멸하였어. 난 그렇지 않아도 나쁜 세상을 더 나쁘게 만들었어, 8살짜리 아이를 울리며 만족을 느꼈고..." 안네의 질문이 깨워준 클라우스의 영혼은 이본느와의 만남으로 새롭게 태어나게 된다.)

슈타지에서의 비뚤어진 삶을 청산하고 싶은 클라우스의 심정에 결정적인 영향을 미친 사건은 헌혈이었다. 늦은 밤 시간에 느닷없이 찾아와 아무런 설명도 없이 슈타지 직원이라는 신분증명서만 보여주고는 클라우스를 데려가는 슈타지의 모습을 보고 클라우스의 아버지는 당연히 아들이 엄청난 일을 저질렀기 때문이라고 생각한다. 슈타지의 고급관리인 자신에게도 한마디 언급이 없이 아들을 연행했다는 사실이 모든 것을 말해주기 때문이리라. 그러나 다음 순간 우리는 헌혈을 위해서 병원으로 연행된 것이라는 사실과 함께, 당사자의 의사와는 무관하게 이 헌혈이 진행된다는 사실을 알게 된다. 그리고 이 헌혈과정에서 헌혈자가 사망할 수도 있기 때문에 사망일만 비워 놓고 나머지는 모두 기록된 사망증명서까지 미리 준비되어 있었다는 사실도 알게 된다. 그리고 곧이어 헌혈을 받은 자가 동독 공산당 서기장 호네커라는 사실도 알게 된다. 국가의 최고 지도자의 생명을 연장하기 위해서 필요하다면, 국민들 중에 그 누구라도 한 밤중에 불쑥 병원으로 연행하여 목숨을 잃을 수도 있는 위험한 헌혈을 강행하는 동독 사회주의에 클라우스는 결별을 선언하지 않을 수 없는 것이다.

통제된 사회, 동독의 붕괴 : 프랭크 바이어-<니콜라이 교회>

2차대전의 종결과 더불어 패전국 독일은 연합국에 의해 분단된다. 종전과 함께 시작된 동서냉전의 틈바구니에서 동독과 서독은 각기 자본주의 진영과 사회주의 진영의 첨병으로 맞서며, 냉전의 두 주축인 미국과 소련의 대리전 수행을 충실하게 진행하게 된다.

그러나 국제정세의 변화에 발맞추어, 사민당의 브란트 수상은 동독을 적대시했던 종래의 기민당 노선을 포기하고, 동독과의 대화를 지향하는 동방정책을 채택하여 통일의 첫걸음을 내딛게 된다. “접근을 통한 변화”라는 모토와 함께 시작된 동서독간의 교류는 이미 통일 이전에 상당한 수준에 도달 하였으며, 동서독간의 인위적 단절로 인한 양국의 이질적 요소들의 제거에 크게 기여하였다. 그러나 결과적으로 동독이 서독에 흡수통일 됨으로써 분단과 통일과정은 독일의 현대사에 쉽게 아물지 않는 상처를 남기고 말았다. 재통일이 된지 20년이 가까워 오지만 동서독 국민들 마음속의 분단은 아직도 완전히 극복되었다고 말하기는 힘든 것이 오늘날의 현실이기 때문이다.

이제 조국의 분단이라는 비극과 재통일 과정의 상처들을 다룬 영상들을 통해 “독일의 참상”을 살펴보자.

니콜라이 교회

에리히 뢰스트 Erich Loest의 동명소설을 영화화한 이 작품은 동독 전환기에 대한 최초의 사실적인 기록이었으며, 동독 몰락의 의미를 성찰하는 작품이었다. 소설의 출간과 거의 동시에 프랑크 바이어 감독에 의해 TV영화로 제작되어 방영된 이 작품은 독일은 물론 유럽과 세계 곳곳에서 커다란 반향을 일으키는 대성공을 거두었다. 동독의 라이프찌히 市 니콜라이 교회는 동독 민주화운동에서 커다란 역할을 하였던 동독 민주화운동의 성지였다. 동독의 민주화운동은 독일의 분단을 극복하고 하나의 조국을 이루어 내었으며 그 과정에서 니콜라이 교회의 평화적, 민주화 시위였던 월요일 촛불데모는 동독 민주화운동의 꺼지지 않는 커다란 횃불이었다. 이 촛불시위를 이끌었던 실존인물 크리스티안 퓌러 Christian Führer 목사를 등장시키는 이 영화는 1985년부터 1989년까지의 "혁명전야"를 연대기적으로 추적하고 있다.

1987년 라이프찌히, 동독 경찰총경 알버트 박허Albert Bacher가 사격연습 도중 심장마비로 사망한다. 알버트의 돌연한 죽음 이후, 알버트의 남은 가족들은 갈등에 휩싸이게 된다. 건축기사인 딸 아스트리트 프로터Astrd Protter는 라이프찌히 시 당국의 장밋빛 도시계획안에 대해 크게 실망한다. 현실개혁과는 거리가 먼 탁상공론이기 때문이다. 그녀는 학교의 변소 수리가 시급함을 주장하지만 그녀의 주장은 묵살된다. 라이프찌히 시청 도시계획위원회 위원인 그녀는 현실을 무시한 도시계획안에 서명을 거부한다. 니콜라이 교회의 올바움 Ohlbaum 목사는 동독사회에서 억압받고 있는 자들을 위한 목회활동으로 매주 월요일 기도회를 열고, 억압받는 자들에게 소통의 장을 교회라는 공간을 통해 제공한다. 이들은 기도가 끝나면 교회 밖으로 촛불을 들고 나가 평화적인 시위를 하게 되고 니콜라이 교회의 월요데모는 이렇게 지속적으로 열리게 됨으로써 교회당국은 안기부의 경고장을 받게 된다. 올바움 목사는 라이프찌히 시 교외에 거주하는 자들의 환경오염 방지 운동도 지지한다. 환경오염을 무시한 채 갈탄 채굴을 계속하는 시 당국에 이들은 시위를 통해 저항한다. 아스트리트의 남동생 사샤 Sascha는 안기부의 직원으로 대국민 사찰업무를 충실하게 시행하는 호네커 정권의 하수인이다. 그는 자신의 여자친구가 환경운동단체에 연루된 사실을 알고 그녀와의 관계를 즉시 청산해버리는 출세주의자이기도 하다. 아스트리트는 니콜라이 교회의 평화운동에 가담하게 되고 이로 인해 그녀는 남동생과 점점 더 갈등하게 된다. 아스트리트는 서명을 거부한 결과로 당에서 쫓겨나고 직장도 잃게 된다. 건강을 해치게 된 아스트리트는 요양원으로 간다. 그곳에서 그녀는 한 여자를 만나게 되는데, 그 여자는 자신의 쌍둥이 아들 중 한 명이 소련군의 탱크에 압사한 데 충격을 받고 치료를 받고 있는 중이었다. 알버트의 미망인 마리안네 Marrianne에게 서독에서 그녀의 결혼 전 애인이었던 리누스 보리노프스키 Linus Borinowski가 찾아온다. 그는 마리안네의 애인이었는데, 1953년 동베를린 노동자 시위대를 진압하던 소련탱크를 사진 찍고 나서 동독 안기부에 체포된 후 서독으로 방출된 사진작가이다. 마리안네와 보리노프스키의 만남과 이들의 대화는 물론 그녀의 아들인 사샤에게 도청된다. 마리안네는 그제야 보리노프스키가 갑자기 말없이 사라졌던 이유를 알게 된다. 마리안네를 두고 보리노프스키와 연적관계에 있었던 알버트가 연적제거의 차원에서 그를 서방으로 내몰아 버렸던 것이었다. 니콜라이 교회의 월요데모는 점점 더 규모가 커지고, 동독안기부의 진압작전의 규모도 그에 비례해서 완벽해진다. 1989년 10월 7일은 동독이 태어난 지 40주년이 되는 날이었고, 니콜라이 교회의 10월 9일의 월요데모는 드디어 동독민중들에게 승리를 안겨주게 된다. 7만 개의 거대한 촛불의 타오름 속에 안기부는 완벽하게 준비되었던 진압작전을 포기한다. 촛불과 기도가 탱크와 장갑차를 이긴 것이다.

이 영화는 40년간 사회주의 국가로 존재했었던 국가 동독의 말기의 모습들을 보여주면서, 동독사회가 가지고 있던 여러 가지 갈등들을 통해 동독사회가 붕괴하는 과정을 추적한다. 정보기관을 통해 국민들을 통제하지 않으면 존속할 수 없는 경찰국가 동독, 환경오염을 방치하고 국민건강을 외면하는 환경오염 국가 동독, 국가를 비방하면 비공개로 재판을 진행하고, 변호사는 소극적으로 대응하는 엉터리 재판이 벌어지는 사회정의가 부재한 국가 동독, 현실을 무시하고 올림픽을 유치하려 하고, 분단이후에 사회주의 동독의 품에서 태어나 계급모순이 부재한 사회에서 사회주의의 온갖 혜택을 받으며 성장한 신세대들과는 조화를 이루지 못하는, 국민과의 소통부재의 나라 동독을 이 영화는 관객들에게 보여주고 있다.

통제된 사회 동독

국가의 안보를 위해 설치된 정보기관이었던 동독의 국가안기부(Staatssicherheitsdienst-약칭으로 Stasi로 불림)는 동독정권을 유지시켜주는 가장 강력한 버팀목이었다. 동독이 붕괴된 이후 확인된 사실이지만, 절반의 국민이 나머지 절반을 감시했었던 나라가 동독이었다고 해도 지나친 표현이 아닐 정도로, 동독 안기부의 대국민 사찰은 광범위하게 행해졌었다. 이는 바꾸어 말하면, 국민들과 정부 사이의 신뢰감이라는 민주적 정권의 토대가 완전히 붕괴되었음을 의미하는 것이기도 하다. 무너져 가는 동독 정권을 유지해보려는 안기부의 안간힘을 이 영화는 곳곳에서 보여주고 있다. 안기부 직원들이 낡은 타자기로 엄청난 양의 쓸모없는 정보들을 기록하는 장면, 녹음기를 몸에 숨긴 채 교회 안에 신자를 가장하고 앉아있는 정보원들, 마리안네가 호텔 커피숍에서 옛 애인이었던 보리노프스키를 만날 때 도청하는 요원, 보리노프스키를 미행하며 몰래 사진을 찍는 안기부 요원, 사샤가 기차에서 만난 여자친구의 인적사항을 안기부 서류를 통해 조사하여 서독친척의 유무를 확인하는 장면 등, 안기부의 사찰이 국민들의 일상생활 속 깊은 곳까지 행해지고 있었음을 이 영화는 생생하게 보여주고 있다. 통일 이후에 밝혀진 사실이지만, 동독 안기부는 가족구성원들끼리도 서로를 감시하여 보고하도록 할 정도로 정보 만능주의에 빠져있었다. 통제와 사찰만이 동독정권을 지탱시켜 주는 유일한 버팀목이었던 것이다. 안기부로 인한 동독사회 구성원들 간의 불신과 불안감은 결국 동독정권의 붕괴를 초래했으며, 이에 관해서는 안기부 문제를 주제로 다룬 영화 <타인의 삶>에 관한 언급에서 이미 살펴보았다.

동독정권과 신세대간의 부조화

이 작품은 주인공 아스트리트의 가족들 간의 갈등을 통해 붕괴 직전의 동독사회를 보여주고 있다. 아스트리트의 아버지 알버트 총경은 히틀러 파시즘에 맞서 투쟁했고, 전후의 폐허에서 동독을 건국한, 소위 혁명 1세대에 속하는 동독의 고급관료이다. 그의 딸 아스트리트와 아들 사샤는 모두 동독에서 성장한 신세대들이다. 문제는 노동자와 농민이 주인인 사회주의 국가 동독에서, 계급모순도 없이 온갖 사회주의적 혜택을 받고 성장한 이들이, 동독의 체제를 비판하는 사람들로 바뀐다는 사실에 있다. 아스트리트가 동독사회에서 특권을 누리는 계층에 속한다는 사실은 그녀가 시설이 훌륭한 요양원으로 보내지는 조치에서도 확인된다. 그녀는 경찰총경의 딸이라는 좋은 출신성분을 갖고 있으며, 라이프찌히 시청 산하 도시환경위원회 위원으로 일하고 있는 미모의 건축 기사로 그녀의 앞날은 탄탄해 보인다. 그녀의 남동생 사샤는 안기부의 촉망받는 직원으로 국가안보에 만전을 기하는 젊은이이다. 그러나 아스트리트는 현실과 동떨어진 시당국의 장미빛 도시계획안에 선뜻 서명할 수 없다. 황폐한 뒷골목의 학교 변소 수리를 외면한 채 탁상공론에 머무르는 당의 주택건설 계획에 아스트리트는 서명을 끝내 거부하고 서명을 강요하는 직장의 상사들과 갈등을 빚고, 이러한 갈등은 그녀를 우울증에 시달리게 만들어 그녀는 정상적인 부부관계를 갖지 못할 지경에 이른다. 가벼운 부상을 입고 정신병원에 입원한 아스트리트는 병원에서 하이트 부인과 알게 된다. 하이트 부인은 쌍둥이 아들중 하나를 잃은 충격으로 입원한 여자였다. 그녀의 아들은 훈련 중인 소련 탱크에 압사 당했던 것이다. 하이트 부인을 통해서, 퇴원 후 아스트리트는 니콜라이 교회의 환경운동 모임을 알게 되고, 월요 기도회도 알게 되며 점차 이들과 뜻을 같이 하게 되면서 사찰당국에 의해 당과 직장에서 쫓겨나고 만다. 인간적인 삶을 지향하는 아스트리트의 눈에, 현실과 괴리된 탁상공론을 맴도는 사회주의 관료들의 모습은 역겨운 존재들이다. 이에 반해 안기부 직원 사샤는 오직 체제수호에 전념하는 정권의 하수인에 불과하다. 그는 오직 반체제 인사들의 적발에 혈안이 되어 있으며, 끝내 촛불 시위에 참가하는 누이 아스트리트는 그에게 아버지 알버트 총경의 명성을 더럽히는 창피한 가족일 뿐이다. 그는 누이에게 더 이상의 도움을 제공하지 않겠다는 의사를 분명하게 밝힌다. 사샤에게 이제 누이 아스트리트는, 동독의 평화를 교란시키려는 반혁명분자들, 발포를 해서라도 진압해야만 할 수많은 폭도들 중 한 명에 불과하기 때문이다.

작가 에리히 뢰스트는 동독 사회주의 정권과 신세대들과의 갈등을 다양한 극중 인물들을 통해 보여주고 있다. 갈등의 중심에 서 있는 아스트리트는 동독사회를 끌고 나가는 지식인이며, 사회주의 동독이 길러낸 자랑스러운 신세대, 동독의 미래를 짊어질 세대를 대변한다. 또한 그녀는 훌륭한 출신성분을 갖춘 덕분에 동독사회의 특권층에 속하며 의식주에 아무런 불편이 없는 자이기도 하다. 그러나 그녀의 의식은 현실을 무시하고 탁상공론만을 일삼는 관료들, 국민들에게 기본적인 학교 변소 시설은 외면한 채, 허울뿐인 올림픽 유치를 시도하는 당의 정책을 용납할 수 없었으며, 온갖 압력에도 굴하지 않고, 인간적인 사회주의를 위하여 행동에 나서는 자이다.

이에 반해 그녀의 남편 하랄드는 동독의 현실에 불만을 갖고 있으면서도 이를 적극적으로 개선하려 나서지는 않으며, 술이나 마시는, 침묵하는 다수에 속하는 자이다. 10월 9일의 대규모 시위 때에도, 아내의 시위 참가를 만류하고, 서독으로 탈출한 딸 실케 걱정을 하는 자이다. 아스트리트처럼, 사회변혁을 위해 개인적인 것을 희생하지는 못하는 자가 하랄드라는 인물인 것이다.

아스트리트의 딸 실케는 동독의 청소년을 대변하는 인물이다. 서구의 팝송에 열광하고, 청바지를 즐겨 입지만, 할아버지 알버트 총경과 할머니 마리안네 그리고 부모와는 소통이 잘 되지 않고, 부모의 통제를 거부하는 신세대이며, 촛불시위의 선봉에 서게 되는 자들이다. 니콜라이 교회의 평화운동가 모임과 쾨니히스가우 市의 환경운동가 모임에 참여하는 젊은이들이 바로 동독의 신세대들로 동독민주화 운동의 한 축을 담당했던 자들이다. 문제는 이들 동독의 신세대들과 동독을 건설한 현재의 집권세대들 간에 소통이 부재했다는 사실이다. 신세대들은 사회주의의 승리와 자본주의의 패배를 반복해서 주장하는 부모세대의 말에 더 이상 귀 기울이지 않는다. 조금만 참으면 동독경제가 서독경제를 추월하게 된다는 말을 더 이상 믿지 않는 것이다. 자유를 갈망하며 자유분방한 서구 젊은이들의 삶을 선망하는 이들과, 국민을 속속들이 통제하려는 정권 사이에 소통이 부재한 것은 자연스러운 현상이었는지도 모른다. 과거 자본주의 사회에서의 구조적인 모순을 제거하여, 노동자들과 농민들이 주인인 국가에서 온갖 사회복지의 혜택을 받고 자란 이들이, 그런 혜택을 베푼 국가에게 등을 돌리는 행동을 한다는 것은 이를테면 할머니 마리안네와 체제수호자인 사샤에게는 이해가 되지 않는 것이다. 10월 9일 월요 촛불데모에 참석하려는 아스트리트에게 그녀의 어머니는 비난을 퍼붓는다. 자신들이 전쟁의 폐허더미 위에 위대한 사회주의 조국 동독을 건설했다는 사실을 자랑스럽게 생각하고 있는 그녀에게, 그 조국을 비판하고 거부하는 딸과 사위의 행동은 그녀로서 받아들일 수 없는 행동인 것이다. 그녀의 심정은 그녀의 다음 대사에 응축되어 있다. "모든 걸 우리 손으로 지어 올렸어. 너희는 그걸 모두 망치려고 하니?"

사회주의 국가 동독과 교회

사회주의 국가 동독에서 교회는 독특한 형태로 존재할 수밖에 없었다. 동독 개신교교회연합은 "사회주의 속의 교회"라는 개념을 창출하여 사회주의 체제 안에 기독교 이념을 실현하고자 하였고, 동독정권은 이 개념을 받아들여, 종교에 대한 관용을 대외적으로 선전하려고 하였다. 교회는 사회주의 국가에 대하여 "비판과 타협"이라는 양면적인 태도로 임하고 있었다. 그러나 니콜라이 교회는 비기독교인에게도 개방된 공간, 즉, "모든 이에게 열려있는" 공간이 되면서 차츰 정치 사회적으로 억압받는 사람들을 위한 유일한 공간으로서의 명성을 갖게 된다. 실제로 1989년 동독 붕괴의 도화선이 되었던 니콜라이 교회의 월요일 촛불시위가 일어나게 된 과정은 다음과 같다. 실존인물인 니콜라이 교회의 크리스티안 퓌러 목사는 1981년 10일간의 평화를 위한 기도회를 개최한다. 10여 명 정도 오리라는 기대를 벗어나, 130명의 많은 사람들이 몰려 왔다. 이들 중에는 교회에 처음 온 사람들도 많았으며, 머리를 염색하고 히피 차림의 젊은이들도 꽤 있었다. 이들 중에는 작곡가들도 있었는데 가사가 체제비판적이어서, 교회 밖에서 불렀다면 즉시 체포당

할 내용들이었다. 그러나 교회는 유일하게 자유가 보장된 공간이었으므로 이들은 노래를 부를 수 있었다. 노래를 다 같이 부른 후 신자들은 기도를 하고, 비신자들은 하고 싶은 말을 하는 시간을 갖으며 소통을 시작하였다. 기도회가 모두 끝났지만 아무도 귀가할 생각이 없었고, 퓌러 목사는 빵과 차를 먹고 마시며 오래 동안 만찬을 나누게 된다. 이때 퓌러 목사는 교회공간을 교회 밖에서 침묵할 수밖에 없는 사람들을 위해 개방한다는 생각을 떠 올리게 된다. 그 후 퓌러 목사는 소외된 사람들, 동독정권에 저항하는 모든 사람들에게 교회를 개방하게 된다. 그리고 1985년에는 교회의 정문에 "모든 이에게 열려 있는 니콜라이 교회"라는 표어를 부착한다. 1982년에 몇몇 젊은 이들이 1년에 10일은 너무 부족하니 매주 기도회를 열자는 제안을 했고, 그 후 매주 월요일에 평화기도회가 열리게 된다. 매주 12-15명이 참가하였고 그 해 가을의 10일 기도회에는 수백 명의 젊은이들이 참여하였다. 이렇게 시작된 평화를 위한 10일 기도회는 열린 도시 교회운동이 되었고, 월요기도회를 통해 니콜라이 교회는 월요시위의 중심이 될 수 있었다.

"모든 이에게 열려 있는 니콜라이 교회"
표지판과 크리스티안 퓌러 목사

퓌러 목사가 행한 또 하나의 모임은 "국외 이주 신청자들을 위한 모임"이었다. 과거 동독에서는 동독을 떠나려는 자는 신청 후 이주가 가능했지만 실제 이주하기까지는 시간이 많이 걸렸고, 그 때까지 이주신청자들은 불안과 초조에 가득 찬 생활을 할 수밖에 없었기 때문이었다. 이 모임 이후 니콜라이 교회는 살벌한 감시의 대상이 되었으며, 안기부의 첩자들이 투입되기 시작하였다. 1988년 동독의 젊은 지식인들이 로자 룩셈부르그 Rosa Luxemburg와 칼 리프크네히트 Karl Liebknecht 추모제를 열면서, 로자 룩셈부르그가 말한 “자유는 언제나 다르게 생각하는 사람들의 것이다”라는 표현을 펼침막에 써서 내걸은 후에 모두 구속되는 사건이 벌어진 후, 이 소식을 서독 라디오로 전해 들은 100여명의 젊은이들이 구속자들을 위한 기도회를 니콜라이 교회에서 열고자 했다. 정권에 대한 도전으로 보이는 이 기도회를 교회 운영위원들은 열기로 결단하였고, 한편 기도회 내부에서는 이주신청자들과 소위 풀뿌리 민주주의자들 사이에 갈등이 일어나게 된다. 풀뿌리 민주주의자들은 대부분 비신자들이고, 정치성이 강했으며, 이들에게 교회는 모임의 장소라는 의미가 강했다. 1988년 2월 19일 퓌러 목사는 이들 두 그룹과 함께 “동독에 머물러 살자”는 제목으로 토론의 밤을 개최한다. 참석자들은 600명에 달했으며, 95%는 비신자들이었다. 퓌러 목사의 기지에 찬 성경 인용으로 분위기가 긍정적으로 바뀌면서 위기는 극복되었다. 퓌러 목사는 다음과 같이 말했다. “예수께서 말씀하셨습니다. 너희도 가려느냐?” 다음 순간 토론회장은 조용해졌고 퓌러 목사는 시편 65편을 인용한다. “하나님은 동쪽에 사는 이나 서쪽에 사는 이나 똑같이 기쁘게 하신다.”

그 다음 주 월요기도회에는 수백 명이 몰려 왔다.

1989년 10월 9일의 대규모 월요시위가 가능했던 것은 이처럼 사회주의 국가 동독에서 교회라는 공간이 갖고 있던 특수한 기능, 즉 유일하게 자유가 보장된 공간이라는 점과 비신자들에게도 공간을 개방하였던 목회자들의 결단, 그리고 사회주의 체제 안에 기독교 이념을 실현하려던 동독개신교 당국의 노력이 합쳐진 결과였던 것이다. 실제로 퓌러 목사는 인터뷰에서 다음과 같이 밝히고 있다. “사회주의의 이념은 원래 기독교 정신에 대립적인 것이 아닙니다. 사회주의의 이상은 하나님 나라를 세속화하려는 노력이라고 할 수 있습니다. 사회주의의 뿌리가 성서 안에 있기 때문이지요. 그런 의미에서 사회주의는 기독교의 아들이라고 할 수 있습니다.”

1989년 10월 9일 니콜라이 교회의 월요시위와 동독의 붕괴

1989년 5월 8일: 라이프찌히 시민들은 지방의회 부정선거에 항의하는 거리시위를 했고 경찰은 교회로 가는 모든 길과 광장을 차단했다. 그러나 경찰은 무기를 휴대하지 않았고 경찰견도 갖고 있지 않았다. 경찰이라는 신분 자체로 충분히 해산을 시킬 수 있을 것으로 예상했지만 그 예상은 빗나가고 말았다. 시위자들은 경찰을 완전히 무시해버리고 교회로 향했을 뿐만 아니라, 경찰들은 시위자들이 논쟁을 걸어오는 상황을 감수해야만 했다. 이전에는 상상할 수 없는 일이었다. 경찰관들은 시위자들 속에 자신들의 아들들과 딸들 심지어 자신들의 부인까지도 발견하고는 난감한 표정을 짓지 않을 수 없었다. 이 날 이후 월요기도회 참석자 수는 늘어만 갔고, 그에 비례해 더 많은 경찰관들이 투입되었다. 수용인원이 2000명인 교회본당은 늘 가득 찼고, 때마침 수리 중이던 교회정문 때문에 쪽문으로 드나들 수밖에 없었는데, 2,000명이 넘는 사람들이 다 빠져 나오려면 최소한 30분이 걸렸다. 그러나 경찰은 15분 정도 지나면 확성기로 해산을 강요한 후 강제연행을 했던 것이다. 연행당하는 사람들은 저항하지 않았고, 비폭력으로 일관했으며, 연행자들의 이름을 크게 외쳤고, 주변에서 이를 받아 적어 연행자 리스트를 작성한 후, 가족들에게도 알리고 경찰에 항의 전화를 걸면 서방언론을 두려워한 경찰은 연행자들을 석방하였다. 9월에는 매주 월요일이면 많은 사람들이 연행되고 풀려나기를 반복하였다.

1989년 9월 11일 : 헝가리 정부는 불법 이주해 온 수천 명의 동독인들이 오스트리아로 출국할 수 있도록 헝가리-오스트리아 국경을 개방한다.

1989년 9월 30일 : 프라하 주재 서독 대사관에 피난 온 6,000명의 동독인들과 바르사바 주재 서독 대사관에 피난 중인 약 800명의 동독인들이 서독으로 이주하는 것을 허가한다고 서독 정부가 발표한다.

1989년 10월 7일 : 동독 건국 40주년 기념 군사퍼레이드가 동베를린에서 개최됨. 호네커 동독공산당 제1서기와 소련의 고르바초프 서기, 장시간 회담 후 고르바초프가 기자회견에서 동독에는 개혁과 변화가 절실히 필요하다고 강조함

1989년 10월 9일의 대규모 월요시위가 있기 전의 동독의 국내정세는 이미 위에서 언급한 두 차례의 대규모 출국 사태가 벌

어진 상황이었으며, 소련은 헝가리, 체코 때와는 달리 강제진압이 아닌 개혁과 변화를 요구하는 상황이었다. 이런 상황은 10월 9일의 시위를 가능하게 했던 외부적 요인 중의 하나였음에 틀림없으며, 내부적 요인으로는 독재에 저항할 수 있는 힘의 원천이 되었던 목회자들의 신앙적 결단을 말하지 않을 수 없을 것이다. 영화는 많은 부분을 실화에 근거하여 화면으로 재구성하고 있는데, 다음에 소개하는 퓌러 목사의 에피소드는 영화에는 나오지 않지만 감동적인 사건이 아닐 수 없다.

9월에 많은 사람들이 연행되고 나서 몇몇 젊은이들이 커다란 종이박스 위에다 체포된 사람들의 이름을 적고 그들을 위한 기도문을 써서 교회 작은 창에 걸어 놓았다. 그러자 사람들이 옆 창문이나 그 박스 옆에다 꽃다발을 갖다 놓고 바닥에 촛불을 밝히기 시작하였다. 꽃다발과 촛불은 늘어만 갔다. 관청은 이것들을 치우라는 전화를 했다. 노인들이 촛능에 미끄러져 다칠 수 있다는 이유였다. 퓌러 목사는 분노에 찬 목소리로 다음과 같이 대답하였다. “당신들은 우리에게 거의 모든 것을 금지했지만, 슬픔과 고통을 느끼는 것까지 금지할 수는 없습니다. 치우고 싶으면 직접 와서 치우세요.” 9월 어느 날 밤 시청 청소과에서 사람들을 보냈다. 그런데 그들은 산더미처럼 쌓여있던 꽃다발들을 정리하면서 아직 시들지 않은 꽃다발들은 그대로 놔두고 다 타지 않은 초에 새로 불을 붙여 창가에 놓아두고 갔다.

1989년 10월 9일 월요기도회, 교회에 들어가 참석한 사람은 6,000명, 교회 밖에는 7만 명의 사람들이 운집했다. 그 때까지 동독에서 있었던 시위 중 가장 큰 규모였다. 군대가 시위군중을 포위하고 있었고, 내전을 방불케 하는 상황이었다. 사람들은 촛불을 들고 두려움과 희망에 뒤섞여 조용히 행진하였다. 군인들의 발포를 두려워했지만 비폭력 시민들에게 발포명령은 떨어지지 않았다. 촛불과 기도가 무혈혁명을 독일 땅에서 최초로 이룩한 것이다. 이 날의 시위는 동독 정권이 무너지게 된 결정적인 계기가 되었으며, 이 날 이후, 시위는 동독 곳곳으로 퍼져나갔고, 10월 18일 동베를린에서 열린 문화예술집회에는 무려 100만 명이 개혁을 요구하며 시위를 하였다. 11월 9일 베를린 장벽이 무너지면서 동독의 붕괴는 더 이상 돌이킬 수 없는 상황으로 빠져 들었으며, 이듬해 1990년 10월 3일 동독은 서독 기본법 23조에 의거하여 서독의 일부분으로 흡수통합된다.

분단의 상징, 베를린 장벽-<약속>, <태양의 거리>

베를린 장벽은 1961년에 설치되어 1989년에 무너질 때까지 독일 분단의 상징이었다.

따라서 분단을 주제로 하는 작품들이 베를린 장벽에 관한 소재들을 자연스럽게 다루게 된다. 베를린 장벽이 설치되는 정치·사회적 배경은 다음과 같다.

2차 대전이 끝나고 독일의 수도 베를린은 연합국 4대 강국에 점령된다. 독일군과 시가전을 치렀던 소련이 동쪽 절반을, 나머지 서쪽 절반을 미국, 영국, 프랑스가 점령한다.

1949년 동독과 서독은 각기 헌법을 제정하고 독립국가를 선포하고, 베를린은 행정적으로 연합국에 점령당한 상태를 그대로 유지하며, 동베를린은 동독의 수도로, 서베를린은 서독에 속하는 분단시대가 시작된다. 이때부터 동서 베를린은 미국과 소련의 뜨거운 냉전의 최전방이 되고, 대리전쟁의 격전지로 바뀌게 된다. 당시는 동서 베를린의 왕래가 자유로웠으므로 많은 동독인들이 서베를린으로 넘어와 서독으로 가는 것이 가능했다. 이렇게 서독으로 넘어온 사람들이 1961년까지 무려 165만 명에 달했다. 1961년 8월 13일, 동독 당국은 노동인력의 대거 이탈을 방지할 목적으로 가시철조망과 참호를 설치하였다. 그로부터 몇 주일 후에는 콘크리트 장벽을 설치하기 시작하였고, 탈출자에 대한 사격도 실시하였다. 이후로는 다양한 방법을 동원한 동베를린 탈출 시도가 감행되었으며, 장벽 또한 탈출을 방지하기 위한 시설과 장비를 점점 더 완벽하게 갖추게 된다. 실제로 베를린 장벽은 무너지기 전까지, 한국의 휴전선과 함께, 전 세계에서 가장 완벽한 탈출 방지 시스템을 갖춘 시설이라는 명성을 누린 바 있다. 이제 이 장벽을 사이에 두고 벌어졌던 독일 분단의 이야기들을 구체적으로 살펴보기로 하자. 마르가레테 폰 트로타 감독의 <약속>은 장벽을 사이에 둔 연인들의 사연을 통해서 분단의 고통을 보여주고 있으며, 토마스 부르씨히 원작, 레안더 하우스만 감독의 <태양의 거리>는 장벽 인근에 사는 동베를린의 청소년들의 삶을 추적하며 분단의 그늘 속으로 우리를 안내한다.

마르가레테 폰 트로타-<약속>

1961년 가을, 동베를린에 사는 5명의 청소년들이 약속된 신호에 따라 댄스파티장을 떠난다. 인적이 없는 한 밤중의 길거

리에서 이들은 하수구 뚜껑을 들어 올리고 밑으로 내려간다. 막스, 볼프강, 모니카, 소피가 내려가고, 콘라드는 구두 때문에 걸려 넘어지고 만다. 그때 2대의 국경경비대 트럭이 다가온다. 콘라드는 소피에게 조금 뒤에 가겠다고 말한 후 하수도 뚜껑을 덮고 어둠 속으로 몸을 숨긴다. 불행한 사고였는지 아니면 마지막 순간에 탈주를 포기한 것인지는 아마 콘라드 자신도 모를 것이다. 바로 그때 아들의 탈주 계획을 뒤늦게 알게 된 콘라드의 아버지가 아들을 만류하러 뛰어 온다. 그는 탈주자의 부모로 겪어야 할 고통과 사회적 불이익을 감내할 생각이 전혀 없는 자이다. 아들을 만난 아버지는 안도의 숨을 내쉬지만, 4명의 아들친구들이 이미 탈출해 버린 상황을 재빨리 계산한 그는, 당국에 자진신고 함으로써 정상참작의 이익을 챙길 수 있는 쪽을 선택한다. 어차피 정보당국은 콘라드의 탈주시도를 알고 있을 것이기 때문이다.

4명의 청소년들은 하수도의 오물 속을 걸어 밖으로 나온다. 자동차의 번호판을 보니 서독자동차였다. 작전은 성공한 것이다. 이들은 소피의 이모 집에 잠시 머문다. 며칠 후에 소피의 의붓아버지가 공화국을 탈출한 딸을 데려가기 위해 찾아 왔지만, 그녀는 완강히 거절한다. 소피는 자신의 친아버지가 감옥에서 자살한 사실을 잊지 못한다. 동독당국은 소피와 그녀의 어머니, 그리고 그녀의 이모와의 편지 왕래를 방해하지만 그녀의 생각을 바꾸지 못한다.

콘라드는 심문당한다. 그는 형을 집행유예 받기 위하여 인민경찰대에 입대하여 장벽 초소에서 근무해야만 한다. 소피는 탈주자 후원기관에게 콘라드를 서베를린으로 데려 오는 일을 위임한다. 많은 동독인들의 탈주가 준비되었지만 5명만 탈주에 성공하였고, 나머지는 체포된다. 마지막 순간에 몸을 드러내지 않은 콘라드는 체포를 면한다. 소피는 자신과의 약속을 두 번이나 어긴 애인 콘라드를 이해할 수 없다.

1968년 여름. 포츠담의 천문학연구소의 저명한 에버하르트 로렌쯔 교수는 자신의 수제자 콘라드가 프라하에서 열리는 국제학술대회에 자신과 함께 참가하여, 콘라드가 이룩한 탁월한 학문적 성과를 스스로 발표할 수 있도록 허가해 달라는 신청서를 당국에 제출한다. 콘라드의 프라하 국제학술대회 참가는 허가되고, 여동생 바바라는 목사 자격을 얻고 첫 설교를 할 기대에 부풀어 있다. 바바라의 애인이며 민주화 운동가인 하랄드는 체코의 "프라하의 봄"에 잔뜩 고무되어 있다. 모든 것이 희망적이다. 콘라드는 드디어 프라하에서 그립던 소피를 만나 꿈같

은 시간을 보낸다. 그리고 자신은 프라하 연구소에서 박사과정을 공부할 수 있도록 로렌쯔 교수에게 부탁을 드리고, 소피도 서베를린에서 프라하로 이주할 것에 동의하여 두 사람의 동거가 마침내 이루어질 수 있는 기쁨에 젖는다. 그러나 프라하로 진주하는 소련 탱크의 둔중한 소리가 이들의 꿈을 산산이 박살내고 만다. 프라하의 봄은 끝나고, 소피와 콘라드의 짧았던 행복도 끝난다.

콘라드의 여동생 바바라와 그녀의 애인 하랄드는 소련의 "프라하의 봄" 진압에 항의하는 시위를 한 후 체포된다. 콘라드가 근무하는 포츠담의 연구소에도 소련군의 프라하 진압에 대한 지지서명 작업이 벌어지고, 콘라드는 서명을 거절한다. 로렌쯔 교수는 자신이 서명한 것은 실수였다고 인정하고, 소련군의 프라하 진압은 범죄라고 비난하면서도 동독의 현실과 타협해버린 지식인의 나약함을 스스로 고백한다. 딸의 재판정에 참석하려던 콘라드의 아버지는 당원임을 밝혔음에도 참석을 거부당한다. 나찌 시절에도 이런 일은 없었다고 항의했지만 그는 결국 재판정에 들어가지 못한다. 그의 동독 정권과 당에 대한 믿음은 흔들리기 시작한다.

소피는 동베를린으로 가 콘라드를 만나 임신 사실을 알리고, 동독으로 이주신청을 하겠다는 자신의 심중을 토로하고, 콘라드는 창문가로 가 소피를 감시하고 있는 동독 안기부원들을 가리키며 자신은 자식들이 감시와 도청과 사찰을 받게 될 나라에서 살기를 원하지 않는다며, 소피의 제안에 반대한다. 콘라드는 이미 스톡홀름의 국제회의에서 자신이 발제하기로 결정되었으며, 스웨덴에서 서베를린으로 자신이 망명하겠다는 계획을 털어 놓는다. 비록 와병중인 콘라드의 아버지는 아들의 스웨덴행을 찬성하지만 콘라드의 어머니는 아들이 스웨덴으로 가서 다시 서독으로 망명하게 된다면 감옥에 수감 중인 바바라와 하랄드의 석방은 더욱 어려워질 것이고 건강이 악화된 아버지의 임종을 보지 못하게 될 가능성이 많다며, 아들의 스웨덴행을 극구 만류한다. 콘라드는 고민하지만, 결국 콘라드의 비자는 취소되고, 콘라드 대신, 연구소의 다른 교수가 발제문을 발표하기로 안기부는 일을 처리해 버린다. 소피는 태어날 아기를 위해서도, 더 이상 불안과 초조감에 시달리는 것을 견딜 수 없어 콘라드와의 연락을 끊어 버린다.

12년 후, 콘라드는 그 동안 로렌쯔 교수의 후임으로 임명되었으며, 결혼하여 딸이 하나 있다. 서베를린에 온 그는 소피를 방문한다. 소피는 프랑스인 남자친구와 아들 알렉산더와 함께 살고 있다. 알렉산더는 독일어와 불어에 능숙하다. 콘라드는 자신의 아들 알렉산더가 정기적으로 자신을 동베를린으로 방문할 수 있는 허가를 받아낸다.

동독의 민주화 운동가이며 콘라드의 여동생인 바바라 목사는 소피의 오빠인 하랄드와 결혼하였고, 하랄드는 장벽이 설치된 지 20년을 맞이하여 장벽에서 시위를 벌이다 체포되고 자신의 의사에 반해 서베를린으로 추방된다. 서베를린에서 하랄드는 아편중독자, 거지, 창녀들을 보게 되고 전차역의 벽에 붙은 테러범 플래카드도 보게 된다. 소피의 집으로 갔으나, 소피는 집에 없었고, 계단에 가방을 놓아두고 하랄드는 다시 장벽으로 가서 장벽을 기어오른다. 동독 초병이 조명기를 비추자 그는 두 손을 들고 초소 쪽으로 다가가 사살되고 만다.

콘라드는 하랄드가 죽은 후 매주 월요일 여동생 바바라 목사의 예배에 참석한다. 그는 아내에게 이를 비밀로 한다. 이를 알게 된 아내는 콘라드의 뺨을 때리며, 불만을 토로한다. 안기부원 묄러는 알렉산더가 정기적으로 콘라드를 방문하는 걸 금지시키고, 콘라드는 묄러를 때려눕힌다. 그 후 콘라드는 직장에서 쫓겨나 갈탄 광부로 전락한다.

1989년 11월 9일: 알렉산더는 어머니를 길거리로 이끈다. 장벽이 무너진 것이다. 수많은 동독 자동차 트라비의 행렬이 서베를린으로 들어가려고 장사진을 이룬다. 사람들은 서로 껴안고 분단의 서러움을 털어버리며 환희에 젖는다. 안기부원 뮐러도 이들 틈에 끼어 서독 TV의 마이크 앞에서 위선적인 인터뷰를 하고 있다. 소피는 서베를린에 머무르지만, 알렉산더는 동베를린으로 가 아버지를 찾는다. 아들과 아버지는 함께 장벽을 넘어온다. 소피는 이 두 남자들을 발견하고 눈을 의심하지 않을 수 없다. 분단은 끝났고 가족은 이제 더 이상 떨어져 살지 않아도 된 것이다.

동서냉전의 뜨거운 최전방 : 베를린 장벽

베를린 장벽이 설치되는 근본적 이유는 물론 연합국이 동서독과 동서 베를린을 분단점령 하였기 때문이다. 2차 대전의 종말과 함께 시작된 동서 냉전은 분단을 해소시키기는커녕 오히려 고착시켰다. 자본주의 진영과 사회주의 진영은 동독과 서독을 각각 자신의 영향 아래 두고자 했다. 서방측이 화폐개혁을 단행하고 서베를린에 D 마르크를 도입하자, 소련은 베를린 봉쇄(1948.6.24)로 맞섰고, 서방측은 이에 11개월 동안 150만 톤에 달하는 각종 생필품과 식량, 석탄, 건축자재 등등을 비행기로 공수하는 작전을 감행하게 된다. 당시의 영국 외무장관 어네스트 메빈은 베를린을 포기하는 것은 서부독일 뿐 아니라 서유럽 전체를 잃게 되는 것을 의미한다고 발언한 바 있다. 추후 서베를린은 자본주의 진영이 자유 민주주의의 수호를 내걸고 지켜야 할 정치적 상징도시가 되고, 미국의 케네디 대통령은 서베를린을 상징적으로 방문하여 미국이 서베를린을 결코 포기하지 않을 것임을 과시한다. 독일의 비극은 이러한 분단과 갈등의 연속 과정에서 독일의 미래에 관한 결정이 독일국민들에게 위임되지 않았다는 사실이다. 1949년, 동독과 서독이 각기 독립된 국가로 출범하면서 동독 영토의 한 가운데 위치한 도시, 베를린은 동서 냉전이 가장 뜨겁게 펼쳐지는 격전장이 될 수밖에 없었다. 분단된 국가로 출범한 동독과 서독은 양 진영의 대리전을 치열하게 치르게 된다. 장벽은 이런 첨예한 동서 냉전이 빚어낸 흉측한 산물이며, 등장하자마자 정치가들의 열띤 공방의 대상이 된다. 영화는 처음에 뉴스화면을 통하여 케네디와 후르시쵸프, 존슨 대통령과 브란트 서베를린 시장을 보여주며 동서 냉전의 주인공들을 소개한다. 그리고 정치와 경제의 절묘한 합작 또한 지적해 준다. 가시철조망을 치겠다는 아이디어는 모스크바에서 왔으며, 장벽에 사용된 가시철조망은 서독 기업체의 제품이라는 사실이다. 실로 장벽은 동서 냉전의 산물이며, 모스크바와 서독의 합작으로 이루어진 셈이다.

영화는 장벽에 대한 동독의 경직된 자세를 구체적으로 보여준다. 장벽의 경비를 전담하는 군부대에서 실시하는 훈련은, 장벽에 허수아비를 걸쳐 놓고 이를 대검으로 찌르는 훈련이다. 장벽을 넘어 가려는 자에게는 체포, 아니면 사살이 있을 뿐이다. 외국인도 아닌 같은 독일인을 찌르거나 사살하라는 훈련을 지시받은 후 잠시 머뭇거리는 훈련병들에게 교관은 단호하게 말한다. 장벽을 넘는 자를 겨누어 쏘는 것은 형제자매를 쏘는 것이 아니며, 공화국을 배반하는 자는 형제가 아니라 범법자라는 것, 장벽을 지키는 경비병들은 독일 역사상 가장 인간다운 헌법을 지키는 무장수호자라는 점을 강조하는 것이다.

장벽의 이편과 저편에서 대형 스피커를 동원하여 서로 상대방을 헐뜯고 각자의 체제 우위를 선전하는 모습은, 한국의 휴전선 부근의 비슷한 광경을 알고 있는 우리들에게는 별로 낯설은 모습은 아니다. 동서 베를린을 자유롭게 왕래하는 전차와, 장벽 위를 체제와 관계없이 넘나드는 축구공의 모습이 오히려 부럽기 까지 하다. 비어만과 하이너 뮐러 같은 동독의 지식인들도 장벽설치 초기에는 냉전의 부정적 영향을 고려하여 장벽을 긍정적으로 바라보았지만, 시간이 경과하면서 동독정권의 장벽에 대한 경직된 자세는 이들 지식인들도 비판적인 시각을 갖게 만들었다. 하이너 뮐러는 장벽을 "사회주의의 무덤"이라고 표현한 바 있다.

동독 지식인들과 "달팽이 집 속의 자유"

주인공 콘라드는 동독의 지식인을 대변하는 인물로 설정되었다. 그는 지식인으로서의 사회진출 이라는 목표 때문에 매번 망설이며, 소피와의 사랑을 뒤로 미루는 인간이며, 이에 대해 불만을 토로하는 소피에게도 크게 미안한 마음을 갖고 있지 않다. 콘라드를 지속적인 탈출시도에서 멀어지게 한 이유 중의 하나는 그가 서베를린으로 갔을 때, 대학진학을 위한 전제조건인 고교졸업장(Abitur)을 받기가 쉽지 않을 것이라는 두려움이었다. 그는 동베를린에서 계속 고등학교를 마치고 졸업장을 받아 대학입학 자격을 취득하여 대학진학을 할 의욕이 강했다, 그는 소피가 자신을 기다리며 고통스러운 나날을 보내고 있다는 사실을 알고 있으면서도 학문의 길을 택했고, 그가 원했던 대로 훌륭한 천문학자로 성장한다. 그러나 그의 천문학자로서의 성공은, 소피의 말대로, 소피의 고통을 대가로 치루면서 얻어낸 것이다. 이처럼 많은 고통을 대가로 치루면서 얻어낸 콘라드의 지식인으로서의 삶은 그러나 진정한 의미의 자유를 누리지 못하고 있다. 그가 누리는 자유란, 그의 스승인 로렌쯔 교수처럼, 현실과 적당히 타협하는 자 만이 누리게 되는 제한적인 자유인 것이다. 콘라드는 스승과는 달리 현실과 타협하는 서명을 거절하지만, 그렇다고 현실을 개혁하기 위하여 저항하는 투사는 아닌 것이다. 동독의 저명한 자연과학자이며, 시민운동가였던 옌스 라이히는 과거 동독에서 정치와 무관하게 살아갔던 자연과학자의 삶을, 달팽이집에 틀어박힌 채 사는 삶이라고 비유적으로 표현하고 있다. 동독에서는 공적생활의 거의 모든 영역에 정치가 관여했지만, 자연과학자는 다른 직업분야와 비교할 때 비교적 정치와 무관하게 자신의 전공분야와 가족 등 개인생활에 집중할 수 있었던 것이다. 가족과 친구들과 함께 주말을 보내며, 마치 쥐가 쥐구멍에서 밖을 구경하듯이, 혹은 달팽이가 집 속에 박혀 있듯이 살아가는 사람들이 많았던 것이다. 하랄드처럼 드러내놓고 저항하는 자들은 투옥되거나, 서방으로 추방당했고, 바바라 같은 목사들은 교회라는 비교적 큰 달팽이 집 속에서, 로렌쯔 같은 대부분의 지식인들은 연구실이나 실험실이라는 보다 작은 달팽이집 속에서, 정치와 무관한 채 제한된 자유를 누리며 살았던 것이다. 이 영화는 이러한 과거 동독의 현실을 콘라드와 그의 주변 인물들을 통해서 잘 보여주고 있다.

레안더 하우스만-<태양의 거리>

베를린시를 가로지르는 도로 중 존넨알레 Sonnenallee(태양의 거리)라는 도로가 있다. 세계대전 이후 강대국에 의해 베를린이 동베를린과 서베를린으로 나누어졌는데, 이때 이도로도 둘로 나누어졌다. 남동쪽 60m 정도의 도로가 동베를린에 속했다. 이 영화는 60m의 도로가에 살고 있는 5명의 동독 청소년들의 좌충우돌 이야기이다.

70년대의 동독의 모습을 보여주는 이 영화는 존넨알레에 사는 한 전차운전수의 가정을 통해 분단의 경계선상에서 살았던 사람들의 소시민적 삶의 이모저모를 밝은 웃음과 함께 전달하고자 한다. 제도와 학교교육의 억누름 속에서도 발랄함을 잃지 않는 청소년들의 젊음과 사랑은, 암울했던 과거 동독 시절을 되돌아보려는 자들이 잊고 있던 어린 시절의 아련한 추억들을 다시 일깨워주며, 당시의 분노와 절망과 체념은 물론 첫사랑의 달콤함과 청소년의 치기까지도 아름다운 추억의 상자 속에서 꺼내 우리들을 사로잡는다.

동쪽 60m가 동베를린에 속하는 존넨알레. 이곳에 영화의 주인공, 17세의 동독 청소년 미하엘(약칭으로 미햐)이 좁디좁은 집에서 부모님과 누이와 함께 살고 있다. 서베를린은 경계선상에 전망대를 높게 만들어 놓았다. 서독 학생들은 이곳으로 견학을 와서, 그곳에 사는 동독인들을 마치 동물원의 동물을 보듯 죠니(Zoni - 소련 점령지구 동독을 의미하는 Zone에서 나온 말이며, 국경에 사는 동독사람이라는 깔보는 명칭)라고 부르며 비웃어 동독인들에게 일상적 굴욕감을 주었다. ("저기 봐, 진짜 죠니가 있다! 죠니 손 좀 흔들어봐 사진 좀 찍게") 존넨알레에 사는 동독인들에게 이들 관광객이나 전망대의 학생들과 말을 주고받는 것은 금지되어 있었다.

미햐는 비틀즈와 롤링 스톤즈 그리고 기타 서구의 팝송 스타들을 즐겨 들으며, 미래의 팝스타를 꿈꾸는 수많은 청소년 중의 하나이다. 이들은 서베를린의 라디오에서 방송하는 서구의 팝음악들을 녹음하여 다시 카셋트테이프에 옮겨서 듣곤 한다. 문제는 많은 서구의 팝송들이 금지곡이라는 사실이다. 롤링 스톤즈의 곡들은 모두 금지였다. 그러나 전 세계의 청소년들을 열광시키는 이들 팝스타들의 신나는 음악들을 동독 청소년들에게서 완벽하게 분리시키는 것은 불가능했다. 더구나 동베를린에서는 서베를린 방송국의 방송들을 마음대로 들을 수 있는 지리적 여건 때문에 당국은 속수무책일 수밖에 없었다. 그야말로 금지곡을 자꾸 늘리는 것이 유일한 대책이었다.

베를린이라는 도시가 동독의 한 가운데 위치하기 때문에 동베를린에서 서베를린의 라디오 방송과 TV방송을 듣고 보는 것은 자유로웠으며, 동독당국은 전파방해로 이를 불가능하게 하는 조치는 취하지 않았다. 이는 기술적인 측면도 있었겠지만,

사회주의가 우월하다는 자존심 때문이기도 하였다. 그러나 실제로는 서독 TV 시청여부는 간접적으로 교묘하게 감시하고 있었던 것도 사실이었다.

마리오는 공사판의 콘크리트 기술자 같은 직업을 가질 생각은 없으며, 대학입학자격시험(Abitur)에 합격하여, 대학공부를 하거나, 아니면 최소한 자동차수리공을 지망하는 미햐의 친구이다. 미햐의 아버지는 직업은 전차운전수이고, 정부와 당에 불만은 있으나 적극적으로 항의하지는 못하는 전형적인 소시민적 의식의 소유자이다. 미햐의 어머니 도리스 역시 체제순응적이며 전형적인 소시민적 의식의 소유자 이다. 그녀는 아들 미햐를 모스크바에서 대학에 보낼 수 있기 위하여 온갖 정성을 쏟는 여자이다. 정부와 당에 미움을 받지 않으려고 신경을 곤두세우는 여자이다. 미햐의 누나인 사비네는 남자친구가 자주 바뀌는 바람둥이 여자이다. 미햐의 외삼촌, 하인쯔는 서독에 거주하며 자주 동베를린의 여동생 집을 방문한다. 그는 소심하여 반입이 금지된 것들, 이를테면 미햐가 바라는 팝송 레코드판 같은 것들은 밀반입할 엄두도 못 내고, 초콜렛, 팬티스타킹 같이 반입이 허용된 것들만 밀반입하는 자이다. 미햐의 이웃인 프롬은 직업이 무엇인지 불분명하고, 전화도 있고, 신문도 지방지가 아닌 중앙지 <노이에스 도이취란트>를 구독하고, 자동차 수리도 일주일 만에 끝내버리는 것으로 미루어 보아, 슈타지(동독 안기부) 에 근무하는 사람으로 여겨지고 있다. 미햐 주변의 마지막 인물은 미햐와 같은 학교에 다니는 금발의 미모 여학생 미리암이다. 그녀는 늘씬한 몸매와 예쁜 얼굴로 존넨알레에 있는 모든 남자들의 선망의 대상이다.

검문하기 좋아하는 국경 수비대원 호케펠러에게 미햐를 비롯한 존넨알레 청소년들이 금지된 팝송 테이프를 빼앗긴다. 수비대원 호케펠러는 서독 여자 관광객이 여권을 분실하였음을 통보하기 위하여 미햐의 집에 들러 분실여권을 습득하면 자진신고 할 것을 권유한다. 그러나 그는 본론 보다는 자신이 곧 장교급인 준위로 진급한다는 사실을 자랑스럽게 떠벌이며, 국경수비대의 진급체제에 대하여 일장 연설을 신나게 한다. 미햐의 아버지는, 마치 계급 없는 사회인 동독에서 계급 설명에 신명이 난 수비대원을 비웃기라도 하듯, 자신이 근무했던 해군의 진급체제는 육군과 다름을 열심히 주절댄다. 그리고 분실된 여권을 습득한 자는 미햐의 어머니 도리스였다. 이날부터 도리스는 이 여권을 사용하여 동독사람들이 동경하며 “황금의 서쪽” 이라고 부르는 서베를린으로 가기 위한 노력을 게을리 하지 않는다. 여권사진 속의 68세의 여자처럼 늙어 보이기 위한 화장연습에 골몰하는 것이다.

청소년들의 관심사는 장벽의 이쪽과 저쪽이 별로 다르지 않았다. 팝송, 연애, 졸업 후의 진로 그리고 남자들은 군대 문제 등이 이들의 관심사였다. 모병관이 3년간 인민군대에 복무할 것을 묻자 미하는 내키지 않았지만 대답 안 할 수는 없었다.

학교에서 댄스파티가 열리고, 미햐는 용기를 내어 미리암에게 춤출 것을 요청하였지만 보기 좋게 거절당하고 만다. 잠시 후 미리암은 서독에서 자가용을 몰고 온 서독 남학생과 블루스를 추며 모두가 지켜보는 가운데 정답게 키스한다. 곧이어 국경수비대원 호케펠러가 자가용 승용차의 주인을 호출하는 호통소리와 함께 여교장의 벌이 내려진다. 적대계급과 접촉한 죄로 다음번 자유청년단(FDJ - Freie Deutsche Jugend의 약칭으로 동독의 청년조직) 모임에서의 자아비판적 발제를 미리암은 떠맡게 된다. 이 순간 미햐는 미리암과 단 둘이 무대 뒤의 좁은 공간에서 만날 수 있는 기회를 놓치지 않기 위하여, 자신도 무슨 죄를 저질러 여교장의 벌을 받으리라고 다짐한다. 기회는 의외로 빨리 왔다. 교실 칠판에 적혀있는 "당은 노동계급의 전위부대이다"라는 레닌의 문구를, 마리오가 알파벳을 한 자 추가하여 당을 조롱하는 뜻으로 바꾸어 버렸다. (전위부대는 독일어로 Vorhut 인데 a를 추가하여 Vorhaut로 만들어 껍데기, 표피라는 뜻으로 바꾼 것이다.) 여교장은 대노했고 미햐는 마리오 대신 벌 받기를 자원한다. 목적은 미리암이었음은 물론이다. 자아 비판적 발제에서 미리암은 자신은 지금은 남자친구가 없지만, 만일 남자친구가 입대를 한다면 자신은 3년간 기다릴 것을 이 자리에서 약속한다고 공언한다. 그러나 청중들이 보지 못하게 미리암은 뒷짐 진 손가락으로 X표시를 하여 미햐는 그

것을 볼 수 있었다. 지금은 남자친구가 없으며, 입대를 한다면 기다릴 것이라는 가정법을 사용했다는 사실에 고무된 미햐는 흥분한 나머지 준비했던 발제문과는 다르게 노동자계급에 대한 사랑을 언급하며 사랑을 강조하고 만다.

국경 수비대원 호케펠러의 진급은 유보되고 그는 오히려 강등되고 만다. 진급축하연에서 술이 취한 나머지 압수했던 테이프를 틀어 금지곡이 울려 퍼졌기 때문이었다. 이 사건 이후 국경 수비대원 호케펠러는 미햐를 불심검문으로 자주 괴롭힌다.

동독에도 암시장은 존재했다. 무엇이든 돈만 있으면 구입이 가능하였다. 미햐의 키 작은 친구는 롤링 스톤즈의 더블앨범 *Exile on Main Street* 를 갖는 것이 소원이었는데, 암시장의 가격은 무려 250 동독마르크였다. 이 돈은 그가 두 달 동안 아르바이트를 해야 벌 수 있는 액수였다. 미햐의 집에 드디어 기다리던 전화가 설치되었다. 모두들 전화기를 보물단지처럼 쳐다보고 있는데 전화벨이 울린다. 미리암이 미햐에게 한 전화였다. 모두들 한 마디씩 거들었기 때문에 제대로 통화할 수 없어서 미햐는 전화를 끊고 전화박스로 갔다. 건너편 자기 집으로 올라오라는 미리암의 말을 듣고 공중전화 박스를 나와 미리암의 집으로 가려던 미햐를 수비대원 호케펠러가 불심검문한다. 집에서 뛰쳐나온 미햐에게 신분증이 있을 리 없다. 수비대원은 규정대로 미햐를 끌고 가 다음 날이 되어서야 풀어주었다. 국경지역에서 신분증 없이 연행된 자의 신상명세는 반드시 다른 곳에서 확인되어야만 한다는 규정을 지킨 것이다. 미햐는 미리암에게 따라서 갈 수 없었다. 한편 마리오는 실존주의자 사브리나와 만나 사랑에 빠지고 동거하기에 이른다. 두 사람은 마리오의 집에서 광란의 파티를 연다. 사브리나가 배워온 환각제 칵테일을 마시고 달뜬 기분에 미햐와 마리오는 발코니에서 장벽에 대고 방뇨한다. 장벽 저쪽에서 누군가가 방뇨하는 두 사람을 사진 찍는다. 미햐는 마침내 나타난 미리암 앞에서 몸조차 가누지 못 할 정도로 환각제 때문에 취해버렸고, 실망한 미리암은 다시 나가버린다. 겨우 쫓아나간 미햐는 자신이 그동안 미리암을 생각하며 많은 것을 일기책에 써왔다고 거짓말한다.

교장실로 호출당한 마리오와 미햐는 자신들이 방뇨하는 사진이 실린 서베를린 신문을 보고, 슈타지와 여교장 앞에서 변명할 수가 없었다. 미햐는 잘못을 시인하는 발언을 하고, 미햐와 마리오는 제적당한다. 그렇지만 마리오는 그 후, 사브리나와 함께 작은 오토바이를 타고 생애 최고의 순간들을 만끽할 수 있었다. 미리암이 미햐에게 그가 썼다는 일기책을 읽어보고 싶다고 진심으로 말한다. 그 때부터 미햐의 일기책 쓰기가 시작되었고 미햐는 밤을 지새우면서 자신이 학교교육에 관해 느낀 점과 동독사회에 대한 자신의 불만을 아름답고 멋있는 문장으로 표현해보려고 심혈을 기울인다.

자유청년단(FDJ)축제에 참가해 미햐의 집에서 민박하는 드레스텐 출신 올라프와 우도는 처음 보는 서독 TV에 정신이 팔렸고, 미햐의 어머니 도리스는 드디어 용기를 내어 주은 여권의 늙은 여자처럼 치장하고 서베를린으로 넘어가는 국경초소에 섰었지만 마지막 순간에 포기하고 자신의 좁은 집으로 다시 돌아와 68세의 서독여자에서 20살 젊은 48세의 도리스 자신으로 되돌아간다. 그녀의 남편은 젊어진 자신의 아내를 보고 기뻐 어쩔 줄을 모른다. 사브리나는 마리오의 아기를 가졌음을 마리오에게 알리고, 미햐의 키 작은 친구는 꿈에 그리던 롤링 스톤즈의 더블앨범을 손에 넣고 기쁨에 젖는다. 국경초소에서 합선사고로 정전이 되고 비상이 걸린다. 수비대원 호케펠러는 소중한 레코드판을 가슴 속에 품은 채 어둠속을 헤매는 키 작은 친구에게 정지명령을 내리지만, 목숨보다 소중한 더블앨범을 빼앗길 수 없는 키 작은 친구는 도망치고 총격을 당해 쓰러진다. 쓰러진 그의 주위에 사람들이 모이고 잠시 후 그는 눈을 뜨고 일어난다. 일어나는 그의 가슴속에서 작은 권총 탄환이 떨어진다. 레코드판은 깨지고 그 덕분에 그는 목숨을 건진 것이다. 오열하는 친구. 그 날 밤 미햐는 일기책에 저항그룹을 만들겠다고 적는다. 그리고 다음날 모병관에게 군복무를 거부한다는 자신의 입장을 분명하게 말한다. 그러나 복도에서 미햐는 친구 마리오를 만난다. 마리오는 아기의 출산은 다가오고, 슈타지 파일에 기록된 자신의 과거 행적 때문에 일자리 구하기는 힘들게 되자, 현실과 타협한다. 그는 슈타지에 입사하려는 생각에, 자신을 교장실에서 야단치던 슈타지 요원과 면담약속을 하고 그와 면담을 하러 온 길이었다. 분노에 찬 미햐의 주먹이 마리오를 쓰러트리고 두 사람은 서로 엉켜 복도에서 쓰러진다.

외삼촌 하인쯔가 미햐의 집에서 사망하고, 그의 시신은 이웃집 프롬이 선물한 관속에 안치된다. 이웃집 프롬의 직업은 장의사였다. 이제 그가 자신의 직업에 대해 침묵했던 까닭이 밝혀졌다. 도리스는 오빠의 장례를 위하여 꿈에 그리던 "황금의 서쪽" 나들이를 할 수 있게 되었다. 도리스는 커피 한 통을 들고 왔다. 통속에는 오빠의 유골이 들어 있었다. 그녀는 오빠 하인쯔를 밀반입한 것이다.

미햐의 일기책은 미리암의 마음을 열었고, 길가 현관 앞에는 미리암의 서독 남자친구가 고급 자동차의 경적을 마구 울리며 미리암을 재촉하고 있지만, 미리암은 미햐의 품에 안긴다. 미햐는 마침내 미리암과 사랑을 나누게 된다. 미리암의 서독 남자친구의 자동차에 키 작은 친구의 자전거가 부딪치며 쓰러지자 서독 친구는 황급히 서독 50마르크를 지불하고 합의를 요구한다. 동독 250마르크에 해당하는 이 돈으로 키 작은 친구는 다시 더블앨범을 살 수 있게 된 것이다. 자전거와 부딪친 후 서베를린으로 돌아가던 서독 친구는 국경초소에서 검문을 당하며, 트렁크에서 자동소총과 권총들이 발견되어 곤욕을 치르게 된다. 그는 서베를린의 고급호텔인 슈바이처호프의 주차관리인이었고, 그가 몰고 온 차는 마피아 두목의 스포츠카였던 것이었다.

다시 구입한 더블앨범은 원판이 아니었다. 롤링 스톤즈의 연주가 아닌 다른 그룹의 연주를 녹음한 가짜였다. 실의에 가득 찬 친구를 위로하면서 미햐는 기타를 둘러매는 시늉을 하며, 마치 자신이 스톤즈의 기타리스트인 듯이 몸을 움직이며 큰 소리로 노래하기 시작한다. 키 작은 친구도 사기당한 분노를 가라앉히고 서서히 가상연주와 노래를 하기 시작하면서 두 사람의 가상의 록콘서트는 발코니로 옮겨지고 존넨알레 주민들과 관광객들 그리고 동독 국경수비대원들 모두의 마음을 사로잡는데 성공하고 만다. 신이 난 미햐가 웃옷을 벗어 아래로 던지자 미리암이 사랑에 가득 찬 눈빛으로 미햐의 옷을 집어 든다. 미햐의 꿈은 이루어진 것이다. 팝스타가 되는 그의 꿈 말이다.

계급없는 사회 동독의 계급타령과 특권층

고통스럽고 힘들었던 동독의 과거를 회상하면서, 이 영화는 희극적 접근을 시도함으로써 동독사회의 부조리와 모순들을 웃음과 함께 드러내는 수법을 쓰고 있다. 작품의 서두에서 국경수비대원이 자신의 계급에 대해 민감하게 반응하며, 계급에 대한 장광설을 늘어놓는 것은 계급 없는 사회라는 동독사회에 대한 부정적 암시가 아닐 수 없다.

분실된 여권을 습득하면 신고하라는 말을 전하기 위하여 미햐의 집에 들어 온 국경수비대원은 자신을 무심코 순경나으리 쯤에 해당하는 독일어 명칭, Wachtmeister라고 호칭하는 미햐의 아버지에게 자신의 계급이 이보다 훨씬 높은 Obermeister라고 정정한 다음, 두 계급 사이에는 Oberwachtmeister, Hauptwachtmeister, Meister라는 3개의 계급이 더 있고, 다음 주에 자기는 장교급인 준위(Unterleutnant)로 진급한다고 자랑스럽게 알려준다. 그런 다음 그는 동독 육군의 장교 계급 전체를 일일이 준위에서 대장까지 11 계급을 거명하는 것이다. 작가의 빈정거림은 미햐 아버지의 해군 계급체제에 대한 응답으로 더욱 고조된다. 영화의 서두에서 관객들은 한바탕 계급타령을 듣게 되는 것이다. 이는 계급모순을 극복하고 계급을 없애버렸다는 동독에, 비록 군대를 빗대었지만, 엄연히 계급이 존재하고 있다는 냉소를 머금고 있는 장면인 것이다.

계급은 없어지고 평등한 사회라지만 동독에는 당시 계급에 해당하는 특권을 누리는 계층이 분명히 존재하고 있음을 영화는 곳곳에서 보여주고 있다. 우선 미햐의 아버지는 이웃집에 사는 프롬을 슈타지 직원이라고 믿는다. 그가 내세우는 근거는, 그가 자신의 직업에 대해 침묵으로 일관하고 있고, 그토록 오래 기다려야만 하는 전화를 이미 갖고 있으며, 자기처럼 지역소식과 광고로 가득 찬 신문, <베를리너 짜이퉁>(Berliner Zeitung)을 구독하지 않고, 당관료들과 공직자들이 주로 보는 중앙지 <노이에스 도이치란트>(Neues Deutschland)를 구독하며, 자동차를 일주일 만에 수리공장에서 찾아왔다는 사실 등이다. 이중 전화와 자동차 수리는 그가 특권층에 속함을 말해주는 증거가 아닐 수 없는 것이다. 미햐의 어머니의 소원은 아들의 의사와는 무관하게 아들을 모스크바의 대학으로 유학 보내는 것이다. 그러기 위해서는 전제조건이 필요한데, 그 전제조건이란, 소위 "붉은 수도원"이라고 불리는 특수학교에서 준비과정을 밟아야 하고, "붉은 수도원"을 가기 위해서는 특별한 성적, 특별한 직업목표, 특별한 정치적 입장, 특별한 태도, 특별한 노력, 특별한 친구와 사귀어야 하고, 특별한 가족 출신이어야만 했다. 활발한 정치 활동은 하지 않더라도 적어도 체제에 순응하는 자에게만 사회적 신분 상승의 기회가 열려 있음을 그녀는 잘 알고 있었다. 그녀는 특권계급만이 누릴 수 있는 혜택을 받기위해서, 아들을 "붉은 수도원"으로 보내려 하고 그녀가 이를 위해 쏟아붓는 노력을 영화는 희화적으로 묘사하고 있다. 그녀는 아들의 이름을 러시아식으로 미샤라고 부르고, 당에 미움을 받을 짓은 일체 하지 않으며, 신문을 <노이에스 도이치란트>로 바꾸려하지만 그 이유는 우편함에 꽂혀서 구독사실을 홍보하고, 창가에서 읽음으로써 주변의 사람들에게 과시하기 위한 목적이며, 슈타지 직원이라고 믿는 이웃집 남자에게, 계단에서 우연을 가장하여, 청소년축제에 온 투숙객을 위한 에어매트리스를 빌리는 이유도, 공공사업에 협력한다는 인상을 주어 그가 슈타지 상관에게 좋은 보고서를 올리게 함이 목적이었던 것이다. 그녀의 이 같은 눈물겨운 노력은 모두 아들을 모스크바에 유학보내기 위함이었고, 아들의 모스크바 유학은 특권계급으로 신분상승을 보장하는 지름길이라는 것을 그녀는 너무나도 잘 알고 있기 때문이었다. 계급이 사라졌다는 동독에서 신분상승을 위하여 애쓰는 그녀의 모습은 모순이 아닐 수 없다. 그러나 이러한 모순은 의도적으로 희화적으로 묘사되어 관객들의 웃음 속에 숨겨진다.

노동자, 농민의 나라 동독의 70년대 현실

영화의 서두에서 미햐는 당시의 동독을 회상하면서, 집이 없는 사람은 없었고, 굶는 사람도 물론 없었으며, 생필품 값은 싸고 안정되어 있었다고 말한다. 문제는 어떤 집이었으며, 야채가게의 물건들이 서독과 비교하여 초라하다는 점이었다. 의식주를 해결하고, 무상교육과 무상의료를 사회주의 복지국가의 자랑으로 내세우는 냉전적 분위기 속에서 이 영화는 무상교육과 의식주 해결의 이면을 웃음과 함께 보여준다.

영화에서는 특별히 강조되지 않기 때문에 주의 깊게 관찰하지 않으면 잘 드러나지 않지만, 미햐가 살고 있는 집은 소위 손바닥만한 방들이 있는, 전설적인 Q3a 건물이었다. 작가 토마스 브루씨히는 소설에서 이 집에 관한 자세한 정보를 제공하고 있다.

이곳으로 입주하는 사람들은 좁더라도 한 지붕 아래서 같이 살 수 있음을 선호하는 신혼부부들뿐이었다. 그러나 신혼부부들은 곧 아이들을 갖게 되었고, 본래 좁았던 집은 더욱 좁아질 수밖에 없었다. 정부는 방의 숫자만 염두에 두었으므로, 더 큰 집은 생각할 수도 없었다. 이런 문제는 이 거리에서 사는 사람들의 공통의 문제였다. 17살이나 된 미햐가 더 이상 좁은 집을 견딜 수 없어 자신의 삶의 영역을 거리로 확장시켰듯이, 그의 친구들도 거리로 나와 어린이 놀이터를 청년들의 모임장소로 만들어 버린 것이다. 이러한 의식주의 수준은 서독에 거주하는 외삼촌에 의해, 서독의 수준과 비교된다. 외삼촌의 눈에는 미햐의 집이 사형수의 감방처럼 좁아 보이는 것이다. 동독의 저명한 극작가였던 하이너 뮐러는 이런 집을 "생식을 위한 공간"(Fückzelle)이라고 비유하기도 하였다. 외삼촌은 아파트의 벽에 발암물질인 석면이 건축자재로 사용되었음도 지적한다. 아파트뿐만 아니라 국경경비대의 초소건물에도 석면이 사용된 것으로 미루어보아 당시 석면은 동독에서 건축자재로 보편적으로 쓰이고 있었음을 알 수 있다. 미햐의 가족들이 전화기를 무슨 보물이라도 되듯이 바라보는 모습은, 당시 동독에서 가정집 전화는 특권층의 전유물이었음을 잘 보여주고 있다. 이웃집에 전화가 있다는 사실이 슈타지라는 의심의 근거가 되고 있다는 것도 70년대 동독의 현실을 잘 나타내주고 있다.

무상교육의 이면은 앞의 영화 <우리 같은 영웅들>에서 살펴보았듯이 편향된 전체주의 교육과 흑백논리의 용공교육이라는 측면을 지니고 있었다. 청소년들이 자신의 미래를 설계하면서 당의 정치적 입김이 미치지 않는 전공분야를 찾기란 쉬운 일이 아니었다. 이를테면 건축학도가 동독 공산당의 의도를 벗어난 다른 집을 짓는 것은 상상할 수 없었으며, 고대 역사학을 배우는 학생들은 이 역사가 이미 그 시절부터 동독 공산당을 얼마나 간절히 원했는지를 배울 뿐이었다. 자연과학과 이공분야의 대학현실이 어떠했는가에 대해서는 영화 <약속>에서 이미 살펴 본 바와 같다. (영화에서는 생략되었지만, 소설에서는 어머니의 소원이었던 "붉은 수도원"에 들어간 미햐가, 학교라는 제도의 억압과 허위의식에 대한 반감으로 제도교육의 울타리를 박차고 나온다.) 병역을 거부하는 미햐의 말에 어리둥절하며, 프롤레타리아의 독재를 들먹이는 모병관들에게, 미햐는 자신이 제도와 학교가 공모한 틀에서 빠져 나왔음을 분명하게 통보한다.(Ich bin aus.) 그는 이제 자신의 방식으로 삶을 헤쳐 나갈 것임을 스스로 다짐하는 것이다.

도리스의 정체성 회복과 미리암의 저항의 몸짓

미햐의 어머니 도리스는 이미 살펴 본 바와 같이 체제순응적이고 소시민적 의식의 소유자이다. 그녀는 아들의 모스크바 유학을 성사시키기 위하여 온갖 노력을 기울였지만, 제도교육의 억압의 사슬을 벗어 던진 아들의 결정에 동의한다. 뿐만 아니라 그녀는 꿈에 그리던 "황금의 서쪽"에 갈 수 있는 기회가 코앞에 닥쳐 온 순간에, 자신의 내면의 소리에 귀 기우려, 외모만 모방하고 신분증만 소지했다고 자신이 서독사람이 될 수는 없음을 깨닫고, 다시 집으로 돌아온다. 68세의 노인 분장을 지워버리고 그녀는 자신의 정체성을 회복하는 것이다. 풍만한 가슴과 갑자기 20년 젊어져버린 아내의 모습은 고개 숙인 남편의 고개를 번쩍 쳐들어 준다.

미리암은 여교장으로부터 시작해서 위쪽의 모든 사람들이 모든 것을 규정하고, 모든 것을 숨기려 하고 금지하는데 저항하고자 했다. 그녀는 어떤 식으로든 그것에 대항하려 했고, 어떤 식으로든 그들이 그녀에게 모든 것을 금지할 수는 없다는 것을 느끼도록, 서독 남자들과 보란 듯이 포옹하고 키스하였다. 그때 그녀는 그들이 그녀에게 모든 권력을 행사할 수는 없다는 기분을 만끽할 수 있었다. 그러니까 그녀의 애무동작은 일종의 저항의 몸짓이었던 것이었다.

흡수통일의 상처: 볼프강 베커-<굿바이 레닌>

독일 분단의 상징이었던 베를린 장벽이 무너진 지 어언 20년이 다 되어가지만 마음 속의 장벽은 아직 사라지지 않고 있다. 성공적인 정치경제적 통합에도 불구하고 사회문화적 갈등

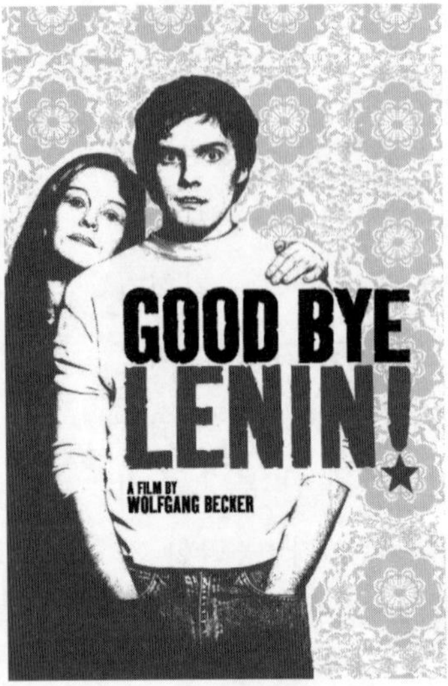

은 갈수록 심각해지고 있다. 진정한 통일은 서로 다른 정치와 경제 체제를 통합하는 차원에 머무르지 말고 서로 다른 체제 속에서 삶을 영위해 온 사람들의 의식과 가치관의 하나 됨 그리고 그들 간의 소통의 차원을 획득했을 때 비로소 이루어질 수 있음을 독일통일은 통일을 눈앞에 둔 우리들에게 교훈으로 던져주고 있다. 볼프강 베커의 <굿바이 레닌>은 통일 이전, 구동독인들의 삶이 통일 이후 겪어야 했던 변화, 즉 흡수통일의 상처를 구동독인들의 시선으로 보여주면서 상처받은 자들을 따뜻하게 보듬어준다. 급격하게 변화된 자본주의식 사회에 잘 적응하지 못하는 구동독인들의 모습을 통해, 영리만을 추구하는 자본주의의 맹점 또한 자연스럽게 부각된다.

이 작품은 독일 국내에서만 620만 관객이라는 흥행기록을 남겼으며, 2003년 베를린국제영화제에서는 최우수 유럽영화상을 수상하였고, 2003년 독일영화제에서는 감독상, 남우주연상 등 9개 부문을 석권하였으며, 2003년 부산국제영화제에서는 개막작품으로 선정되었고, 2004년 오스카상 외국어영화부문 독일 대표작으로 선정되는 등, 화려한 수상 경력을 자랑하고 있다.

주인공 알렉스의 회상으로 영화는 시작된다.

1978년 8월 26일: 동독시민 지그문트 옌은 소련의 우주선을 타고 독일인 최초의 우주인이 된다. 소년 알렉스에게 지그문트는 위대한 영웅이었다. 그러나 이 날은 알렉스의 가정이 박살난 날이기도 하였다. 알렉스의 아버지는 서독으로 망명해버렸고, 동독의 안기부원들은 알렉스의 어머니 크리스티아네를 괴롭히며 그녀 남편의 망명경위에 관해 꼬치꼬치 캐묻는다. 크리스티아네는 남편의 갑작스런 사라짐에 충격을 받고 병원신세를 지게 되며, 자식들과도 대화를 중단하는 힘든 시간을 보낸다. 8주 후 퇴원한 그녀는 자식들을 사랑하는 예전의 어머니로 되돌아오고, 정상적인 생활을 다시 시작한다. 사회주의를 버린 남편과 대조적으로 그녀는 열렬한 공산당원이 된다.

1979년 봄 : 크리스티아네는 인민의 기본욕구에 대한 열정적 활동가로 살아가고 있으며 삶의 조그만 부조리에 대항하면서 사회를 단계적으로 변혁시키기 위하여 건설적 비판을 주저하지 않는 사회주의 동독의 모범시민이다. 그녀는 저속하고 화려한 임신복에 대하여 비판적 견해를 밝히는 고발장을 작성하고 있다. 이러한 그녀의 열성적 활동은 당의 인정을 받게 되고 메달을 수여받는 장면은 TV뉴스에 방영되어 그녀의 아들 알렉스와 딸 아리아네를 즐겁게 하기도 한다.

1989년 10월 7일 : 10년 후. 동독건국 40주년 기념일에 대규모 민주화 시위가 일어난다. 알렉스도 시위에 참가한다. 경찰에 연행당하는 아들의 모습을 목격한 크리스티아네는 실신한다. 석방된 알렉스는 급히 병원으로 간다. 크리스티아네는 혼수상태에 빠져 있다.

1989년 11월 9일 : 베를린 장벽이 무너지고 서방세계를 처음으로 구경하며, 알렉스는 여성의 알몸을 보여주는 핍쇼(peep show)와 섹스숍(sex shop)을 구경한다. 독일 재통일을 위한 투표에서 서독의 콜 수상이 이끄는 기독민주당이 승리하여 동독은 흡수통일의 길로 들어선다. 알렉스의 여동생 아리아네는 경제학 공부를 포기하고 햄버거 가게인 버거킹에서 판매원으로 일한다. 그녀의 새 남자친구인 라이너는 서독 청년으로 소위 적대계급(Klassenfeind)출신이기도 하다. 라이너는 동양적 생활 방식과 의복들에 대한 열정이 대단한 청년이어서 그와 동거하게 된 아리아네의 삶은 변화를 맞이한다. 거실의 가구들이 바뀌고 코카콜라가 냉장고를 점령하게 된다. 서독의 앞선 기술과 자본에 눌려 알렉스가 다니던 TV학원은 문을 닫았고, 알렉스는 위성안테나 설치회사에 취직한다. 알렉스는 어머니가 입원하고 있는 병원에서, 시위할 때 만났던 라라와 재회한다. 라라는 소련에서 온 유학생으로 병원에서 실습중이다. 알렉스와 라라는 데이트를 계속하며 사랑하는 사이가 된다. 크리스티아네는 기적적으로 8개월간의 혼수상태에서 깨어난다. 알렉스는 어머니를 집으로 모시려 했으나 담당의사는 이를 거절한다. 환자의 상태가 위험하여 위기상황에 바로 조처할 수 있기 위하여 병원이 더 좋기 때문이다. 그러나 최근의 급격한 사회변화를 체험하지 못한 그녀가 병원에서는 세상이 달라졌음을 곧 알게 될 것이고, 그녀는 큰 충격을 받을 수 있기 때문에 알렉스는 어머니를 집으로 데려가기로 결정한다.

이때부터 알렉스의 선의의 거짓말이 시작되고 여동생과의

갈등도 시작된다. 어머니를 집으로 모셔오려면 어머니의 방을 다시 마련해야만 한다. 어머니의 방을 그동안 아리아네와 그녀의 남자친구 라이너가 사용해 왔기 때문이다. 두 사람이 서

독식으로 깔끔하고 정성스럽게 꾸몄었던 과거 크리스티아네의 방을 알렉스는 예전의 모습 그대로 다시 꾸민다. 지하실로 옮겼던 가구와 온갖 잡동사니들을 알렉스는 다시 꺼내어 제자리에 가져다 놓는다. 알렉스의 이런 결정에 라이너는 반대하지만 어머니를 지하실에 모실 수는 없다는 알렉스의 대꾸에 더 이상 할 말이 없다. 크리스티아네는 퇴원하여 집으로 온다. 지난 8개월 동안 동베를린에는 엄청난 변화가 있었음에도 불구하고 그녀의 방에 돌아온 크리스티아네는 아무런 변화도 느끼지 못한다. 알렉스의 지극한 정성 때문이었다. 알렉스는 어머니가 길에서 넘어져 혼수상태에 빠지게 되었다고 거짓말한다.

1990년 6월 30일 : 동독의 식료품 가게에서 동독상품들은 사라지고 서독상품들이 대량으로 전시된다. 어머니가 평소에 즐겨 먹던 오이피클을 먹고 싶다고 하자 알렉스는 온 가게들을 뒤지지만 발견하지 못한다. 할 수 없이 알렉스는 쓰레기통에서 빈 병을 찾아 구동독상품처럼 위장한다. 한편 구동독의 화폐를 서독의 마르크로 교환해주는 기간이 2주일 밖에 남지 않자 알렉스와 아리아네는 어머니의 통장을 찾으려고 혈안이 된다. 통

장을 찾지 못하자 알렉스는 어머니에게 3년 전에 신청한 동독제 자동차 트라반트가 나왔다는 통지를 받았다고 거짓말을 한다. 연유를 모르는 크리스티아네는 10년 이상을 기다려야 했던 통지가 3년 만에 나왔다고 기뻐한다. 그러나 그녀는 저축한 돈을 은행에 맡기지 않았고 집안 어딘가에 숨겼으며 숨긴 곳이 어딘지를 기억하지 못한다. 알렉스는 10월 9일 대규모 시위 이후로 급격하게 진행된 변화에 대하여 그때마다 기발한 거짓말로 어머니를 속이곤 한다. 알렉스와 라라는 그들만의 새 보금자리를 쉽게 마련한다. 구동독 시절 헝가리로 여행을 갔다가 서독으로 망명해버린 사람들의 빈 집들이 많았기 때문이다. 빈집에서 전화기가 제대로 작동하는 것을 알고 라라는 기뻐하지만, 알렉스는 그토록 찾아 헤맸던 구동독 식품들(템포 콩, 글로부스 완두콩, 모카 픽스 골드 커피)을 부엌 찬장에서 발견하고 뛸듯이 기뻐한다. 때마침 열리고 있는 월드컵 축구에서 독일이 결승에 진출하게 됨을 통하여 잠시 독일인들은 하나가 된다. 누워만 있는 크리스티아네가 무료함도 달래고, 또 자식들이 하루 종일 자신에게 시중들어야 함을 불편하게 여기면서, TV 시청을 원한다. 변해버린 세상을 아는 것이 두려워, 의사의 말을 핑계로 대면서 TV 시청이 건강에 나쁘다는 구실로 빠져 나갔던 알렉스는 이제 오이는 더 이상 구하기 힘들다고 보고 친구와 함께 가짜 동독 TV 방송을 만들어 볼 생각을 한다. 벼룩시장에서 옛 동독 신문을 구입하고, 동독 청년단원들이 착용하던 파란색의 스카프도 구입한다.

어머니의 생일축하를 위하여 알렉스는 만반의 준비를 갖춘다. 초대할 손님들에게 사정을 설명하고, 이들을 공범자로 만들고 어린 학생들에게는 구입한 스카프를 착용시키고, 돈을 주며 동독 청년단의 노래를 부르게 한다. 한 아파트에 사는 이웃들과 예전의 직장이었던 기술학교의 교장이었고 지금은 실업자가 된 클라프 랏이 생일에 초대되었다. 그리고 아리아네의 남자친구인 라이너도 어머니에게 동독의 어떤 식당의 구매담당원으로 거짓 소개되고, 어머니의 질문에 대비하여 출신학교도 동독학교 이름을 외우도록 한다.

라라 또한 어머니가 좋아할 출신성분인 농아학교 선생의 딸로 소개한다. 알렉스는 뉴스 시간에 맞추어 준비해 간 비디오테이프를 어머니에게 틀어준다. 동독 청년단원의 복장을 갖춘 소년들이 "우리들의 고향" 노래를 부르고, 손님들은 시나리오대로 축하의 말을 하면서, "당의 이름으로", "케르너 부인 동무" 등의 구동독사회에서의 표현을 사용하면서 알렉스의 공범자 역할을 충실하게 이행한다. 그러나 그 때, 창 밖에 건너편 건물 외벽에 대형 코카콜라 광고천을 설치하는 모습이 보인다. 순간 당황하지만 알렉스는 당국의 설명이 있을 것이라고 둘러대면서 위기를 넘긴다. 알렉스의 TV뉴스 조작은 지속된다. 이때부터 알렉스는 변화된 현실을 왜곡시켜, 동독의 서독으로의 흡수통일을, 반대로 서독이 동독으로 흡수통일된 것으로 조작한다. 코카콜라 광고는, 라이프찌히 음료수 공장 때문에 거대한 코카콜라 그룹이 고전을 하게 되어 서로 교역을 하게 되었다고 조작된다. 한편 크리스티아네는 돈을 숨겼던 곳이 거실 장롱 왼쪽 서랍 안 밀납종이 밑이라는 기억을 되살린다. 뒷마당에 내다 버린 장롱을 몽땅 뒤져 크리스티아네가 40년 동안 노동하며 저축했던 3만 동독 마르크를 찾아낸 알렉스와 아리아네는 기쁨에 넘쳐 환전소로 향한다. 그러나 교환일은 이틀 전에 마감되었고 어머니의 40년 노동의 대가는 휴지조각이 되어버리고 말았다. 건물의 옥상에서 어머니의 40년 노동을 산산이 찢어발기며 분을 삭이고 있는 알렉스와, 미소를 지으며 이를 바라보고 있는 라라는 다음 순간 굉음과 함께 하늘로 치솟으며 아름다운 불꽃을 뿜내는 수많은 불꽃놀이에 압도당하고 만다. 어머니의 40년 노동을 희생했던 덕분인지, 독일이 월드컵에서 우승한 것이다.

크리스티아네는 점차 기력을 회복하고, 그녀를 도우려는 선량한 이웃 한나 쉐퍼 부인은 크리스티아네에게 전처럼 불량상품 고발장을 작성해주도록 부탁하고 자신은 그녀가 불러주는 것을 받아 적는다. 그녀의 유모어 감각은 여전하여 쉐퍼 부인은 웃지 않을 수 없지만, 통일이후 실업자로 전락한 처지에 예전의 동독에서 삶의 조그만 부조리에 대항할 수 있었던 과거, 작지만 무언가 삶의 의미가 살아있었던 과거의 추억이 되살아나면서 울먹이게 된다.

자본주의 사회의 빠른 생활 템포에 지쳐 알렉스가 퇴근 후 어머니 침대 곁에서 누워 잠이 든 사이에 크리스티아네는 침대에서 일어나 걷는 연습을 해본다. 그녀는 외투를 걸치고 밖으로 나간다. 그녀의 자본주의 사회로의 첫 외출은, 그녀의 손자가 뒤뚱거리며 걸음마를 하듯, 사회주의 국가 동독의 건전한 시민의 첫 번째 자본주의 나들이에 해당한다. 그녀의 눈에 들어오는 통일의 모습들은 엘리베이터 속 벽면에 그려진 나찌 하켄크로이쯔 표시와 남자의 성기 그림, 건물 옥상의 대형 광고판, 대형 창고식 백화점 이케아(Ikea) 광고, 서독제 자동차들,

그리고 헬기로 옮겨지는 거대한 레닌 동상 등 이었다. 뒤늦게 쫓아 나온 알렉스와 아리아네에게 어찌된 영문인지를 크리스티아네가 묻지만 알렉스는 또다시 조작된 TV 뉴스를 통해 자본주의의 착취를 견디다 못해 동독으로 서독인들이 대거 몰려왔고, 동독당국이 이들의 입국을 허가했다고 왜곡시킨다. 그러나 차츰 알렉스의 연극이 종말을 고할 때가 다가오고 있었다. 크리스티아네는 알렉스의 조작극을 그대로 믿고 서독인들에게 내어 줄 공간으로 자신들의 주말농장을 거론하며 주말농장으로 가 보자고 한다. 아리아네는 이제 공범자 노릇을 그만 하겠다고 말한다. 더 이상의 조작은 불가능하며, 임신 때문에 더 넓은 집으로 이사할 계획임을 알린다. 궁여지책으로 어머니의 눈을 가린 채, 라이너가 구입한 트라반트 왜건으로 가족들이 주말농장으로 달린다. 농장에 도착하여 크리스티아네는 그동안 자식들에게 숨겨온 아버지에 관한 진실을 이야기한다. 그는 다른 여자가 생겨 서독으로 사라진 것이 아니었다. 당원이 아니었기 때문에 동독에서의 생활이 힘들었고 서베를린에서 의사들의 국제회의가 열렸을 때, 그는 동베를린으로 돌아오지 않고 남았었고, 자식들과 함께 살려고 다시 동베를린으로 돌아왔지만 출국허가를 얻는 것은 몹시 어려웠고 결국 포기하고 말았다는 것이다. 아버지는 3년간 계속 아내와 자식들에게 편지했으며 그 편지들은 부엌 찬장 서랍 안에 보관되어 있다고 그녀는 자식들에게 모든 것을 털어 놓는다. 그날 저녁 크리스티아네의 건강은 악화되어 병원에 다시 입원하게 된다. 아리아네는 부엌에서 아버지의 편지들을 찾아내 알렉스에게 아버지의 주소를 알려준다. 담당의사는 최악의 경우에 대비하라는 말을 한다. 어머니가 죽기 전에 아버지를 꼭 보고 싶어 한다는 말을 전하면서 아리아네는 알렉스에게 아버지를 만나 어머니의 마지막 소원을 들어줄 것을 원한다. 서베를린의 호숫가에 있는 고급 주택가로 택시를 타고 알렉스가 아버지를 찾아간다. 우연하게 그가 탄 택시의 기사는 어린 시절 자신의 영웅이었던 독일인 최초의 우주인 지그문트 옌이었다. 아버지를 만난 알렉스가 전후 사정을 이야기하고 역시 공범자 노릇을 해 줄 것을 요청한다. 자신이 조작한 뉴스처럼 서독에서 동독으로 넘어 온 연극을 부탁한 것이다. 아들의 요청을 물리칠 수 없었던 아버지는 아들과 함께 어머니를 만나러 온다. 두 사람의 재회가 이루어지기 전에 라라는 크리스티아네에게 장벽은 없어졌으며 국경도 더 이상 없다는 진실을 이야기한다. 라라의 이야기를 크리스티아네가 어떻게 받아들이는지 영화는 알려주지 않는다. 다만 마지막의 알렉스의 대사로 미루어 동독이 서독으로 흡수통일 되었다는 진실의 전모를 완전하게 파악하지는 못한 것으로 추측된다. 크리스티아네와 남편 로버트와의 재회는 한 시간 동안 이루어졌고, 알렉스는 마지막으로 한번 더 조작극을 통해, 어머니의 삶의 버팀목이었으며 자신의 이상이기도 했던, "인간적인 사회주의"의 실현을 자신의 연극 속에서 마무리 짓고자 한다. 10월 7일 동독 건국 기념일 경축행사로 알렉스는, 현실에서는 남미로 망명한 호네커 동독 공산당 제1서기장이 스스로 물러난 것으로 꾸미고 그 후임에 독일인 최초의 우주비행사 지그문트 옌이 취임한 것으로 조작한다. 소년 알렉스의 영웅이었던 지그문트 옌은 공공도서관에서의 촬영으로 놀란 도서관 이용자들의 시선을 바라보며 늠름하게 인간적 사회주의의 바람직한 모습에 관해 연설한다. "사회주의는 장벽을 만들고 그 안에 살아가는 것이 아니고, 다른 사람에게로 나아가는 것이며, 다른 사람과 함께 사는 것이기도 합니다. 사회주의는 더 나은 세상을

꿈꾸고 세상을 더 나은 곳으로 만들고자 하는 것이며, 만들어 가는 것입니다. 고로 나는 동독의 국경을 열기로 결정합니다."

지그문트의 연설에 이어 이제까지 조작된 뉴스를 제작하고 뉴스 아나운서로 출연한 알렉스의 직장 동료인 데니스의 말이 이어진다. "장벽이 무너지자마자 수많은 서독인들이 처음으로 동독에 와보는 기회를 기다리고 있으며, 또 머물기를 원할 겁니다. 자본주의 체계에서 생존경쟁을 하기 보다는 말입니다." 화면에 장벽을 넘어 동베를린에서 서베를린으로 물밀듯 몰려가는 사람들의 자료화면이 보이자, 크리스티아네의 입에서 감탄의 소리가 터져 나온다. 이어지는 데니스의 말, "직장을 얻기 위해 애쓰지 않고, 살아가면서 서로 싸우지 않아도 되는 곳, 이들은 다른 세상을 원하고 있습니다. 자동차와 비디오 카메라와 TV가 세상의 전부가 아님을 깨닫고 또한 새로운 세상이란 선한 의지요 분노요 희망임을 깨달을 준비가 되어 있습니다."

1990년 10월 3일 : 독일은 재통일 되었다. 독일 국회의사당 광장에서 거대한 불꽃놀이가 벌어지고 알렉스와 가족 그리고 생일에 초대되었던 친지들이 모인 가운데, 알렉스는 어머니의

화장된 유해를 불꽃놀이 속에 넣어 하늘로 쏘아 올린다. 알렉스의 마지막 대사는 알렉스의 조국찬가에 다름 아니다. "엄마가 남겨놓은 나라는 그녀가 신봉했었고 우리가 끝까지 살아갈 나라이다. 비록 현실에 존재하는 나라가 아니라고 해도, 나의 기억 속에서 나의 조국은 언제나 내 엄마와 함께 있을 것이다."

제3의 길

동독의 민주화 운동을 이끌었던 사람들이 가고자 했던 길은 소위 제3의 길이라고 부른다. 이들은 40년간의 동독에서의 사회주의 실험과 서독에서의 자본주의 발전을 변증법적으로 수용한 제3의 길을 가고자 했다. "인간의 모습을 한 사회주의", "인간적 사회주의"를 지향하며, 스탈린주의로 변질된 동독 사회주의의 변혁을 시도하였다. 이들은 분단된 독일을 통일한 후 국민들의 의사를 반영한 새로운 헌법을 만들고 그 헌법에 의거한 선거를 통해 새로운 독일역사를 창조하고자 했다. 그러나 동독국민들은 서독 마르크의 환상을 좇아 서독의 콜 수상이 제안한 흡수통일의 길을 택한다. "할렐루야 D마르크"를 열창하는 동독국민들의 모습이 이를 웅변으로 말해 주고 있다. 장벽의 붕괴와 함께 동독을 찾아온 자본주의의 추한 모습들과 동독의 사회주의가 갖고 있던 건강한 모습들을 선명하게 대비시키는 영화적 장치로 감독은 "인위적 사회주의 공간"을 만들어 그 속에 현실에는 존재하지 않는 "인간적 사회주의"의 모습들을 투영시킨다. 이 인위적 공간이 바로 주인공 알렉스가 그의 어머니 크리스티아네의 건강을 위하여 만든 어머니의 침실이다. 이 공간은 자본주의 사회 속에 한시적으로 존재하는 사회주의 공간으로 제 3의 길이 가려고 했던 방향, 평등하고 자유로운 미래를 위해 기존의 사회주의에서 우리가 취할 수 있는 부분들, 인간적 사회주의의 이모저모를 보여주는 공간이기도 하다. 청년 알렉스가 마음에 품고 있는, 인류가 존재하는 한 결코 포기할 수 없는, 이상적인 공간이기도 하다. 또한 이 공간은 자본주의 사회의 부정적인 공간들, 즉 제 3의 길을 가면서 우리가 버리고 싶은 자본주의의 속성들을 보여주는 공간들에 둘러싸여 있음으로 해서 더욱 더 돋보이는 공간인 것이다. 이 인위적 공간설치의 실험은 그러나 어머니의 죽음과 함께 끝날 수밖에 없는 한시적 공간이다. 한 어머니의 건강회복을 위한 공간은, 보다 더 인간적인 사회를 바라는 우리 모두의 가슴 속으로 이사하기 위하여 아름다운 불꽃과 함께 밤하늘 높이 솟아 올라간다. 이 영화는 40년간의 사회주의 체험을 통해 우리가 동독사회에서 긍정적으로 받아들일 수 있는 측면들이 흡수통일로 인해 사라지게 됨을 보여주고 있다. 그리고 통일이 된지 20년이 다 되어가건만 구동독사회에 대한 향수(Ostalgie)가 왜 아직도 독일사회에서 없어지지 않고 있는 지에 대한 해답의 실마리 또한 제공하고 있다. 이제 영화가 제시하는 "인위적 사회주의 공간"의 구체적인 모습과 장벽의 붕괴와 함께 찾아온 자본주의의 모습, 그리고 통일 이후 자신의 정체성과 성취감을 상실한 구동독국민들의 모습을 살펴보기로 하자.

인위적 사회주의 공간

어머니가 혼수상태에 빠져 병원에 입원하게 되고 여동생 아리아네는 서독청년 라이너와 동거하게 되면서 어머니의 방은 두 젊은 남녀의 공간으로 개조된다. 어머니의 구식 동독 가구들은 지하실로 옮겨지고, 동양적 생활방식과 의복들에 대한 열정이 대단한 라이너의 취향에 따라, 구동독 스타일의 방은 자유분방하고 문명의 이기(예컨대 인위적 태양광선, 선탠기구)를 십분 활용한 자본주의적 공간으로 개조된다. 그러나 8개월 후 어머니에게 다시 공간을 내어주어야 할 때, 두 젊은이들의 공간개조에 값싼 집세를 제공하는 사회주의가 한 몫 거들었음을 알게 된다. 라이너가 한 달 집세로 낸 47마르크는 서독의 한 달 전화 값보다 싼 액수였기 때문이다. 그렇지만 구동독에서는 전화를 신청하고 오랜 세월을 기다린 후에야 설치가 되었던 사회주의의 맹점 또한 언급하는 것을 감독은 잊지 않는다. 지하실에 묻혀 있던 어머니의 잡동사니들이 다시 햇빛을 보게 된다. 사회주의의 편린들이다. 게바라의 사진, 안나 제거스의 책 등등. 이제 어머니의 방은 완전히 예전의 모습을 되찾았다. 외부세계는 이미 자본주의화 되었지만 내면 한 구석에는 사회주의에 머물고자 하는 의식이, 어머니를 빙자하여 비유적으로 드러난 것이다. 한편 이러한 공간의 설치는 오락이라는 영화의 본질적 속성을 배려하여 흥행을 고려해야만 하는 영화의 장르적 특성을 이해하고 있는 감독의 이중적인 노림수이기도 하며, 이 노림수는 정확하게 성공하였음을 추후의 관객동원 기록은 증명해주고 있다.

인위적 사회주의 공간은 어머니의 생일축하 장면에서 그 빛을 한껏 발산한다. 알렉스의 공범자들인 축하객들이 벌이는 인간적 사회주의 연극은 그것이 현실이 아니라 가짜이며 이제는 돌이킬 수 없는 과거에 속한다는 것을 잘 알고 있는 축하객 자신들과 관객들에게 사회주의의 인간적 면모를 선명하게 각인시켜 준다. FDJ(Freie Deutsche Jugend 자유 독일 청년단, 14세 이상의 동독 청소년들을 위한 동아리, 서구의 보이스카우트와 유사함)복장을 갖춘 소년들은 "우리들의 고향"을 노래한다. "우리들의 고향, 잔디밭의 풀, 들의 옥수수, 그리고 공중의 새, 땅의 동물들, 강의 물고기까지도 우리 것이다. 우리는 사랑해." 그러나 소년들의 노래가사가 환기시키는 그들의 고향 동독은 지금 그들의 눈 앞에서 사라져가고 있다. 외형적으로는 전보다 더 현대화되고 화려해지고 있지만, 삶의 본질이라는 측면에서 보면, 모두 실업자로 전락해버린 이 사람들은, 자신의 삶의 의미를 상실하고, 자신이 쓸모없는 인간이라는 패배감에 사로잡힌 채 하루하루를 보내고 있는 사람들이다. 이 사람들은 알렉스가 꾸민 인위적 사회주의 공간에 들어와 자연스럽게 자신들의 삶이, 질의 고하를 떠나, 자그마한 의미를 지녔었던 동독시절, 쓸모 있는 인간이었던 과거를 회상하게 된다. 같은 아파트에 사는 간스케가 어머니의 생일을 축하하며 하는 인사말은 평범하고 상투적인 인사말이다. "모든 것이 예전처럼 되기를 바랍니다!" 그러나 이 말에는 자신도 예전 동독시절의 쓸모 있는 인간이기를 바라는 심정이 배어있음을 숨길 수는 없다.

인위적 사회주의 공간의 의미가 최고조에 달하는 곳은 이웃인 안나 쉐퍼 부인과의 상품 고발장 작성 장면이다. 비록 누워 있지만 어느 정도 기력을 회복한 크리스티아네 역시 무언가 의미 있는 일을 찾아, 자신이 쓸모 있는 인간이라는 삶의 자신감을 얻고자 한다. 선량한 이웃 안나 쉐퍼 부인이 전처럼 불량상품 고발장 작성을 크리스티아네에게 부탁한다. 수신자인 동독 통일민주당은 이제 존재하지 않지만, 이를 모르는 크리스티아네는 예전의 유모어 감각을 발휘하여 재치 있는 고발장을 작성한다. "옷 공장의 직원들이 어떻게 이런 사이즈의 옷을 만들게 되었는지 모르겠습니다. 공화국의 수도에는 그렇게 작고 뚱뚱한 사람은 없습니다. 그러나 만일 당국의 계획달성이 우리의 체격 때문에 차질이 온 것이라면 그 점에 관해서는 사과드립니다. 그런 경우에는 우리 스스로 앞으로 지금보다 더 작고 뚱뚱해지도록 애쓰겠습니다. -사회주의적 인사를 드리며 한나 쉐퍼 올림."

크리스티아네의 말을 받아 적던 쉐퍼 부인은 그녀의 재치에 웃지 않을 수 없지만 웃음은 곧바로 울먹임으로 이어진다. 노동자를 인격체로 대해 주며, 그들을 대변했던 크리스티아네의 당당한 모습에서 옛 동독에의 향수(Ostalgie)를 느꼈기 때문일 것이다. 앞으로 더 작고 더 뚱뚱해지도록 노력하겠다는 문구의 유모어와 함께 울음이 섞이는 것은, 돌아갈 수 없는 과거, 인간적 삶의 기본을 보장받았던 과거 동독시절에 대한 그리움일 것이다. 다음 순간, 카메라는 붉은 꽃이 피어 있는 화분을 잠시 클로즈업 시킨다. 마치 사라진 붉은 깃발을 암시하듯이. 쉐퍼 부인은 웃음 섞인 울먹임을 끝내고 크리스티아네와 얘기하다 보니 과거로 돌아간 것 같아 아주 좋다고 자신의 심정을 토로한다. 이 순간, 알렉스가 꾸민 이 인위적 사회주의 공간은 크리스티아네와 쉐퍼 부인에게 인간적 사회주의의 공간으로 기능하고 있는 것이다. 이 공간이 크리스티아네와 쉐퍼 부인 그리고 알렉스에게는 건설적인 비판으로 사회를 단계적으로 변혁시키는 공간인 반면, 서독청년인 라이너에게는 늘상 불평만 일삼는 게으른 구동독사람들이 사는 공간인 것이다.

정체성과 삶의 성취감을 상실한 인간들

급작스런 흡수통일은 동독의 기업들이 자본주의 체제에 적응할 시간을 주지 않았고, 아무 준비도 없이 서구의 기업들과 경쟁하게 된 동독기업들이 파산하는 것은 자연스런 현상이었고, 이는 충분히 예견된 일이었다. 간스케와 클라프 랏의 직장 그리고 알렉스의 TV 학원은 이런 연유로 문을 닫게 된다. 알렉스의 어머니가 즐겨 먹고 마시던 식품들이 가게에서 사라져버려 알렉스를 애태우게 하는 스토리 전개는 흥미와 의미를 동시에 갖는 장점을 갖는다. 쓰레기통을 뒤져 구동독제 오이피클 빈 병을 찾아 가짜 동독 상품을 만드는 알렉스의 모습은 희극적이지만, 쓰레기통을 뒤지는 알렉스를 일터를 쫓겨나 쓰레기통을 뒤지고 있는 것으로 오해하면서 동정의 눈빛을 보내는 이웃 아저씨 간스케의 모습은 희비극적이라 아니할 수 없다. 간스케 역시 다니던 직장을 잃고 실직자로 전락했기 때문이다. 크리스티아네의 생일에 초대받은 간스케는, 모든 것이 예전처럼 되기를 바란다고 축하의 말을 건넨다. 평범하고 진부한 생일축하의 말이지만, 이 말 속에는 크리스티아네 뿐만 아니라 자기 자신에게도 예전 동독 시절의 쓸모 있던 인간으로 돌아가고 싶은 간절한 심정이 배어 있는 것이다. 쓸모 있는 인간이라는 모티브를 감독은 간스케는 물론, 크리스티아네와 그녀의 예전 직장의 상관이었던 클라프 랏에게도 모두 적용시키고 있다.

크리스티아네는 실직의 고통을 맛보지는 않지만, 그녀의 상관이었던 클라프 랏이 실직한 것으로 미루어 보면 그녀 역시 직장을 잃었을 가능성이 크다고 할 수 있을 것이다. 따라서 간스케, 클라프 랏, 크리스티아네 이 세 사람은 장벽붕괴 이후 실업자가 된 사람들로 설정된 인물들이다. 장벽이 붕괴되지 않았다면, 인민의 뛰어난 선생이자 지도자였던 클라프 랏은 그 나이에 집에서 낮부터 술이나 마시고 소일하는 비참한 삶을 살아가고 있지는 않았을 것이다. 공범자가 되어 줄 것을 부탁하러 간 알렉스에게 그는, 우리 모두는 존중할만한 사람들이었다고 말한다. 이는 구동독에서 쓸모 있었던 사람들이 이제 통일된 독일에서는 쓸모가 없는 인간들이 되어버린 것을 안쓰럽게 생각한다는 말에 다름 아니다. 장벽붕괴로 직장을 잃은 것은 아니지만, 크리스티아네 역시 같은 말을 한다. 세상이 달라져서 자신은 아무 짝에도 쓸모가 없는 것 같으니, 문제가 있어 당에 고발장을 쓰고 싶은 사람은 자기를 찾아오라는 메모를 아파트 입주자 게시판에 붙여 달라는 부탁을 알렉스에게 한다. 간스케와 클라프 랏, 그리고 크리스티아네와 한나 쉐퍼 부인, 이들은 모두 구동독 사회에서 크면 큰대로, 작으면 작은 대로 쓸모 있는 인간들이었으나 장벽붕괴 이후 찾아온 자본주의는 이들을 모두 쓸모가 없는 인간들로 변모시키고 말았다. 이들은 오직 알렉스가 만든 인위적 공간속에서 자신을 쓸모 있게 만들거나, 정신적 위안을 받는다. 알렉스와 그의 직장동료로 조작된 뉴스를 제작하는 데니스, 이 두 사람의 진정한 쓸모가 발휘되는 곳도 그들의 직장이 아니라, 바로 이 인위적 공간인 것이다.

장벽의 붕괴와 함께 찾아온 자본주의

물질적 풍요로움을 동경하는 여동생 아리아네는 경제학 공부를 포기하고 버거킹에서 판매원으로 일한다. 그녀는 소위 적대계급 출신인 라이너와 동거생활을 시작하며 서구 상품의 편리함을 만끽하기에 여념이 없다. 구동독의 생활필수품들 보다 품질이 우수한 서독상품들을 그녀는 더 선호한다. 아기의 건강에도 안 좋은 구동독제 비닐 기저귀를 사용할 생각은 이제 추호도 없는 것이다. 그녀는 더 좋은 품질의 상품을 사용하기 위하여 더 많이, 더 빨리 일해야만 한다는 사실은 잠시 망각하고 있으며, 알렉스와 어머니가 꿈꾸는 더 좋은 세상에 관해서는 별 관심이 없다, 내가 좀 더 잘 살기 위하여 남을 경쟁에서 이겨야만 한다는 사실, 자동차와 비디오카메라와 TV가 삶의 본질적 요소가 아니라는 것도 아직 깨닫지 못하고 있다. 아리아네는 서독의 품질 좋은 소비상품에 현혹되어 삶의 본질을 망각하고 있는 구동독인의 전형을 보여 준다.

장벽의 붕괴와 함께 찾아온 자본주의가 동독사회를 어떻게 변화시키는지를 이 영화는 곳곳에서 보여 주고 있다. 코카콜라를 비롯한 서구의 식료품과 기타 생활필수품들이 과거 동독과 동구의 제품들을 거의 진열대에서 몰아냈으며, 상점들은 화려하게 치장되고, 모든 동독시민들은 신용카드를 소지하게 되었으며, 소비자로서 왕의 대접을 받게 된다. 그러나 이들은 자신들이 광고를 통해 끊임없이 소비를 강요당하게 된다는 것은 물론 아직 깨닫지 못하고 있다.

크리스티아네의 담당의사는 더 좋은 대우를 해주는 서독의 뒤셀도르프 병원으로 가버려, 크리스티아네는 새 담당의사를 맞이한다. 이는 소수 직종에 국한된 일이지만, 고급인력들이 동독을 떠나고 있음을 암시해 준다. 당사자들에게야 당연한 일이겠지만 이런 현상이 지속된다면 동독의 해당 분야가 마비될 수 있음을 생각한다면, 이는 국가적 차원에서 통제되어야 마땅할 사항이다. 새로 담당이 된 의사에게 알렉스는 퉁명스럽게, 당신은 언제 서독으로 가느냐고 묻는다. 중환자의 간병인이라는 알렉스의 처지를 감안하면 충분히 납득이 가는 태도이다. (구동독의 비어만과 뮐러 같은 지식인들이 장벽설치를 초기에 찬성했던 것은 이러한 맥락에서 이해될 수 있을 것이다.)

장벽붕괴 이후의 삶의 공통된 변화는 점점 더 빨라지는 생활방식의 속도라고 알렉스는 말한다. 자본주의 사회의 원칙은 더 빨리, 더 많이 생산하여 영리를 추구하는 것이다. 이 원칙에 입각한 생활을 알렉스는 커다란 입자 가속기 안의 원자의 빠른 움직임에 비유하면서, 이를 미치광이의 흐름이라고 부른다. 이 미치광이의 흐름에서 한 걸음 물러나야 비로소 자신이 누울 조용하고 여유로운 장소가 있다는 것을 그는 알고 있는 것이다. 직장에서 돌아온 알렉스가 어머니 입원실의 옆 침대에서 잠드는 것을 보고 어머니는 예전의 동독 시절에는 없었던 일이라고 말한다. 퇴근 후의 피곤함, 이 또한 장벽붕괴 이후의 변화에 속한다. 이 같은 변화를 총괄적으로 아우르면서 감독이 택한 변화의 절정은 헬리콥터에 매달려 옮겨지는 거대한 레닌 동상이다. 사회주의를 상징하는 레닌이 뿌리 뽑혀 어딘가로 옮겨지는

순간을 크리스티아네는 목격한다. 침대에서 마침내 일어난 그녀는 인위적 공간을 벗어나 현실의 공간으로 가서 레닌과 상봉한다. 노동자와 농민들에게 인간다운 삶을 선사하려던 레닌이 팔을 벌려 그녀에게 손짓하며 평등과 자유가 있는 곳으로 같이 가자고 말하는 듯 그녀를 지나서 레닌은 서서히 허공으로 사라진다. 인위적 사회주의 공간 속에서 그녀의 마음속에 함께 있었던 레닌은, 현실에서는 그녀에게서 사라져버린다. 현존 사회주의의 붕괴와 함께 레닌은 크리스티아네의 곁을 떠났지만, 알렉스의 마음속에 어머니 크리스티아네와 함께 남아 있음을 감독은 마지막으로 관객들에게 전해주고 있다.

이 영화는 처음부터 끝까지 주인공 알렉스의 회상으로 처리하여 감정의 절제를 이루고 있으며, 동독이 사회주의 국가로 출범한 1949년 10월 7일과 독일이 재통일된 1990년 10월 3일의 상징성을 교묘하게 활용하여 극적인 성공을 거두고 있다. 알렉스는 어머니에게 마지막으로 조작된 TV 뉴스를 동독 건국기념일에 선사하려고 하였으나 어머니의 건강이 악화되어 이를 10월 2일로 앞당긴다. 그러나 10월 2일 밤 12시에 독일통일이 선포되면서 10월 2일 밤은 통일전야의 축제가 벌어지는 날이다. 이를 모르는 크리스티아네는 알렉스가 조작한 뉴스를 보면서 그 날이 동독 건국기념일인 10월 7일이라고 생각한다. 따라서 크리스티아네는 동독이 멸망하는 날을 동독이 태어난 날로 알고 뉴스를 보고 있는 것이다. 서베를린으로 장벽을 넘어대거 몰려가는 동베를린 사람들을 반대로 서쪽에서 동쪽으로 넘어온 것으로 조작한 것을 모르는 그녀에게, 재통일의 불꽃놀이는 그대로 서독인들을 받아들이기 위해 국경을 개방한 동독의 경축 불꽃놀이가 되는 것이다. 언제 죽을지 모르는 어머니에게 이는 알렉스가 줄 수 있는 최고의 선물이 된 것이며, 진실을 아는 알렉스와 관객들에게는 실소와 더불어 동독의 멸망일을 동독의 생일로 생각하는 크리스티아네에게 연민의 정을 느끼지 않을 수 없다. 그녀가 분단의 상처를 껴안고 긴 세월의 외로움을 이겨낼 수 있었던 것은 사회주의에 헌신적으로 복무했기 때문이며, 보다 나은 세상을 만드는데 일조를 하고 있다는 믿음과 신념을 잃지 않았기 때문이었다. 크리스티아네의 삶의 버팀목이었던 동독 사회주의의 종말은 관객들에게도 결코 유쾌한 일은 아닐 것이다.

참고문헌

Wolfgang Jacobsen, Anton Kaes, Hans Helmut Prinzler(Hrsg.): *Geschichte des deutschen Films*, Stuttgart, 2004

Ulrich Gregor, *Geschichte des Films Bd. 3* Hamburg, 1983

Thilo Wydra, *Margarethe von Trotta - Filmen*, um zu überleben, Berlin, 2000

Volker Schlöndorff/ Günter Grass, *Die Blechtrommel als Film* Frankfurt a/M. 1981

Reclams Filmführer, Stuttgart 2003

Filmkritik 1972/ 5

Pflasterstrand 1978 Nr. 25

잉게 숄(Inge Scholl), 『백장미의 수기』, 범우문고, 2002

하겐 슐체, 『새로 쓴 독일 역사』, 知와 사랑, 2000

메리 풀브룩, 『분열과 통일의 독일사』, 개마고원, 2000

데니스 L. 바크/데이빗 R. 그레스, 『도이치 현대사』, 비봉, 2004

토마스 브루시히, 『존넨알레』, 유로 2005

하인리히 뵐, 『카타리나 블룸의 잃어버린 명예』, 사랑의 학교, 1997

손선홍, 『분단과 통일의 독일 현대사』, 소나무, 2005

김누리, 노영돈 외, 『머릿속의 장벽』, 한울, 2006

김누리, 오성균 외, 『변화를 통한 접근』, 한울, 2006

김누리, 박희경 외, 『나의 통일 이야기』, 한울, 2006

지은이 김 창 우

지은이 김창우는 고려대 독문과 졸업하고, 독일 자유베를린대학에서 연극학 석사를 취득했으며 현재 경북대학교 독어독문학과에 재직 중이다. 「분단시대의 작가 하이너 뮐러 연구」를 썼으며, 『봉인된 시간, 타르코프스키 영화론』, 『타르코프스키의 순교일기』, 『영화판의 적들, 브레히트 영화론』 등을 번역하였다.

영화로 보는 독일문화이야기

1판 1쇄 찍음 • 2008년 12월 20일
1판 1쇄 펴냄 • 2008년 12월 30일

저　자 • 김 창 우
발행인 • 정 현 걸
발　행 • 신 아 사
인　쇄 • 소망인쇄

출판등록 • 1956년 1월 5일(제9-52호)
주소 • 서울특별시 은평구 녹번동 28-36 2F
전화 (02) 382.6411 • 팩스 (02) 382.6401
홈페이지 • www.shinasa.co.kr
이메일 • shinasa@chol.com

ISBN 978-89-8396-620-9

정가 *10,000* 원